程序法治发展文丛

DEVELOPMENTS OF PROCEDURE JUSTICE SERIES

徐　卉—等著

司法鉴定与诉讼公正

本土经验与国际视野

AUTHENTICATION AND JUSTICE

Chinese Experience and International Perspectives

中国政法大学出版社

2017·北京

程序法治发展文丛
编委会

·丛书主编·

李　林

·执行主编·

徐　卉

·编委会成员·

肖贤富　王敏远　冀祥德

熊秋红　管　宇　祁建建

马　可　叶自强　黄忠顺

目 录 CONTENTS

第一章

科学与公正：作为科学证据的司法鉴定*

司法鉴定是司法活动的重要环节，能否为当事人和司法机关提供高质量、可信赖的司法鉴定服务，直接关系到能否维护人民群众的合法权益，关系到能否让人民群众在每个司法案件中都感受到公平正义。近年间一些社会关注度比较高的案件，有的是冤错案件，有的是疑难案件，无独有偶的是这些案件中都涉及鉴定问题。如聂树斌案中的法医鉴定，两个法医人员一个签字没盖章，另一个盖章没签字，而且加盖的印章并不是法医鉴定专用章；[1]念斌案中对于氟乙酸盐（灭鼠药）的鉴定关涉到案件的最终判决；[2]呼格吉勒图案中仅依据血型鉴定就认定凶手造成了冤案；[3]林森浩案中对毒物的鉴定也直接关涉到对凶手的认定。[4]这些案件中的鉴定问题不仅涉及案件的侦破和审判，而且涉及对被害人和对犯罪嫌疑人或者被告人的公正对待，同时也涉及冤假错案的纠正。

2012年新修订的《中华人民共和国民事诉讼法》（以下简称

---

* 本章撰稿人：徐卉，中国社会科学院法学研究所研究员；梁广俊，北京兰台律师事务所律师。

〔1〕 鲍志恒："检方称王书金非聂树斌案真凶"，载《东方早报》2013年6月26日，第3版。

〔2〕 刘旌："福建高院详解念斌案为何拖8年"，载《东方早报》2014年8月24日，第3版。

〔3〕 贾立君、勿日汗、罗沙："呼格吉勒图案再审：撤销原判改判无罪"，载《新华每日电讯》2014年12月16日，第1版。

〔4〕 "'复旦投毒案'二审开庭，林森浩一审被判死刑"，载中国法院网，http://www.chinacourt.org/article/detail/2014/12/id/1499435.shtml，最后访问日期：2017年5月30日。

《民诉法》）对司法鉴定作出了新的规定，在关于证据种类的规定中将沿用多年的"鉴定结论"改为"鉴定意见"，在原来由法院启动鉴定程序的基础上增加了当事人的申请权，把鉴定的主体从鉴定部门和鉴定人具体到鉴定人，并且严格规定了对鉴定意见的质证程序，增加了鉴定人应当出庭而拒不出庭的法律后果和关于有专门知识的人出庭的规定。2012 年修订的《中华人民共和国刑事诉讼法》（以下简称《刑诉法》）和 2014 年修订的《中华人民共和国行政诉讼法》（以下简称《行政诉讼法》）也对鉴定作出了新的规定。

关于鉴定行业，截至 2016 年底，全国经司法行政机关审核登记的司法鉴定机构共 4750 家，司法鉴定人 53 928 人，仅 2016 年即完成各类司法鉴定业务 212.6 万件。

上述现象表明了在实践中司法鉴定对于司法审判的重要意义，而鉴定行业也日益发展壮大，立法上的变革一定程度上体现了司法鉴定制度改革的成果。在实践中司法鉴定在管理和诉讼程序上有很多问题亟待解决，在司法鉴定的研究上学者们也从不同角度提出了问题的解决方案或方法。我们首先从司法鉴定的根本属性——科学证据的视角来展开研究，由此探讨司法鉴定制度的改革。

第一节　司法鉴定概述：产生基础、性质与功能

一、司法鉴定的概念

概念的产生和发展变化从一定程度上反映着司法鉴定在实践和制度上的发展变化。我国类似司法鉴定的活动可以追溯到周朝，当时存在着为解决纠纷服务的伤情检验（鉴定）。到现在还留存着唐宋时期有关鉴定人员身份、职责以及检验内容、检验结果的较为完整的记录，但仍没有相对明确的立法规定，[1]也没有出现"鉴定"这一词语。"鉴定"一词最早应该出现在光绪十三年（1887 年）黄遵

---

〔1〕　王敏远、郭华：《司法鉴定与司法公正研究》，知识产权出版社 2009 年版，第 10 页。

宪的《日本国志》一书。[1]日本从我国唐朝起到明治初年，一直都以我国古代法律作为蓝本来制定本国法律。黄遵宪翻译的日本法来自1887年颁布的日本《治罪法》。按照此种历史逻辑进行推演，可以说"鉴定"概念属于舶来品，源于日本法的翻译。[2]虽然有学者称"鉴定"一词引入法律是1906年的《大清刑事民事诉讼法（草案）》[3]或1908年《大清新刑律》[4]，但经学者王世凡认真查阅资料，比对法律文本，发现最早在正式颁布的法律中出现"鉴定"一词的应该是于光绪三十三年十月二十九日（1907年12月4日）颁布的《各级审判厅试办章程》。[5]新中国成立后，最早出现"鉴定"一词的规范性文件为1964年12月11日最高人民法院办公厅《关于物证技术鉴定使用问题的函》。"鉴定"作为完整意义的法律用语源于我国1979年《刑法》与《刑诉法》的规定。[6]

在我国，"司法鉴定"不同于"鉴定"，它是新中国成立后产生的。"司法鉴定"一词在我国最早出现于1955年苏联专家楚贡诺夫（В. Е. Чуданьпанов）在北京政法学院（现中国政法大学）使用的培训教材名称上。在这个时期，苏联专家马阔廖夫（Лошадьширокий Королев）在上海为司法部举办培训班进行司法鉴定培训。司法鉴定是学习苏联司法部的经验从俄文翻译过来的。1955年7月，在"最高人民法院华东分院法医研究所"更名为"中央司法部法医研究所"的同时，成立了"司法鉴定科学研究所"，承担法医学和刑事技术的检验鉴定工作。我国由于受翻译概念的影响以及鉴定机构前冠以"司法"的传统，后来的有关鉴定的教材以及中央文件或者法律中才使用"司法鉴定"一词。最早使用"司法鉴定"概念的规范性文件应是1989年7月11日最高人民法院、最高人民检察院、公

---

[1]　王世凡："鉴定与司法鉴定概念的引入及其演进研究"，载《法律与医学杂志》2007年第2期。

[2]　王敏远、郭华：《司法鉴定与司法公正研究》，知识产权出版社2009年版，第11页。

[3]　邹明理主编：《我国现行司法鉴定制度研究》，法律出版社2001年版，第9页。

[4]　贾静涛：《世界法医学与法科学史》，科学出版社2000年版，第274页。

[5]　参见王世凡："鉴定与司法鉴定概念的引入及其演进研究"，载《法律与医学杂志》2007年第2期。

[6]　王敏远、郭华：《司法鉴定与司法公正研究》，知识产权出版社2009年版，第12页。

安部、司法部、卫生部《关于精神疾病司法鉴定暂行规定》（卫医字［89］第 17 号）；中央部委在正式的文件中直接使用"司法鉴定"概念是在 1993 年财政部针对司法鉴定问题给中共中央政法委员会、中央机构编制委员会提呈的《关于公检法机关共建一套司法鉴定机构的建议函》（财文字［93］第 125 号）。1998 年 12 月 12 日，黑龙江省第九届人民代表大会常务委员会第六次会议直接以"司法鉴定"的名称进行地方立法的《黑龙江省司法鉴定管理条例》，使"司法鉴定"成为一个法律概念。1999 年国务院的"三定"方案赋予了司法部"指导面向社会服务的司法鉴定工作"的职能，司法部在 2000 年相继出台了一系列规章和规范性文件。2001 年 11 月 16 日，最高人民法院发布了《人民法院司法鉴定工作暂行规定》（法发［2001］23 号）。2005 年 2 月 28 日，第十届全国人大常委会第十四次会议通过了《关于司法鉴定管理问题的决定》（以下简称《决定》），《决定》是第一次使用"司法鉴定"概念的规范性法律。"司法鉴定"就这样渐自约定俗成并成为固定的法律术语。[1]

《决定》第 1 条规定了司法鉴定的含义："司法鉴定是指在诉讼活动中鉴定人运用科学技术或者专门知识对诉讼涉及的专门性问题进行鉴别和判断并提供鉴定意见的活动。"司法鉴定活动区别于其他的鉴定活动，对此，于朝教授在会计领域关于司法会计与会计和审计的区别所作的精到见解很能说明问题：会计是关于经济核算的，司法会计是关于诉讼证据的；在司法实践当中也经常会出现以审计结果取代会计鉴定的情形，但司法会计是作为诉讼证据提交的，而审计是关于经济监督的，因此，如果把审计报告拿来作为结论性证据使用的话，就好比在杀人案件当中用医生在病历上写下来的死因来作为法医鉴定意见。[2]

---

[1] 王敏远、郭华：《司法鉴定与司法公正研究》，知识产权出版社 2009 年版，第 13~14 页。

[2] 参见于朝教授于 2014 年 12 月 25 日在社科院法学所"司法鉴定与司法公正研讨会"上的发言。于朝，济南市人民检察院调研员，检察员（三级高级检察官），司法会计师。我国首批司法会计学理论研究者，"二元"司法会计学科理论创立人，原创一系列司法会计基本理论和操作理论，已被广泛运用于我国司法实践、理论研究及大学教育。

二、司法鉴定的产生基础

司法鉴定的产生有着深厚的基础，明确这个基础对于深入理解司法鉴定、研究司法鉴定制度改革有着重要的意义。

（一）认识论基础

在诉讼这个特定时空的限制下，法官的思维具有逆向性和有限性，法官对于案件的认识是受限的。所谓逆向性是指司法证明的指向性在于通过理性思维的运作，从案件结果出发经过推断、证明等一系列思维活动推导并证实案件事实。所谓有限性，一是表现在不仅特定的诉讼参与人对案件的经验认识是有限的，也表现在从历史事实的碎片中能够获取并用于还原案件本来面目的证据也是有限的；二是司法资源是有限的，特别是在限定的时间段内，司法资源的有限性表现得更为突出。试图用逆向性的思维方式，以有限的经验知识和证据材料来全面复原发生在过去的案件事实，是一种不切实际的想法，我们所能够做的就是使法官的判断尽可能地接近事实真相而实现司法公正，并借助各种证明方法以达到这一结果。而科学技术的发展为丰富证明方法提供了广阔的空间、增加了极大的可能，在某一专业领域内具有相当知识或经验的人自然就成为法庭审判的重要帮手，他们根据证据对案件事实所作的判断自然成为法官认定案件事实的重要参考因素，司法鉴定制度也就应运而生并随科学技术的发展而在诉讼过程中发挥着不可替代的作用。[1]

（二）价值论基础

我国正处于社会转型期，在我国的现代化过程中，社会往往会呈现出一种多元化的状态：在现代化进程较快的地区，社会会呈现出某种断裂或者失范状态，道德同质状态也会受到很大的挑战；而在发展相对缓慢的地区，社会规范依然在很大程度上扮演着重要的角色。这种多元状态对于事实观和证据制度都产生了非常重要的影响。事实观常常与客观性一词的含义紧密联系在一起。波斯纳（Richard Allen Posner）认为存在三种意义上的客观：第一种客观是

---

〔1〕　参见汪建成："司法鉴定基础理论研究"，载《法学家》2009 年第 4 期。

指本体论上的客观，这种客观被强调为与外部事实的相符；第二种客观是指科学意义上的客观，这种客观主要强调事实的可复现性；第三种客观则指交谈意义上的客观，即合乎情理的客观。在相对同质的社会中，第三种客观比较容易实现，因为同质的文化和相对统一的社会规范往往为主张各方提供了一个重要的基础。而当社会陷入相对多元的时候，交谈意义上的客观往往无法实现，在一些重大问题的争论上，争论各方往往需要诉诸相对较为容易把握的"客观事实"。换言之，就会相应诉诸可验证的更为强化的"客观事实"。在这种情况下，争辩的各方就会越来越需要证据，也越来越需要客观性强的科学证据。从这个意义上，我们才能理解为什么人们对司法鉴定寄予越来越多的希望。[1]

（三）证据学基础

近代形成的证据理论，两百多年来没有突破性发展，而诉讼程序却在民主与人权进步的推动下不断地向前演进，乃至前者的滞后与后者的前瞻形成了鲜明的对比，两者的失调已成为实现司法公正的障碍。在传统证据理论框架下，至多认为所有证据形式都同等重要，不可能突出物证的重要性，依然表现为人证中心主义。而现代诉讼研究表明，人证的真实性很不可靠，其稳定性差、可信度低，依赖人证认定案件事实易出差错；物证虽然较之人证具有更为重要的证明价值，但物证自己不会"说话"，物证中蕴含的案件信息（即物证中具有证明力的内容）必须通过人的提炼、阐释才能展现出来，即绝大多数物证都要采用司法鉴定的方法来"提炼"出它所蕴含的证据信息。[2]

（四）社会学基础

随着社会分工的不断精细化，专业化程度的不断提高，人们所能了解和掌握的知识和技能也越来越精细。在这种情况下，身为事

---

〔1〕 吴洪淇："证据科学的走向：国际视野与中国语境——对证据问题研究领域的初步分析"，载《证据科学》2009年第4期。

〔2〕 徐静村："证据理论革命与司法鉴定——以刑事证据为视角"，载《中国司法鉴定》2008年第1期。在该文中，作者给证据下定义，即蕴含了案件信息的物质载体是证据，并表示这种载体分为两类，即自然人或者物。

实裁判者的法官就不再是无所不知的万能者。尽管对于法律事务而言，法官具有优于常人的知识和技能，但是具体到事实认定过程中的某一专业问题，法官在法律事务上的优势往往就从反面揭示了其对该问题的无力和无奈。因此，在司法活动中，法官的经验和知识越来越不能适应对专业知识判断的需要，从法庭之外寻求某些具备关涉案件事实专业知识的人参与到诉讼中去就成为一种必要和必然。而恰恰因为社会分工的存在，自然会有其他社会个体在法官所不熟悉的领域从事职业工作，相对法官而言，其对有关问题的认识显然具有优势。当法官将求助的目光投向因社会分工而在其他专业领域内从事工作的人时，司法鉴定制度的产生便水到渠成了。[1]

（五）自然科学基础

社会分工的存在，使参与案件诉讼活动的主体往往并非可以运用专门科学技术对物证进行分析的专家，而且对于同一物证，在不同的科学技术发展阶段，人们对其所作的解读是不同的。一个常识性的结论是科学技术的发展程度越高，其在诉讼中的运用所得出的结论就越可靠，人们对其信赖感就越强烈。因此，在发现、提取、确认和解读物证的过程中，出于准确认定案件事实，实现司法公正及其他社会价值的考虑，人们不得不经常借助掌握专业知识的专家的帮助，其证明活动也需要借助一定的科学技术手段才能实现，如实践中经常用到的潜在手印显现技术和粉尘足迹提取技术、DNA 检验技术等，离开了这些先进技术手段，很多物证中储存的与案件事实有关的信息就无法被人们所解读，从而也就无法为证明案件事实的司法活动提供服务。"人类司法活动的历史证明，物证的开发和使用与科学技术的发展有着非常密切的关系。过去如此，将来亦然。"但科学技术并不是常人所能掌握的和理解的普通常识，只有那些拥有科学知识或技术经验的专业人员才能准确地掌握、运用和解读，这无疑也是鉴定制度得以建立的一个重要基础。[2]

---

[1] 汪建成："司法鉴定基础理论研究"，载《法学家》2009 年第 4 期。
[2] 汪建成："司法鉴定基础理论研究"，载《法学家》2009 年第 4 期。

三、司法鉴定的性质

学者们对于司法鉴定的性质众说纷纭，有"两性说""三性说"[1]"四性说"[2]等。学者们在司法鉴定性质上的莫衷一是表明了对司法鉴定认识上的不统一。但无非是从两个出发点来说明司法鉴定的性质：一是司法鉴定本身的规律，即科学性；二是司法鉴定的程序性质，即诉讼性（法律性）。从这两点出发，学者们对司法鉴定的性质进行了更深一步的论述。

科学性表现在司法鉴定解决的是司法过程中的专门性问题，这个专门性问题需要用专门的知识去解决。这种专门知识是人类社会经过千百年无数次的实验和探索所发展、归纳和总结出的科学规律、科学定理、科学理论、科学知识，这些构成了司法鉴定的基本理论、基本知识和基本技能、基本方法。鉴定人具有专门的知识，属于专门的技术人员，具有相关的科学素养；由鉴定人构成的司法鉴定机构是专业技术机构，拥有专业的仪器设备等硬性技术条件；鉴定人在鉴定过程中运用的是技术规则而不是权利规则。司法鉴定过程表现为运用科学原理、自然规律对诉讼中发现的证据材料进行分析、解释、推理、鉴别、验证、判断，其结论不依赖于当事人或证人的证实而客观存在。[3]在案件审理过程中涉及许多的专门性问题，相对应地，具有很多种类的司法鉴定。有学者认为科学是一个非常宏观而抽象的概念，以至于难以具体把握和评价，而司法鉴定却是一个非常具体的概念。在当前的法律体制之下，什么样的司法鉴定具有科学性，如何来考察和评价其科学性是法律界面临的一个非常困难的问题。司法鉴定的科学性，应当从可操作、可考察、可评价的角度来分析，实质上就是指司法鉴定的可重复性。[4]在司法鉴定过程中鉴定人必须依照科学规律，尊重事实，不能有自己的倾向性。

---

〔1〕 王磊、郝晓珺："司法鉴定的定义和属性探讨"，载《中国司法》2005 年第 1 期。

〔2〕 孙艳玲：《论我国司法鉴定制度的完善》，吉林大学 2004 年硕士学位论文。

〔3〕 杨郁娟："从司法鉴定的证据属性看司法鉴定制度改革"，载《中国司法鉴定》2009 年第 6 期。

〔4〕 陈敏、刘鑫："论司法鉴定的可重复性"，载《中国司法鉴定》2013 年第 3 期。

因此从司法鉴定的科学性派生出来司法鉴定的专门性、科技性或技术性、客观性、权威性、多样性、可重复性、独立性等性质。

诉讼性（法律性）表现在司法鉴定是为诉讼活动服务的，其种类和鉴定机构的成立条件、鉴定人的申请条件、鉴定程序都是法律规定的，是在法律语境中运行的。鉴定人作为诉讼参与人，不管是《民诉法》，还是《刑诉法》《行政诉讼法》，都规定了鉴定人的法律地位。司法鉴定的申请、决定、委托、质证和采信都有严格的法律依据。而且鉴定程序的启动必须经过当事人的申请或法院的决定，鉴定程序不会主动启动，保持消极被动。在鉴定程序启动后，有资格进行鉴定的必须是法律规定的鉴定人或鉴定机构，而不能是其他人员或机构。鉴定人在鉴定的过程中，除要按照科学规律客观鉴定外，还需要中立于司法鉴定的决定人和委托人、中立于诉讼当事人和其他利害关系人。司法鉴定得出的鉴定意见不是最终的判决，当事人有异议时有权利申请补充鉴定或重新鉴定。因此从司法鉴定的诉讼性（法律性）派生出来司法鉴定的合法性、被动性、专属性、中立性或独立性、非终结性等性质。[1]

笔者认为科学性和法律性（诉讼性）才是司法鉴定的性质。首先，司法鉴定既要遵循科学的规律，也要遵循诉讼的规律，而且是同时遵循，这鲜明地表现出司法鉴定不同于其他事物的特征。其次，学者们所阐述的司法鉴定的其他"性质"都可以从这两种性质中派生出来。其中科学性是根本性质，司法鉴定是为诉讼活动服务的，如果司法鉴定没有遵循科学规律，那么得出来的鉴定意见就不能为司法鉴定服务；而且毫无疑问，诉讼活动之所以选择司法鉴定解决专门问题正是因为司法鉴定的科学性。法律性是司法鉴定的基本性质，在司法鉴定为诉讼活动服务的过程中必须按照法律程序来进行，

---

[1]　关于司法鉴定性质研究的文章见王家昱等："司法鉴定属性的认识"，载《中国法医学会法医临床学学术研讨会论文集》2005年；王磊、郝晓珺："司法鉴定的定义和属性探讨"，载《中国司法》2005年第1期；孙艳玲：《论我国司法鉴定制度的完善》，吉林大学2004年硕士学位论文；卞建林、郭志媛："司法鉴定的基本属性与制度定位"，载《中国司法鉴定》2003年第4期；陈敏、刘鑫："论司法鉴定的可重复性"，载《中国司法鉴定》2013年第3期；杨郁娟："从司法鉴定的证据属性看司法鉴定制度改革"，载《中国司法鉴定》2009年第6期等。

否则会破坏法律的公正，损害法律的权威。司法鉴定的这两个性质决定着司法鉴定制度改革的方向。对此，郭华教授认为，司法鉴定本身是一个科学司法活动，要按照诉讼规律去进行，而不能全按科学的规律；同时既要按照诉讼的规律进行，也要按照科学的规律操作。[1]在管理上也是如此，司法鉴定管理体制本身也是为诉讼活动服务的，在司法鉴定管理制度的建立和完善中也必须坚持司法鉴定的科学性和法律性。

四、司法鉴定的功能

（一）推动诉讼程序的进展

诉讼的整个程序是围绕着当事人的诉求展开的，而当事人的诉求的成立是要以证据为基础的。随着社会专业化的发展，越来越多的案件进入到诉讼程序，需要解决的专业问题也越来越多，越来越脱离法官的知识范围。而法官作为裁判者，面对专业问题，一方面根据原有的内心确认来定案可能会脱离案件事实，另一方面对专业问题却无所适从。这样会导致程序上的停滞，但是司法鉴定的介入可以"扩张事实裁判者的认识对象、补充事实裁判者在专门问题上认识能力的不足"[2]，从而推动诉讼程序继续进展。

（二）帮助侦查机关提供线索侦破案件

在案件的侦查过程中，为了查明案件事实，侦查机关可以通过物证和人证来获得案件信息。在物证途径上遇到疑难问题时，侦查机关通过刑讯逼供获得当事人口供，但也侵害了当事人的权利。随着我国刑事诉讼制度的改革和完善，侦查机关通过刑讯逼供获得当事人口供的途径受到限制。重视物证，在物证上取得突破，顺利侦破案件成为侦查机关的首选。依靠司法鉴定，运用先进的科学技术，侦查机关可以在现有物证基础上获得更多的案件信息，从而侦破案件。从另一个角度看，司法鉴定还具有保障犯罪嫌疑人或被告人权

---

〔1〕 参见中央财经政法大学郭华教授于 2014 年 12 月 25 日在社科院法学所"司法鉴定与司法公正研讨会"上的发言。

〔2〕 汪建成："司法鉴定基础理论研究"，载《法学家》2009 年第 4 期。

利的功能。

（三）补强证据的证明力

司法鉴定往往是针对专门性问题对某一物证或某一种状态进行检验分析，"通过技术性手段将蕴含于物证、书证等证据材料中的事实信息揭露出来，并将之以鉴定意见的方式加以展示"，[1]从而在一定程度上可以补强该物证的证明能力。

第二节　科学性：司法鉴定的根本属性

司法鉴定能够服务于司法正是因为司法鉴定的科学性，司法鉴定的科学性体现在以下几点：司法鉴定的客体是客观存在的，司法鉴定所依据的原理是科学的，实施司法鉴定的鉴定人是具有专业的科学知识并经过严格选拔的人，司法鉴定的实施程序是遵循科学原理的。

一、司法鉴定的客体是客观存在的

司法鉴定的客体非常广泛，包括血迹、痕迹、毛发、文字、语音、精神状态等，这些客体具有特定性、稳定性和反映性。鉴定的物质客体在外表结构和成分构成上是特定的，人的生活行为习惯也是特定的，这些客体的特定性使鉴定客体区别于不同种或同种但不同特性的其他客体。鉴定客体的这些重要特性在一定的条件和时间内保持相对稳定。鉴定客体通过自身位移、接触、分离、剥落、粘附、化合、分解等形式，将自身特性的部分或全部反映到其他有关客体上，反映出其与案件事实的某种关系。[2]

正因为鉴定客体的客观存在，所以司法鉴定各行业都有自然科学的规律可循。比如亲子鉴定中的 DNA 分型鉴定。一个人有 23 对（46 条）染色体，同一对染色体同一位置上的一对基因称为等位基因，一般一个来自父亲，一个来自母亲。如果检测到某个 DNA 位点

---

〔1〕　汪建成："司法鉴定基础理论研究"，载《法学家》2009 年第 4 期。
〔2〕　贾治辉主编：《司法鉴定学》，中国检察出版社 2010 年版，第 25~26 页。

的等位基因，一个与母亲相同，另一个就应与父亲相同，否则就存在疑问了。利用 DNA 进行亲子鉴定，只需要对十几至几十个 DNA位点作检测，如果全部一样，就可以确定亲子关系，如果有三个以上的位点不同，则可排除亲子关系，有一两个位点不同，则应考虑基因突变的可能，加做一些位点的检测进行辨别。DNA 亲子鉴定否定亲子关系的准确率几近 100%，肯定亲子关系的准确率可达到99.99%。[1]

二、司法鉴定所依据的原理是科学的

司法鉴定所依据的理论包括同一认定理论、种属认定理论和物质转移原理。

同一认定是指具有专门知识的人或熟悉客体物某些特征的人，通过自身的能力或借助科学技术手段，在研究和比较先后出现的两个反映形象特征的基础上对其是否出自同一个或是否原属于同一整体物所作出的判断。[2]同一认定具有严格的步骤：第一步是分别检验，一般是按照先检材（供认定同一的客体）后样本（被认定同一的客体）的顺序发现、确定检材和样本的特征；第二步是比较检验，比较检验是在分别检验的基础上，对检材和样本的具体特征进行对照，找出相同与差异，为综合评判提供依据；第三步是综合评断，在综合大量材料的基础上，对比较检验发现的相同点和不同点进行分析、研究和判断；第四步是作出鉴定意见。

种属认定是指具有专门知识的人或了解客体特征的人，以物证检验所获取的科学事实为依据，对物证和留下物证的人或物的种类归属进行鉴别和判断的活动。[3]对物体进行种属认定的过程与同一认定的过程具有相似性。第一步确定特征，第二步比较鉴定，第三步综合评断，第四步作出鉴定意见。

通说认为，物质转移理论是指两个物质性客体在外力作用下，

---

〔1〕 参见陈铭聪："DNA 鉴定证据于亲子关系事件的适用研究——以台湾地区法院判决分析为例"，载《证据科学》2013 年第 1 期。

〔2〕 贾治辉主编：《司法鉴定学》，中国检察出版社 2010 年版，第 28 页。

〔3〕 贾治辉主编：《司法鉴定学》，中国检察出版社 2010 年版，第 31 页。

基于接触、挤压、碰撞、摩擦或者其他形式，造成两个客体接触面的物质成分部分脱落并相互交换，或者引起一客体的物质向另一客体上转移的变化状态。[1]这种理论的合理性是：其一，物质转移在案件过程中是客观普遍存在的，只要案件事实发生，那么就存在物质的转移，并且这种转移不以人的意志力为转移；其二，转移的物质中蕴含着案件的信息；其三，这个信息可以通过司法鉴定，运用专业的技术和手段被获取。

三、鉴定人是具有专业的科学技术知识并经过选拔的人

《决定》第4条规定了可以申请登记从事司法鉴定业务的条件：①具有与所申请从事的司法鉴定业务相关的高级专业技术职称；②具有与所申请从事的司法鉴定业务相关的专业执业资格或者高等院校相关专业本科以上学历，从事相关工作5年以上；③具有与所申请从事的司法鉴定业务相关工作10年以上经历，具有较强的专业技能。具有三个条件之一且没有因故意犯罪或者职务过失犯罪受过刑事处罚的，没有受过开除公职处分的，以及没有被撤销鉴定人登记的人员，可以从事司法鉴定业务。"鉴定人"需要经过专业学科领域内的训练，或者具备相关的职业经历，具备较高的专业水平，才能成为鉴定人。

《决定》第4条规定了法人或者其他组织申请从事司法鉴定业务应当具备的条件：①有明确的业务范围；②有在业务范围内进行司法鉴定所必需的仪器、设备；③有在业务范围内进行司法鉴定所必需的依法通过计量认证或者实验室认可的检测实验室；④每项司法鉴定业务有3名以上鉴定人。

同时，司法鉴定机构需配备精密的仪器设备。司法部在2006年颁布了《司法鉴定机构仪器设备基本配置标准（暂行）》（司发通〔2006〕57号），并在2011年进行了修订，修订后的《司法鉴定机构仪器设备配置标准》（司发通〔2011〕323号，以下简称《配置标

---

〔1〕　沈臻懿："物证鉴定视野下的物质转移理论诠释与定位"，载《福建警察学院学报》2010年第5期。

准》）于 2012 年 3 月 1 日起施行。在关于《印发〈配置标准〉的通知》中，司法部要求各地要严格按照《配置标准》开展司法鉴定机构登记管理工作。自通知实施之日起，新申请设立司法鉴定机构的，应当达到《配置标准》要求。通知实施前经司法行政机构审核登记的司法鉴定机构，应当在申请延续前，达到《配置标准》要求。在《配置标准》中，不同的鉴定机构的配置标准是不一样的；仪器设备也分为必备和选配两种。如在尸体解剖室中，必备的是尸体解剖台、解剖及测量器械、照明及消毒系统、进排水系统、照相设备、录像设备，选配的是抽送风系统。

此外，按照相关规定的要求，司法鉴定人在申请执业证书时，需要进行岗前培训；鉴定人在取得司法鉴定人执业证书后仍然需要继续教育。

四、司法鉴定的实施程序是遵循科学原理的

鉴定的实施程序是指司法鉴定机构和鉴定人实施鉴定所应当遵循的方式、方法、顺序、步骤等活动。[1]司法鉴定实施程序具体包括鉴定资料的收集、提取、固定和保全，委托与受理，拟定鉴定实施方案，准备鉴定器材，实施鉴定和作出鉴定意见。

鉴定资料的来源因诉讼的性质以及解决案件的途径的不同而不同。在刑事公诉案件中，通常由侦查机关收集与提取；在自诉案件中，一般由自诉人提供鉴定资料。在民事诉讼中，一般由负有举证责任的当事人提供鉴定资料；如果当事人及其诉讼代理人因客观条件限制，无法收集部分鉴材、背景资料的，可以申请人民法院代为收集；人民法院认为有必要的，可依职权主动收集、提供鉴定材料。鉴定资料的来源必须可靠，这体现为：首先，在刑事诉讼中，原则上由侦查机关、审判人员亲自收取鉴定文书资料和鉴定材料，并应该对亲自收取的样本进行记录，由被鉴定人或者被鉴定物持有人在记录上签名。其次，收集的鉴定材料，应当用文字、照相、录像等

---

〔1〕 王敏远、郭华：《司法鉴定与司法公正研究》，知识产权出版社 2009 年版，第 232 页。

手段予以客观记载。再次，收集鉴定材料时应尽量收取原件原物，如果提取原件原物有困难的，可通过制作模型、复制、收取副本等方式收取。最后，送鉴资料的真实性和合法性由送鉴的机构和个人负责。除了来源可靠之外，鉴定资料提取之后必须及时送交鉴定。如果不能及时送交鉴定，要采取相应的保全措施防止遗失、腐败、变质、变形等。

对送交的鉴定材料，鉴定机构必须全面查验，进行编号登记，不得毁损和遗失。在固定和保全中，对于不同的鉴定材料有着不同的固定和保全措施。如对物质性材料进行科学包装，不要混杂，防止污染和霉变。

司法鉴定机构接受委托时，除了应当要求委托人出具鉴定委托书，提供委托证明外，还必须审查委托人提供的鉴定材料是否真实、完整、充分。如果委托事项超出鉴定机构的司法鉴定业务范围，或者鉴定材料不真实、不完整、不充分、取得方式不合法，或者鉴定要求不符合司法鉴定执业规则，不符合相关鉴定技术规范，或者鉴定要求超出鉴定机构技术条件和鉴定能力的，鉴定机构不得受理该委托。鉴定机构接受委托后，与委托人在协商一致的基础上签订司法鉴定协议书。

在全面审查送检材料的基础上，鉴定人根据鉴定要求拟定鉴定的实施方案。实施方案包括就鉴定材料的哪些方面、哪些特性进行检验；采取哪些手段进行检验；预计到呈现某种检验结果时可能证明的问题等。按照拟定的实施方案，鉴定人要准备好相应的检测仪器、化学试剂及各种显微镜等器材，并经过调试和试验证明其准确有效。

在程序上，实施鉴定的鉴定人必须为二人以上，必要时可以确定一至二名鉴定辅助人。在鉴定过程中，鉴定人根据科学的原理，使用科学的方法，严格按照检验鉴定的程序和步骤进行，检验和判断时从案件的实际出发，以检验中获取的科学事实为依据。同时，要做好记录工作；妥善保管送检的物品和材料，检材需要消耗的，鉴定人要节约使用。

制作鉴定意见时，鉴定人要客观详细地说明鉴定结论，而且只回答技术性问题，不回答法律问题。[1]

第三节　科学性与不确定性：
我国司法鉴定制度改革的困境

一、司法鉴定制度改革概述

（一）司法鉴定管理制度改革

新中国最初的司法鉴定体制是在 20 世纪 50 年代形成的，当时的司法鉴定机构内设于刑事诉讼的侦查机关、检察机关和审判机关，以便于刑事案件的办理。这种体制后来被立法吸收，如 1979 年《人民法院组织法》第 41 条第 2 款规定了"地方各级人民法院设法医"，现行的《人民法院组织法》仍然有此规定。1979 年《刑诉法》中鉴定作为第六节被规定在第二编第二章中，如第 88 条规定，为了查明案情，需要解决案件中某些专门性问题的时候，应当指派、聘请有专门知识的人进行鉴定；第三编第二章第 109 条规定，人民法院在必要的时候，可以进行勘验、检查、搜查、扣押和鉴定。

随着我国社会结构的变迁、法制的不断健全和人们法律意识的增强，鉴定机构的部门分设机制渐渐落后于诉讼制度改革的进程，机构设置上的"自立门户"和管理上的"各自为政"，再加上鉴定人资格、鉴定采用的技术标准、鉴定程序规则等没有统一规定，在实践中经常出现检察机关鉴定机构的鉴定否定公安机关鉴定机构的鉴定意见，审判机关的鉴定机构的鉴定否定公安机关鉴定机构的鉴定意见等现象，特别是因其否定导致鉴定程序被公检法机关不断反复启动，出现了"多头鉴定""重复鉴定"以及"久鉴不决"的问题。[2]

上述问题首先在诉讼程序中反映出来。在诉讼中往往涉及众多

---

〔1〕　这一部分主要参考贾治辉主编：《司法鉴定学》，中国检察出版社 2010 年版，第 65～74 页。

〔2〕　王敏远、郭华：《司法鉴定与司法公正研究》，知识产权出版社 2009 年版，第 29 页。

的法医鉴定，但是由于公检法机关各自设立的鉴定机构对法医类鉴定的"轻伤""重伤"和"轻微伤"等结论的分歧，导致在一个案件中鉴定程序被不断地重复启动，严重影响了诉讼效率和司法公正。为此，1996 年《刑诉法》修改时在第 120 条第 2 款规定，对人身伤害的医学鉴定有争议需要重新鉴定或者对精神病的医学鉴定，由省级人民政府指定的医院进行。

但是这种修改仍然没有摆脱新的鉴定意见会否定旧的鉴定意见的状态，一方面是由于重新鉴定的启动权掌握在职能部门中，另一方面是由于职能部门对"法医学鉴定"和"医学鉴定"的理解不同。[1]

1999 年国务院赋予司法部"指导面向社会服务的司法鉴定工作"的职能，司法部在 2000 年相继出台了一系列规范性文件。[2]部分省市也随之制定了规范司法鉴定管理的地方性法规和管理细则。这次改革在原来的体制上撕开了一个口子，对原来的司法鉴定体制在权力和利益方面带来很大的冲击，具体体现在三个方面：首先，这次改革使社会上的鉴定机构得以进入司法鉴定行业；其次，这部分鉴定机构由司法部管理，鉴定机构不再单单由职能部门把控；最后，当事人在诉讼中质疑职能部门的鉴定意见时，可以选择社会上的鉴定机构。

但是这次改革后，"自侦自鉴""自检自鉴"和"自审自鉴"的问题依然存在，而且一些涉及鉴定的重要案件引起了较大的社会反响。[3]司法鉴定问题得到了立法机关和中央人民政府的关注。2002 年全国人大常委会初次审议《决定（草案）》，因分歧较大，暂时

---

〔1〕　详见王敏远、郭华：《司法鉴定与司法公正研究》，知识产权出版社 2009 年版，第 31~32 页。

〔2〕　这些文件有《司法鉴定机构登记管理办法》（司法部令第 95 号）、《司法鉴定人登记管理办法》（司法部令第 96 号）、《司法鉴定许可证管理规定》（司发通〔2001〕019 号）以及《司法部关于组建省级司法鉴定协调指导机构和规范面向社会服务的司法鉴定工作的通知》（司发通〔1999〕092 号）。

〔3〕　如 2003 年的"黄静案"，参见方常君："湖南女教师裸死案总结报告：案件成社会事件"，载搜狐网，http://news.sohu.com/20060717/n244284384.shtml，最后访问日期：2017 年 5 月 30 日。

搁浅。2004 年国务院将司法鉴定机构和司法鉴定人员活动的事项作为行政许可事项授予司法行政机关。2004 年底中共中央转发了《中央司法体制改革小组关于司法体制和工作机制改革的初步意见》，该文件明确了司法鉴定制度的改革方向，也为司法鉴定改革提供了指导性的纲领。

2005 年全国人大表决通过了《决定》。《决定》规定，司法行政机关管理面向社会服务的鉴定机构和鉴定人，并规定了鉴定的种类、申请成为鉴定人和鉴定机构的条件及违法后果，确定管理形式为名册登记管理。根据《决定》第 7 条的规定，侦查机关根据侦查工作的需要设立的鉴定机构，不得面向社会接受委托从事司法鉴定业务。人民法院和司法行政部门不得设立鉴定机构。《决定》颁布后，司法部对之前的规范性文件作了修订，发布了一些新的文件。

公安部于 2005 年 12 月 29 日发布了《公安机关鉴定人登记管理办法》（公安部令第 84 号）和《公安机关鉴定机构登记管理办法》（公安部令第 83 号）。这两份文件同时规定登记的机构还包括公安部、厅、局所属院校和专业技术协会的鉴定机构，并且扩大了《决定》规定的鉴定项目范围。最高人民检察院于 2006 年发布了性质相同的文件。[1]

但是此后，最高人民法院在 2007 年颁布了《最高人民法院对外委托鉴定、评估、拍卖等工作管理规定》（法办发［2007］5 号），根据该规定，最高人民法院司法辅助工作部门负责《最高人民法院司法技术专业机构、专家名册》的编制和对入册专业机构、专家的工作情况进行监督和协调。对于三大类司法鉴定专业机构的名册，最高人民法院从司法行政部门的名册中选录编制；对于其他类别的专业机构、专家名册，由相关行业协会或主管部门推荐，按照公开、公平、择优的原则选录编制。

为了继续解决实践中存在的多头鉴定、重复鉴定、鉴定意见的争议问题，由司法部牵头，会同最高人民法院、最高人民检察院、

---

〔1〕 2006 年 11 月最高人民检察院发布了《人民检察院鉴定人登记管理办法》《人民检察院鉴定机构登记管理办法》和《人民检察院鉴定规则（试行）》。

公安部、国家安全部、科技部等部门组成了国家级司法鉴定机构遴选委员会，在2009—2010年遴选十家国家级的司法鉴定机构，并于2010年9月宣布了结果。[1]

（二）司法鉴定程序改革

为了确保鉴定的正确性，保证司法公正，司法鉴定在改革管理体制的同时，在诉讼程序规范上也开始出现对司法鉴定的规制。诉讼制度的改革也推动着司法鉴定管理体制的改革。司法鉴定管理体制涉及刑事诉讼的职能部门，这部分在上文中已提到，如1996年《刑诉法》在修改时将"人身伤害医学鉴定"结论有争议的重新鉴定权授予了"省级人民政府指定的医院"，即1996年《刑诉法》第120条第2款规定："对人身伤害的医学鉴定有争议需要重新鉴定或者对精神病的医学鉴定，由省级人民政府指定的医院进行。"

我国1991年《民事诉讼法》对鉴定结论是这样规定的：在"证据"章第63条规定鉴定结论为法定证据种类之一；第72条第1款规定："人民法院对专门性问题认为需要鉴定的，应当交由法定鉴定部门鉴定；没有法定鉴定部门的，由人民法院指定的鉴定部门鉴定。"第2、3款规定了鉴定部门和鉴定人的权利和出具鉴定结论的要求；在第十二章"第一审普通程序"第三节"开庭审理"第125条第2款规定当事人经法庭许可，可以向鉴定人发问。在这样的规定下，鉴定的启动权完全掌握的法院手里，案件的当事人启动不了鉴定程序。作出鉴定意见后，在法庭上，鉴定人不需出庭，当事人对鉴定意见无法质证；当事人对鉴定意见有异议时，只能依据第125条第3款规定来获得救济。第125条第3款规定："当事人要求重新进行调查、鉴定或者勘验的，是否准许，由人民法院决定。"即获得救济的权利也需要得到法院的允许。

2002年4月1日起施行的《最高人民法院关于民事诉讼证据的若干规定》（以下简称《证据规定》），对1991年《民诉法》对司

---

〔1〕　这十家国家级司法鉴定机构为：最高人民检察院司法鉴定中心、公安部物证鉴定中心、北京市公安司法鉴定中心、上海市公安司法鉴定中心、广东省公安司法鉴定中心、北京市国家安全局司法鉴定中心、司法鉴定科学技术研究所司法鉴定中心、法大法庭科学技术鉴定研究所、中山大学法医鉴定中心和西南政法大学司法鉴定中心。

法鉴定的有关规范作了更细致的规定和一定程度上的改造。《证据规定》第 28 条规定一方当事人自行委托有关部门作出的鉴定结论，另一方当事人有证据足以反驳并申请重新鉴定的，人民法院应予准许。第 25 条赋予了当事人鉴定申请权，但是对申请权进行了规范：一是当事人申请鉴定应当在举证期限内提出（申请重新鉴定的除外）；二是没有申请或不符合申请程序的，应当承担举证不能的法律后果。第 26 条规定当事人申请鉴定经人民法院同意后，由双方当事人协商确定有鉴定资格的鉴定机构或鉴定人，协商不成的，由人民法院指定。第 29 条规定了鉴定书应该载有的内容。第 59、60 条规定了鉴定人应当出庭并接受被法院允许发问的当事人的质询。第 61 条增加了关于"有专门知识的人"的规定。第 27 条规定了当事人对鉴定意见有异议，法院准许重新鉴定或不予重新鉴定的一些情况。

2007 年修改后《民诉法》没有对司法鉴定的规范作出调整，也没有把《证据规定》中有关司法鉴定的内容吸收进去。但是最高人民法院却在 2006 年颁布了《最高人民法院关于地方各级人民法院设立司法技术辅助工作机构的通知》。2007 年最高人民法院颁布了《最高人民法院技术咨询、技术审核工作管理规定》，该规定对最高人民法院的司法辅助工作部门做了进一步的规范。根据上述通知和规定，最高人民法院在司法行政装备管理局增设了司法辅助办公室，高级人民法院、中级人民法院以及有条件的基层人民法院设立了司法技术辅助工作机构；各级法院的司法技术辅助工作机构为本院和下级人民法院审判工作提供技术咨询、技术审核服务；技术咨询是指司法技术人员运用专门知识或技能对法官提出的专业性问题进行解释或答复；技术审核是指司法辅助工作部门应审判部门和执行部门的要求，对送审案件中的鉴定文书、检验报告、勘验检查笔录、医疗资料、会计资料等技术性证据材料进行审核，提出审核意见。

2012 年《民诉法》吸收了《证据规定》中有关司法鉴定的内容，并对司法鉴定的规范作了整合和修改：首先，将司法鉴定管理体制改革的成果上升到法律层面，改"鉴定结论"为"鉴定意见"，把经常与"鉴定人"放在一起的"鉴定部门"一词去掉并进行相应语句调整。其次，把《证据规定》中有关司法鉴定的内容有选择性地吸收进来。最后，在第 78 条中规定，当事人对鉴定意见有异议或者人民法院认为鉴定人有必要出庭的，鉴定人应当出庭作证；并规定了经法院通知的鉴定人拒不出庭的法律后果，即鉴定意见不得作为认定事实的根据、支付鉴定费用的当事人可以要求返还鉴定费用。

二、司法鉴定制度改革的成效与存在的问题

司法鉴定制度的改革在管理上趋向于统一管理体制，在程序上坚持客观中立。那么改革的成效到底如何呢？本节通过实践中的两个典型案例来做相关的考察。

（一）莫定佳案件[1]

1. 案情简介

2001 年 2 月初，湖南省桃江县农民莫定佳得知自家的自留地被人占了之后，与其子莫兆生及组长同去现场查看，发现自留地被同村村民盛连生所建新房占去一角。两家遂因此发生口角，并发生冲突。盛连生捡起一根竹棍扔向莫定佳，莫定佳随即捡起一根木篱笆桩击向盛连生，盛连生被击中左腰部倒地，莫兆生也上前打了盛连生的头部。双方很快被人拉开。盛连生依据县公安局的伤情鉴定结论对莫定佳父子提起了刑事附带民事诉讼。这起简单的案件先后经过七次鉴定才最终定案，2005 年底益阳市中级人民法院下达终审判决：①撤销原有判决和裁定；②被告人莫定佳无罪；③驳回原告盛连生要求莫定佳父子赔偿经济损失的诉讼请求。

2. 鉴定的基本情况

案发第二天，盛连生申请县公安局法医检验所对自己的伤情进行了第一次鉴定。鉴定结论为："损伤程度已构成轻伤，并构成十级伤残。"

在县法院受理案件之后，法院司法技术室根据伤者在县人民医院照的同一套 X 光片，作出了有关本案的第二次鉴定结论："被鉴定人盛连生，左侧多发性肋骨骨折，左侧血胸，其损伤程度……已构

成轻伤（偏重）。"

莫定佳不服该鉴定结论，就伤情鉴定向益阳市中级人民法院提请复核鉴定。第三次鉴定的 X 光片由益阳市卫校附属医院提供。2001 年 6 月 13 日，益阳市中级人民法院出具的（2001）益中法技医字第 44 号法医学复核鉴定书结论为：盛连生外伤后左侧第 6、7、8、9 肋骨骨折、少量血胸，已构成轻伤，不构成残废。

经过三次鉴定后，桃江县法院于 2001 年 7 月 14 日对此案下达了一审判决：①被告人莫定佳犯故意伤害罪，判处有期徒刑一年缓刑二年；②由被告人莫定佳和附带民事诉讼被告莫兆生共同赔偿盛连生医疗费等经济损失共计 8106.49 元（含已赔偿的 5500 元）。收到判决书后，盛连生因赔偿金额太少向益阳市中级人民法院提起上诉。二审判决对刑事部分维持一审原判，民事赔偿部分增加了二被告的赔偿金额。

对于一、二审判决，莫定佳均不服。在第三次申诉得到受理后，[1] 益阳市中级人民法院委托湖南省高级人民法院进行此案的法医鉴定。益阳市中心医院和中南大学湘雅第二医院分别对盛连生作出 X 线诊断书，分别诊断为"诸肋骨未见明显骨折征象""第 11 胸椎椎体楔形变"。湖南省高级人民法院于 2004 年 3 月 29 日作出法医学鉴定书，第四次鉴定结论仍然是"盛连生的损伤属轻伤"。

2004 年上半年，莫定佳携带第一次在桃江县人民医院和在中南大学湘雅第二医院拍的 X 片远走广东。中山大学法医鉴定中心根据对两套胸片的影像学观察，给出了"尚不能判断（两套胸片）是否为同一患者的胸片"的司法鉴定书结论。

2004 年下半年，在当事人莫定佳的要求下，益阳市中级人民法院将本案的 5 套共 16 张胸片送到最高人民法院司法鉴定中心，委托该中心重新鉴定。鉴定目的之一是确定：5 套片是否系同一人的 X 光片？伤者的损伤程度如何？最高人民法院司法鉴定中心对 5 套片子进行分析，发现第一、二次拍的 1199 号和 28348 号胸片为同一受伤者胸片；其余三套是 2003 年以后拍片均非上述受伤人本人胸片，

---

〔1〕 第一次申诉被驳回。第二次申诉得到受理，中级人民法院维持原判。

并鉴定受伤者的损伤程度属轻伤。至此，这已经是第六次鉴定。

第六次鉴定结论送到益阳市中级人民法院后，法院决定委托司法部司法鉴定中心对盛连生的胸片进行法医学同一认定。开始鉴定前，在鉴定中心的要求下，办案法官亲自陪同盛连生赴医院再次拍摄了胸片，作为鉴定的权威对照胸片。司法部司法鉴定中心对此进行了专家会诊，综合分析发现：11套胸片分属3个人，其中"2004年2月26日拍摄的012507号胸片，与2005年8月30日拍摄的16899号是同一个人，可以认定为盛连生本人的。两片显示：诸肋骨未见明显骨折征象"。据此，盛连生因2001年2月5日纠纷致"左侧多发性肋骨骨折伴左侧血胸"的诊断依据不足，据此得出的轻伤结论不能成立。就现有材料，难以认定其损伤程度已达到轻微伤范围。根据这一鉴定结论，益阳市中级人民法院最终作出撤销原有判决和裁定、被告人莫定佳无罪的终审判决。

（二）林森浩案[1]

1. 案情简介

2013年4月16日，上海复旦大学2010级硕士研究生黄洋因急性肝损伤经抢救无效去世，警方在死者寝室饮水机残留水中检测出有毒化合物——N-二甲基亚硝胺。警方认定死者同寝室的林森浩有重大作案嫌疑，将之刑事拘留。经过侦查、起诉、审理，2014年2月18日上海市第二中级人民法院认定"被告人为泄愤采用投放毒物的方法故意杀人，致被害人黄洋死亡"，并作出如下判决：被告人林森浩犯故意杀人罪，判处死刑，剥夺政治权利终身。被告人委托辩护律师提起上诉。2014年12月8日，上海市高级人民法院第二次公开审理此案，法庭围绕涉案毒物的认定、被害人黄洋的死亡原因、林森浩涉嫌罪名进行了审理。2015年1月8日，上海市高院作出最终裁定：驳回上诉，维持原判。依照《刑诉法》第235条，本裁定依法报送最高人民法院核准。

---

[1] 胡志强、庄洪胜："黄洋的死因就在病历中"，载北京云智科鉴服务中心官网，http://www.china-zmzs.com/welcome/jdalinfo? navid = 6&alid = 6，最后访问日期：2017年7月29日。

2. 鉴定的基本情况

因为该案中涉及被害人黄洋的死因，所以该案件对黄洋的死因、对毒物与被害人死亡之间的联系进行了多次的检验分析和鉴定。

被害人黄洋于 2013 年 4 月 16 日死亡之后，上海市公安局文化保卫分局刑事侦查大队于 2013 年 4 月 16 日委托上海市公安局物证鉴定中心进行尸体解剖和死亡原因的鉴定。上海市公安局物证鉴定中心于 2013 年 4 月 17 日进行了检验，其出具的《法医学尸体检验鉴定书》（〔2013〕第 140 号）根据黄洋的尸体解剖及法医病理学检验结果，认为其全身皮肤、双眼球睑结膜等黄染，颈项部、胸部、背部及四肢等处见大量散在性分布的皮肤瘀血，组织病理学检查见广泛性肝小叶中心性坏死，肾近曲小管及远曲小管广泛性坏死，肺广泛性出血、水肿等形态学改变，认为黄洋存在肝脏及肾脏等多器官损伤，结合毒化检验结果等综合分析，认为黄洋符合生前因 N-二甲基亚硝胺中毒致肝脏、肾脏等多器官损伤、功能衰竭而死亡。作出了"黄洋符合生前因 N-二甲基亚硝胺中毒致肝脏、肾脏等多器官损伤、功能衰竭而死亡"的鉴定意见。

2013 年 6 月，上海市公安局文化保卫分局委托上海市精神卫生中心司法鉴定所对林森浩的精神状态进行司法精神病鉴定，并评定其刑事责任能力及受审能力鉴定。经过鉴定，该所出具了以下鉴定意见：①被鉴定人林森浩作案当日及目前无精神病；②被鉴定人林森浩对本次作案行为的辨认和控制能力完整，评定为具有完全刑事责任能力；③被鉴定人林森浩目前无精神异常，能够配合案件审理并有自我保护能力，评定为目前具有受审能力。

案件进入审查起诉阶段后，上海市人民检察院第二分院于 2013 年 9 月 11 日委托上海市司法鉴定中心对黄洋的死亡原因进行了重新鉴定。上海市司法鉴定中心于 2013 年 10 月 15 日进行了鉴定，其作出的《法医病理司法鉴定意见书》（〔2013〕病鉴字第 1 号）认为：①被鉴定人黄洋的临床症状及尸体检验、组织病理学改变情况，符合急性肝坏死致急性肝功能衰竭并继发多器官功能损害的特点。②虽然多种因素（病毒感染、缺血缺氧、代谢紊乱、自身免疫性肝炎等）均可造成急性肝坏死，但经过分析，本案无上述因素致被鉴定人黄洋急性肝坏死的依据。③本案被鉴定人黄洋系在饮用了饮水机内的水后出现恶心、呕吐，继而肝功能衰竭等表现，发病急，病情进展快，符合急性中毒特点。④本案未检见致死性机械性损伤及机械性窒息的法医病理学改变；尸体检验未检见急性胰腺炎的病理学改变，亦未检见脑、心、肺等重要器官存在致死性疾病；同时，根据病历记载，医院在诊疗过程中，治疗及时、有针对性，符合诊疗常规。该鉴定中心作出了如下鉴定意见：黄洋符合 N-二甲基亚硝胺中毒致急性肝坏死引起急性肝功能衰竭，继发多器官功能衰竭死亡。

上海市第二中级人民法院采纳了"被害人黄洋符合 N-二甲基亚硝胺中毒致急性肝坏死引起急性肝功能衰竭，继发多器官功能衰竭死亡"的鉴定意见，并于 2014 年 2 月 18 日公开宣判：被告人林森浩犯故意杀人罪，判处死刑，剥夺政治权利终身。

2014 年 2 月 25 日，被告人林森浩委托辩护律师向上海二中院提起上诉。2014 年 4 月 5 日北京云智科鉴咨询服务中心受理了辩护人所在律所委托的黄洋死亡原因的鉴定，其作出的云智科鉴中心《法医学书证审查意见书》（［2014］医字第 13 号），根据被审查人黄洋在复旦大学附属中心医院的病历和尸体检验情况，并结合案件相关资料分析，认为：被审查人黄洋的死亡原因系暴发性乙型病毒性肝炎致急性肝坏死，最终因多器官功能衰竭死亡；目前缺乏被审查人黄洋存在"N-二甲基亚硝胺"中毒乃至中毒致死的依据。最后作出的审查意见是：被审查人黄洋系暴发性乙型病毒性肝炎致急性肝坏死，最终因多器官功能衰竭死亡。

作出上述审查意见的专家之一胡志强作为辩护方的专家辅助人出席了该案的第二审庭审现场。二审开庭时，在黄洋的死因问题上，辩护方的专家辅助人根据北京云智科鉴咨询服务中心《法医学书证审查意见书》作出说明，认为黄洋系暴发性乙型病毒性肝炎致急性肝坏死，最终因多器官功能衰竭死亡。检察机关申请鉴定人之一的陈忆九出庭，鉴定人就上海市司法鉴定中心《法医病理司法鉴定意见书》鉴定依据向法庭作了说明，并表示文书中明确把中毒以外的肝损情况全部予以排除。法庭最终认定：①黄洋饮用 421 室饮水机中的水后即发病并导致死亡。②黄洋体内检出 N-二甲基亚硝胺。③《法医病理司法鉴定》均证实，黄洋系 N-二甲基亚硝胺中毒死亡。北京云智科鉴咨询服务中心《法医学书证审查意见书》和专家证人胡志强当庭发表的意见，与查明的事实不符，不予采信。二审法院最终裁决驳回上诉，维持原判。

（三）案件对比、分析

通过回顾两个案件中的鉴定情况，我们可以看出，在司法实践中，多头鉴定、重复鉴定是一个一直存在的问题。

莫定佳案进行了七次鉴定，鉴定的委托主体分别是：盛连生、县法院、市中院、省高院、莫定佳、市中院、市中院；鉴定的实施主体分别是：县公安局法医检验所、县法院司法技术室、市中院司法技术室、省高院司法技术室、中山大学法医鉴定中心、最高院司法鉴定中心、司法部司法鉴定中心。前五次鉴定事项都是对伤情的鉴定，第五次鉴定发现了鉴定所用两张 X 光片可能不是同一人，第六次及第七次鉴定事项都是针对 X 光片作同一认定及伤情鉴定。

林森浩案进行了四次鉴定，鉴定的委托主体分别是：上海市公安局文化保卫分局、上海市公安局文化保卫分局、上海市检察院第二分院、辩护人所在律所；鉴定的实施主体分别是：上海市公安局物证鉴定中心、上海市精神卫生中心司法鉴定所、上海市司法鉴定中心、北京市云智科鉴咨询服务中心，其中除第二次鉴定事项是司法精神病鉴定之外，其他三次鉴定事项都是死因鉴定。

莫案的前四次鉴定都是由职能机关对伤情进行鉴定，当第五次由莫定佳自己带着两套 X 光片去中山大学法医鉴定中心，才发现前四次鉴定所用 X 光片可能不是盛连生的，莫定佳为了质疑之前职能机关所作的鉴定意见，要求法院重新启动鉴定程序，是经过了向益阳市中级人民法院、益阳市人大内司委上访三百余次，在多方的持续关注之下，历经三年之久，才由益阳市中院将本案的 5 套共 16 张胸片送到最高人民法院司法鉴定中心，委托该中心重新鉴定，至此方确定之前作为检材的胸片根本就不是盛连生本人的，后经司法部司法鉴定中心对此进行专家会诊，综合分析发现：11 套胸片是分属 3 个人的，所以第六次与第七次不仅对盛连生的伤情进行鉴定，还对前几次鉴定所用的 X 光片进行同一认定。可见在该案中，鉴定管理和程序上的疏漏导致了鉴定所用检材的错误，造成莫案多次鉴定、重复鉴定的启动。在林案中，主要是对黄洋的死因进行鉴定，第一次和第三次分别是由公安机关和检察机关委托鉴定的，第四次是由辩护律师委托鉴定的。在二审中，辩护律师依据第四次鉴定的鉴定意见对控方的鉴定意见进行了激烈反驳，认为由于本案中被告人林森浩所使用的 N-二甲基亚硝胺是非法生产的，且保存时间过长，保管不当，所以有可能已经变质分解；同时根据实验的结果，受害人黄洋所服毒物也没有达到致死量，因此，黄洋的死因不能排除是因其肝病引发的肝衰竭或者其他混合致死因素；而且认为检察机关委托的上海市司法鉴定中心所作鉴定程序严重违法，依法不能作为证据使用。[1]

　　从两案对比来看，在莫定佳案中，关键的问题是作为职能机关鉴定检材的 11 套胸片实际上分属 3 人，而法院基于职能机关以虚假的 X 光片和鉴定意见为依据作出判决。该案虚假鉴定的产生，在于缺乏医院、司法鉴定机构对鉴定者身份的确认程序，比如当事人双方都应在场等要求。在司法鉴定管理制度和诉讼程序制度改革后，莫案中的虚假鉴定问题应当可以得到较为有效地避免和纠正，由此而产生的多头鉴定、重复鉴定问题能够在一定程度上得到缓解。然而在林森浩案中，引发多头鉴定和重复鉴定的原因就远非解决虚假鉴定问题那么简单了。在林案中，起初由公安机关、检察院披露的鉴定结果，以及林森浩本人关于投毒的供认，使得人们对于黄洋是因毒物（N-二甲基亚硝胺）致死的原因深信不疑，包括辩护方后来所请的专家证人——胡志强都说，起初看媒体报道，林森浩承认投毒，事后黄洋死亡，包括我在内的很多人都认为林森浩是杀人犯。[2]但黄洋的死因到底是什么？是否是林森浩投毒所致？这些问题都要

---

〔1〕　斯伟江："林森浩投毒案二审辩护词完整全文"，载为你辩护网，http://www. scxsls. com/a/20150109/105965. html，最后访问日期：2017 年 7 月 29 日。

〔2〕　张淑玲："复旦投毒案法医：应对黄洋死因进行重新鉴定"，载人民网，http://politics. people. com. cn/n/2014/1215/c1001-26207087. html，最后访问日期：2017 年 5 月 30 日。胡志强，北京司法鉴定业协会法医病理专业组委员、北京华夏物证鉴定中心鉴定人，有着三十二年从事法医的经验，在著名的念斌案、常林锋杀妻案中，他都作为"有专门知识的人"出庭参与诉讼，这些案件都在胡志强的介入后出现了逆转。

拿证据来证明。当胡志强等鉴定专家真正了解到该案的一系列具体鉴定过程，和死者黄洋在医院的全面检查病历、诊治资料之后，他们提出了颠覆性的意见。

在林案中认为的致死毒物 N-二甲基亚硝胺，实际上是广泛存在于人体之中的，但在人体中的 N-二甲基亚硝胺是微量的，如果要证明有人投毒，人体中的 N-二甲基亚硝胺的含量就会超出正常水平。但该案的侦查实验的结果表明，黄洋喝入的量不到致死量，而鉴定机构针对检材所作的鉴定均是定性而未进行定量鉴定。因此在胡志强等鉴定专家看来，本案公安机关和检察院所作的鉴定，缺乏证据力。而依据黄洋治疗过程中的乙肝病毒抗体由阴转阳及其他病理学依据，胡志强等法医专家认为：黄洋的死亡原因是暴发性乙型病毒性肝炎，而根据医学判断，暴发性乙型肝炎的诱发因素是乙肝病毒，而非 N-二甲基亚硝胺。本案投毒第二天，黄洋注射了退烧药复方氨基比林，复方氨基比林会对一些人造成严重的肝损伤。因此，导致黄洋致死的因素存在多种可能性，不能排除暴发性乙型肝炎，或者药物性肝衰竭，或者由于投毒引发的多种因素结合的暴发性肝衰竭。而且同样一份黄洋的尿液，两个国家级的司法鉴定机构给出了截然不同的鉴定结果：一个有毒（含有 N-二甲基亚硝胺），一个没毒。因此，到底是多因一果还是单一中毒致死就成了本案巨大的疑问。[1]

而在刑事诉讼中，疑问并不是打几个问号那么简单的事，疑罪从无原则决定了疑问所具有的特殊分量——疑点利益归于被告。同样的情形，民事诉讼中的疑问则意味着具有动摇法官心证的分量。疑点所具有的分量成为当事人寻求多次鉴定的激励机制。所以我们看到，尽管全国人大常委会出台《决定》，统一司法鉴定管理体制、开展司法鉴定制度改革，其主要目的就在于解决司法实践中长期存在的多头鉴定、重复鉴定、久鉴不决的问题，[2]然而在鉴定制度改革后，实践中，无论是刑事诉讼还是民事诉讼，多头鉴定、重复鉴

〔1〕 斯伟江："林森浩投毒案二审辩护词完整全文"，载为你辩护网，http://www.scxsls.com/a/20150109/105965.html，最后访问日期：2017 年 7 月 29 日。
〔2〕《法制日报》评论员文章："规范司法鉴定工作的治本之举"，载《法制日报》2005 年 3 月 1 日，第 1 版。

定一直都是无法避免、无法彻底解决的问题，这看起来已成为司法鉴定制度改革难以摆脱的困境。

三、科学性与不确定性

司法鉴定是科学的，前文中，笔者从鉴定的客体是客观存在的，鉴定所依据的原理或规律是科学的，鉴定的主体鉴定人具有专业的科学技术并经过选拔，鉴定实施所遵循的程序是科学的四方面进行的论证。但是从前述的案例中，我们可以直观地看出，司法鉴定的科学性并不能解决鉴定人鉴定意见的不确定性问题，在司法实践中，多次鉴定、重复鉴定的现象不可避免。通过鉴定对于案件事实与原因的追溯，远非人们想象的那样就能够直接获得如绝对真理般的事实真相。司法鉴定作为科学证据，科学性是其根本属性，但是这种科学性并不能带来不容置疑、无可反驳的结论性意见，科学证据并不总是给出确定性，反而似乎常与不确定性为伴。

（一）不确定性原理

随着物理学的发展，量子理论在 20 世纪创立，并开启了现代物理学发展的新纪元。1927 年，沃纳·卡尔·海森堡（Werner Karl Heisenberg）提出了划时代的"不确定性原理"（uncertainty principle），据海森堡自己的解释，"在位置被测定的那一瞬间，即当光量子正被电子偏转时，电子的动量发生了一个不连续的变化。光的波长越短，即位置测定得越精确，电子的动量的变化就越大。因此，在确知电子位置的瞬间，关于它的动量我们就只能知道到其相应于其不连续变化的大小的程度。于是，位置测定得越准确，动量的测定就越不准确，反之亦然。"[1]量子世界具有天生的不确定性，概率分布及其机遇规律是自然的终极规律。

而经典科学的研究架构是"我们认识主体创造的科学认识方法（观察、实验、数学等）对研究对象进行深入的研究和尽量完备的描述，在我们的意识中建构起不属于我们的那一部分客观世界对象的

---

〔1〕〔德〕W. 海森堡："论量子论的运动学和动力学的直觉内容"，转引自李坚：《不确定性问题初探》，中国社会科学院研究生院 2006 年博士学位论文。

图景"，[1]然后人们就可以掌握客观世界的运动规律，并根据"一个系统在某一特定时刻的特殊状态就可以计算出它未来的运动，对其在未来的演化情态作出精确的预言"，[2]因此整个世界是已经被决定的。

显然量子力学中的"不确定性原理"从根本上否定了传统科学的"决定论"，这引起了以爱因斯坦为主的"决定论"者与以波尔为主的"非决定论"者的论战，论战最终确定了不确定性的本体地位。争论在卡尔·波普尔（Karl Popper）这里得到统一，波普尔认为，"量子力学本质上是统计的理论，它和经典物理学一起都是非决定论的，统计性原则是整个物理学的基础。"[3]也就是说，科学是建立在统计性原则的基础上，本身就包含了不确定性。

如前文所述，可重复性是科学的一个基本原则。但是，由于要测量的量是变化的，因此并不是所有的测量都能够重复。对于不确定性原理（又称为"测不准原理"），绝大多数科学和统计学教科书中的讨论都终止于处理测量、标度和重复的不确定性方面。尽管这些不确定性的概念很重要，但实际上，在整个科学领域中它们并不是不确定性的最大根源。不确定性的更大问题来源于远在测量工具的精确性和准确性之外的其他地方。其中的一个问题就是，我们怎么样才能把一次的观察集中到一个更大的图景中。对此所作的简化表述就是：对于森林而言，在单棵树木测量基础上建立的森林的数据集，还有比这更重要的吗？这让我们必须思考大量观察数据集合和分析中固有的复杂性和不确定性。不确定性意味着非唯一性，所以，科学的不确定性（scientific uncertainty）并不是因为"科学家们不能回答所有紧迫的问题"，而是因为科学家们给出不止一个答案而这些答案又彼此冲突。[4]比如在林森浩案中关于黄洋致死的原因

---

〔1〕 李坚：《不确定性问题初探》，中国社会科学院研究生院 2006 年博士学位论文。

〔2〕 李坚：《不确定性问题初探》，中国社会科学院研究生院 2006 年博士学位论文。

〔3〕 See Karl Raimund Popper, *The Logic of Scientific Discovery*, Routledge, 1942.

〔4〕 ［美］亨利·N. 波拉克：《不确定的科学与不确定的世界》，李萍萍译，上海科技教育出版社 2005 年版，第 63~75 页；［瑞士］海尔格·诺沃特尼等：《反思科学：不确定性时代的知识与公众》，冷民等译，上海交通大学出版社 2011 年版，第 9~15 页。

分析，公安机关、检察院委托的鉴定机构作出的鉴定意见和胡志强等专家的意见存在重大分歧，但"这不是科学的无能，恰恰是科学的精确"，或者说，是科学性本身的题中之义。[1]

（二）鉴定所依据的规律和原理是可质疑的

从辩证唯物主义认识论角度看，司法鉴定作为一种认识活动，必须遵循认识活动的规律。辩证唯物主义认识论认为，物质是第一性的，意识是第二性的，人类能够认识客观世界。但是"这一论断仅仅是一种可能性的判断，这种可能性在某一特定条件下是否能够转化为现实性，则是不确定的"。[2]对于整个人类而言，人的思维具有无限性，但是具体到个人，人的认识却是有限的。鉴定过程中所依据的规律或原理有可能被证实是有缺陷的，甚至是错误的。例如，在2000年英国伦敦警察厅公开承认，指纹鉴定错误造成了两起冤案。消息公布后，指纹鉴定的客观性、真实性和权威性开始受到质疑和挑战。[3]

（三）鉴定人的水平是有限的

鉴定人员的认识能力、认识水平、知识、经验和技能是有限的，往往受到教育背景、从事工作年限等主观情况的限制。

在鉴定过程中，鉴定人也要受到仪器、设备和检材等客观条件的影响。在物证鉴定中，鉴定所使用的仪器、设备非常重要，直接决定鉴定的成败。[4]而且鉴定对检材的要求也比较高。

（四）鉴定活动受到程序的限制

1. 鉴定活动不同于科学研究活动

科学研究的目的是对自然界、人类社会和思维发展的活动进行研究，以达到认识和改造客观世界的目的。但是鉴定的目的是解决司法案件中的专门问题。科学研究人员的研究活动受到科学规律的

---

〔1〕　〔美〕亨利·N.波拉克：《不确定的科学与不确定的世界》，李萍萍译，上海科技教育出版社2005年版，第11页。

〔2〕　胡卫平："司法鉴定认识论——撩开司法鉴定的'神秘面纱'"，载《证据学论坛》2004年第1期。

〔3〕　郭少波等："指纹鉴定科学性困境浅析"，载《河北公安警察职业学院学报》2012年第2期。

〔4〕　刘鑫："论司法鉴定的科学性"，载《中国政法大学学报》2014年第5期。

制约，而司法鉴定活动既要受到科学规律的制约，也要受到法律程序的制约。研究活动可以不受时间的制约，相反却需要大量的时间来保证科学研究的进步；而司法鉴定必须在规定的诉讼期间内解决专门问题。科学活动可以通过试验活动对事件进行反复的试验，而司法鉴定却是对已经发生的事实进行检测分析和判断。科学寻求的是一种综合性的理解，审判寻求的是在有限的时间内解决集中讨论的法律问题。[1]

2. 法官对鉴定意见的依赖

虽然鉴定人经过了严格选拔，并且鉴定人作出的鉴定意见在法庭上受到质证，但是因为问题的专业性，"科学家增强自己权威性的办法多种多样"，[2]因此法官在专业问题上仍然摆脱不了对鉴定意见的依赖，比如在林森浩案中，每到一个诉讼阶段，一般都会委托鉴定人进行鉴定。

（五）小结

如前所述，科学性是司法鉴定的根本属性，法庭审判之所以需要司法鉴定，就在于鉴定意见对案件中的专门性问题所具有的证明力，具有其他证据不能替代的作用，甚至直接影响到法官对案件的最终裁判。但是另一方面，科学性本身就意味着不确定性，鉴定意见作为鉴定人认识活动的产物，它很难摆脱现实条件的影响。鉴定人并不毋庸置疑地就是"科学的法官"，鉴定意见也并不能就直接拿来作为无可置疑的科学结论，从而无条件地用作认定案件事实的根据。针对同一事实所带来的问题及其产生的原因，不同的鉴定人可能得出完全不同的意见。

因而，从现代科学性的真正意涵及其属性来探究，我们必须承认，实践中多头鉴定、重复鉴定的存在有其合理性，多头鉴定、重

---

〔1〕 ［美］肯尼斯·R. 福斯特、彼得·W. 休伯：《对科学证据的认定——科学知识与联邦法院》，王增森译，法律出版社 2001 年版，第 21 页。

〔2〕 ［美］肯尼斯·R. 福斯特、彼得·W. 休伯：《对科学证据的认定——科学知识与联邦法院》，王增森译，法律出版社 2001 年版，第 247 页。这些办法包括"利用数学的精确性施加影响、使用唬人的行话、压制疑问及在评析、试验、统计或观察结果时隐瞒个人判断方面的因素等等"。虽然这是对美国的专家证人的描述，但对法庭上法官对鉴定意见的认识有借鉴意义。

复鉴定能够提高鉴定的科学性、准确性。而且，三大诉讼法及相关司法解释和 2007 年颁行的《司法鉴定程序通则》中都规定了"补充鉴定""重新鉴定"等程序救济制度。所以，多头鉴定、重复鉴定在依法定程序进行鉴定时也会产生，多次的重新鉴定在一定程度上正是当事人维护其合法权益的有效措施，并且对保障鉴定意见的科学性具有一定的积极作用。实际上，仅仅盯住表象上的多头鉴定、重复鉴定并视之为司法鉴定领域中的乱象，通过一刀切地限制鉴定次数、设定鉴定机构等级的方式来作为解决多头鉴定、重复鉴定问题的改革路径，[1]这才是迄今司法鉴定制度改革所真正面临的困境。

第四节 比较研究：两大法系相关制度考察

大陆法系与英美法系的诉讼模式是不相同的，为诉讼服务的鉴定制度也有很大的不同，具体体现为大陆法系的司法鉴定制度是鉴定人制度，而英美法系的司法鉴定制度是专家证人制度，但近年来两大法系的司法鉴定制度相互借鉴吸收，出现了融合趋势。考察域外的制度对我国的制度改革有着重要的借鉴意义。

一、大陆法系法官职权探知主义模式下的鉴定人制度

在法官职权探知主义诉讼模式下，大陆法系的司法鉴定制度为鉴定人制度，鉴定人制度的特征主要体现为鉴定人资格和选任、司法鉴定的启动模式、鉴定人与证人的区别及对鉴定质量的控制等方面。

在大陆法系，鉴定人被视为法官的辅助人，并实行严格的鉴定人资格认证制度。例如，法国的鉴定人需要经过专门机构特定的考核和登记程序，按行业分别登记造册。在需要司法鉴定的时候，法官根据案件的特点从名册上选任鉴定人。如《法国刑事诉讼法典》规定：鉴定人应当从最高法院办公厅制作的全国专家名册中所列的自然人和法人中选取，或者从各上诉法院与总检察长商定提出的名

---

〔1〕 如把遴选十家国家级的司法鉴定机构作为解决多头鉴定、重复鉴定的改革措施。

册中选取。[1]在审判阶段，鉴定人一般都是由法官从名册中选取任命的，控辩双方无权自己聘请鉴定人。如《德国刑事诉讼法典》第73条规定，在审判阶段，由法官来决定是否需要聘请鉴定人及人数，控辩双方亦无权利自行聘请鉴定人。[2]

大陆法系司法鉴定的启动权主要由司法机关进行，以法官为主，当事人只有司法鉴定启动的申请权，而且当事人的申请需要经过法官的批准决定。在德国的诉讼活动中，法院、被告或当事人、警方都可以启动司法鉴定。在刑事诉讼活动中，警方可以根据侦查需要依法自行就侦查活动中的专门问题启动鉴定程序。进入审判阶段后，被告如果对警方、检方提供的鉴定结论不服，可以自行委托鉴定人进行鉴定，也可以申请法院委托鉴定人进行鉴定。法院根据审判需要，也可以主动委托鉴定人就专门问题进行鉴定。在民事诉讼中，当事人双方在诉讼前都可以委托鉴定人就专门问题进行鉴定。在法庭上，如果当事人一方要求找一个鉴定人就专门问题进行鉴定，法官应予同意。当事人也可以申请法官委托鉴定人进行司法鉴定。法官也可以主动委托鉴定人进行鉴定。当事人对于法官委托的鉴定人，如认为是对方亲戚或不信任等，可以拒绝，由法官作出是否应当拒绝的裁定。

因为大陆法系的鉴定人被定性为帮助法官解决专门性问题，所以鉴定人的权利不同于证人。鉴定人在享有证人的基本权利之外，还享有鉴定人特权，例如广泛的证据调查权（多需司法审查），甚至还享有询问被告人的权利。在司法实践中，法官对鉴定结论的认定也往往优先于对证人证言的认定。[3]当然鉴定人必须出庭接受质证。

司法鉴定机构是行业的主体，鉴定人一般任职于鉴定机构。大陆法系还建立了保证鉴定质量的管理体系。例如在芬兰、荷兰，司法鉴定机构建立了质量管理体系，接受国家认可委员会认可评审。欧洲司法鉴定联盟及其他国际实验室认可组织也提供能力验证活动，

---

〔1〕 转引自季美君：《专家证据制度比较研究》，北京大学出版社2008年版，第188页。

〔2〕 转引自季美君：《专家证据制度比较研究》，北京大学出版社2008年版，第189页。

〔3〕 汪建成："专家证人模式与司法鉴定模式之比较"，载《证据科学》2010年第1期。

以检验司法鉴定机构的鉴定能力，改进和提高司法鉴定机构的鉴定质量。

大陆法系的鉴定人制度更大程度上通过鉴定行业的管理，使鉴定的质量得到保障。但由于诉讼程序缺乏对鉴定人和鉴定意见的专门性约束，缺少当事人对鉴定意见的审查，容易造成法官对鉴定的依赖，甚至使鉴定人成为事实的裁判者。

二、英美法系当事人对抗主义模式下的专家证人制度

在英美法系当事人对抗主义诉讼模式下，法庭对专门问题的解决体现为专家证人制度。专家证人是证人的一种，是当事人为解决专门问题聘请的为自己服务的证人。专家证人制度的特征主要体现在专家证人的选任及对专家证据的采信规则上。

专家证人是当事人为了使法庭上专业问题的解决有利于自己而聘请的证人。国家或法庭对于专家证人的资格没有特别的规定，只要在某一专业领域具有专业的知识、经验或技能，能够解决案件中的专业问题的人就可以被聘请为专家证人。实践中，在聘请之前，当事人为了自己的利益，自己或者自己的律师会对专家进行审查；在法庭上，专家证人的受教育水平、学术水平、工作经验、培训情况、之前是否担任过专家证人以及担任专家证人的次数、是否曾发表过错误的专家意见等会通过法官和陪审团的询问及控辩双方的交叉询问得到再次审核。专家证人的费用由聘请的当事人承担；专家证人必须出庭接受质询。法庭遇到专门问题，而且当事人没有聘请相关专家证人时，法庭也可以指定"法庭指定专家""法庭技术顾问"或"专家裁判员"，来为法庭提供专业知识方面的服务。[1]

在专家证据的采信规则上，美国发展的比较完善，其发展过程有三个重要的节点：一是 1923 年，在福莱诉美国（Frye v. United States）一案中确立了普遍接受标准，即专家证人作出推论所依据的

---

〔1〕　法庭指定专家类似于当事人聘请的专家，只是指定专家是为法庭服务的；法庭技术顾问只需回答法官提出的疑问，不必接受当事人或律师的交叉询问，其提供的意见不属于专家证据；专家裁判员是在听取当事人双方的观点后作出判断并报告给法庭。三者区别详见季美君：《专家证据制度比较研究》，北京大学出版社 2008 年版，第 34 页。

原理或者发现，在其所属的特定领域内必须得到充分的确立并获得普遍性的接受。[1]二是 1975 年《美国联邦刑事诉讼规则和证据规则》第 702 条规定：如果科学、技术或者其他专业知识将有助于事实裁判者理解证据或确定争议事实，那么具备作为专家所要求的知识、技能、经验、训练或者教育的证人就可以以专家意见或其他形式作证。三是 1993 年的多伯特诉梅里·道药品公司案（Daubert v. Merrell Dow Pharmaceuticals）中确立的 Daubert 标准。在 Daubert 案中，联邦最高法院明确表示 Frye 标准已被《美国联邦刑事诉讼规则和证据规则》第 702 条所取代，并且认为所提供的专家证言必须具有"适当的有效性"和适用性。判断某一理论或方法对案件中的事实是否具有有效性和适用性的标准是：①该理论或技术是否已经得到检验或者正在被检验；②该理论或技术是否得到同行的认可或者已公开发表；③适用该理论或技术已知的或者潜在的错误概率有多大；④该理论或技术是否已得到普遍的接受。[2]在 2000 年，美国联邦最高法院又对《美国联邦刑事诉讼规则和证据规则》第 702 条确定的规则作了修改，规定专家证言的采纳必须符合以下三个条件：一是专家证言必须以充分的事实或材料为基础；二是专家证言应是可靠的原则和方法的产物；三是专家证人必须如实地将该原则和方法适用于案件中的事实。

三、鉴定人制度与专家证人制度出现融合趋势

近年来，因专家证人模式和司法鉴定模式各自均存在固有的弊端，各国虽在总体结构上仍然坚持传统模式，但也进行了相应的改革，出现了扬长避短、相互融合和互相借鉴的趋势。

（一）专家证人资格及选任

英美法系国家由于专家证人资格准入制度的缺乏，在庭审中大量的精力被投入到对对方专家证人的能力审查上，不仅造成不必要的诉讼耗费，而且容易使庭审偏离发现真实的方向而转为攻击专家

---

〔1〕 Frye v. United States（D. C. Cir 1923）293 F. 1013.

〔2〕 Daubert，509 U. S. at 593–594.

证人。英国近期围绕专家证人资格问题进行了改革，有建立专家证人的资格准入机制向大陆法系的做法靠拢的趋势。由沃尔夫勋爵（Lord Woolf）牵头的英国司法制度改革运动将制定具体的专家证人标准纳入了改革的日程。而以意大利为代表的大陆法系国家刑事鉴定制度改革，在刑事诉讼中引入了技术顾问制度，当事人可以在诉讼中通过国家聘请的技术顾问协助己方参与刑事鉴定，起到了类似于英美法系国家专家证人的作用。

（二）保障专家证人和鉴定人的客观性

专家证人和鉴定人的客观性在两大法系刑事鉴定制度中均有要求，但实际上由于各自模式的特点，专家证人和鉴定人在其各自的诉讼制度内均没有完美的实现其客观性。英美法系国家受当事人主义诉讼模式下的专家证人选任和庭审中的诉讼竞技影响，使专家证人严重偏向于己方，而有丧失客观性的危险。大陆法系国家的鉴定人则因法官选任和指挥的原因，使鉴定人有依附、听命于法官而丧失客观性的危险。对客观性的保障，一是从根本入手，将客观、中立的作证、鉴定作为专家证人、鉴定人的基本义务；二是通过引入有效的质证程序，对有可能丧失客观性的专家证言和鉴定结论进行检视，以去粗取精、去伪存真。在两大法系现有的诉讼制度框架内，英美法系国家已经建立起了完善的质证制度，因此其改革方向应着眼于强化专家证人的法庭义务和客观责任，增加法庭选任中立专家证人的比例。而大陆法系在不改变法官选任鉴定人、指挥鉴定人的前提下，适当地引入针对鉴定结论的有效质证机制则是其改革的方向。因此在保障专家证人和鉴定人的客观性方面，大陆法系有借鉴英美法系专家证人制度的现实需要，意大利刑诉法改革中技术顾问制度的建立是典型的立法例。

（三）改革专家证言和鉴定结论的庭审模式

英美法系国家因为控辩双方滥用专家证人导致过度对抗，从而引起诉讼耗费和拖延，因此改革的基本思路是减少对抗，提高效率；而大陆法系刑事鉴定的制度缺陷在于当事人无力参与刑事鉴定的质证，导致刑事审判对鉴定意见的过度依赖，因此引入适当的对抗机制，实现当事人对鉴定意见的有效质证，是大陆法系刑事鉴定制度改革的方向。鉴于专家证人制度在诉讼效率、诉讼费用上的缺陷，英美法系国家将专家证人制度改革重点着力于防止当事人滥用专家证人方面，主要包括弱化双方专家证人的对抗、鼓励控辩双方合作、限制专家证人的不必要使用、明确专家证人的法庭义务等方面。而大陆法系国家的司法鉴定模式则因为缺乏对抗而导致对鉴定公正性的广泛质疑，因此改革的基本思路应围绕着如何增加对抗机制来进行。如意大利的司法改革借鉴英美法系的专家证人制度，建立了刑事鉴定中的技术顾问制度，来辅助鉴定人参与鉴定活动的实施，并向当事人负责。技术顾问制度的建立大大提高了控辩双方在鉴定过程中的作用，技术顾问在某种程度上类似于英美法系的专家证人，能够在庭审中强化当事人之间针对鉴定意见的有效对抗，使鉴定人的鉴定意见也能够受到控辩双方的有效质疑。意大利的技术顾问制度结合其当事人主义诉讼模式的改革，其刑事鉴定制度既保留了大陆法系传统的刑事鉴定特征，也改革了鉴定意见的庭审模式。当事人在技术顾问的辅助下，能够有针对性地对鉴定人的鉴定意见提出质疑，同时当事人主义诉讼模式的引入使得双方当事人能够更充分的直接对抗，由此对鉴定意见便有了三方真正参与的可能，不仅为法官采信鉴定意见提供了更好的参考，也大大削弱了法官对鉴定人的依赖。[1]

第五节 保障司法鉴定科学性的制度构建（一）：规范司法鉴定管理制度

科学性是与技术可靠性相关的，不确定性的科学并不等于不可靠的科学。在鉴定专家看来，司法鉴定科学应当成为一个国家最集中的尖端科学领域。要保障司法鉴定的科学性，建立起一个统一的、独立的、完善的、科学规范的司法鉴定管理制度是目前改革的当务之急。[2]

---

〔1〕 汪建成："专家证人模式与司法鉴定模式之比较"，载《证据科学》2010 年第 1 期。
〔2〕 祝玲："胡志强：物证为王，案件才无懈可击"，载《新闻晨报》2014 年 12 月 26 日，第 A19 版。

一、落实《决定》确定的统一的管理体制

我国现行的司法鉴定管理体制包括两种管理：一是名册登记管理，二是领导管理。各级侦查机关对所属的鉴定机构和鉴定人实行名册登记管理和领导管理。根据《公安机关鉴定机构登记管理办法》和《公安机关鉴定人登记管理办法》，公安机关管理的鉴定机构和鉴定人包括各级公安机关以及各级公安机关所属院校、医院和专业技术协会的鉴定机构和鉴定人。司法行政部门对侦查机关和社会上的鉴定机构和鉴定人进行名册登记管理。最高人民法院对部分三大类司法鉴定机构和鉴定人以及部分社会上三大类之外的司法鉴定机构和鉴定人选录后进行名册登记管理。而且由司法部牵头，在2009—2010年遴选了十家国家级的司法鉴定机构。这种管理体制仍然没有解决多头鉴定、重复鉴定和鉴定意见的争议问题，而且还产生了新的问题。

问题首先表现在侦查机关对鉴定机构和鉴定人员的管理上。其一，公安机关对鉴定机构和鉴定人员的管理会架空《决定》确定的统一的司法鉴定管理体制。根据2005年4月20日公安部《关于贯彻落实〈决定〉进一步加强公安机关刑事科学技术工作的通知》，"公安机关所属鉴定资源占全国的80%，承担的鉴定工作量占全国的95%。"这样的话，由司法行政部门统一登记管理的司法鉴定制度就徒有虚名。其二，侦查机关所属的鉴定机构或鉴定人，特别是内设的鉴定机构或鉴定人在进行鉴定时很难保持中立的态度，得出的鉴定意见也很难令当事人信服。公安机关作为刑事案件的侦查部门，其职能是侦查案件，查明案件事实，具体实施者则是刑侦大队，而刑侦大队是技术科的直接主管部门，[1]鉴定人员容易受侦查人员的影响，在鉴定过程中表现出倾向性。在此情况下得出的鉴定意见当然很难令当事人信服。其三，侦查机关是有级别划分的，下级侦查机关往往受到上级侦查机关的领导，内设于侦查机关的鉴定机构

---

〔1〕　陈永生："中国司法鉴定体制的进一步改革——以侦查机关鉴定机构的设置为中心"，载《清华法学》2009年第4期。

必然打上上下级的烙印。当当事人对一级侦查机关的鉴定意见不满意时，重新鉴定往往会由上级侦查机关的鉴定机构来实施，处于上下级的同一部门必然令人怀疑其重新鉴定的中立性，获得的鉴定意见"即使是科学的，当事人也会怀疑上级侦查机关在鉴定问题上'官官相护'，在一定程度上还会激发其再次申请重新鉴定的欲望"。[1]

其次，管理鉴定机构和鉴定人的司法行政部门包括作为中央国家机关的司法部和各省级的司法行政机关，司法部主管全国鉴定人和鉴定机构的登记管理工作，省级司法行政机构负责对鉴定人和鉴定机构进行登记、名册编制和公告，省级司法行政机关可以委托下一级司法行政机关协助办理有关工作。这种主体层级的设置与司法鉴定机构分散设置的实际情况不相适应，"不仅加重申请人的经济负担，省级司法行政机关也会因为考核、考察等具体准入管理工作而加大行政成本，降低工作效率。"[2]

最后，尽管遴选国家级司法鉴定机构的目的在于充分发挥资质高、能力强的司法鉴定机构的示范带头作用，希望能够借此推动司法鉴定行业整体水平的提高，不断增强司法鉴定的科学性、权威性和社会公信力，[3]但实际上，遴选国家级司法鉴定机构在制度上会加速司法鉴定机构行政等级化，而且国家级司法鉴定机构在证据制度上会导致鉴定意见存在预定的效力等级。[4]

司法鉴定的科学性在管理体制上的重要体现就是司法鉴定的中立性或者独立性，《决定》在此原则上规定人民法院和司法行政部门不得设立鉴定机构，各鉴定机构之间没有隶属关系，鉴定人应当独立进行鉴定。因为当今世界多数国家侦查机关都设有鉴定机构，而且侦查活动往往十分紧急，委托侦查机关以外的鉴定机构进行鉴定

---

〔1〕 郭华："对我国国家级鉴定机构功能及意义的追问与反省——评我国国家级司法鉴定机构的遴选"，载《法学》2011年第4期。

〔2〕 详见王羚："关于司法鉴定准入管理问题的思考"，载《中国司法》2008年第4期。

〔3〕 周斌："国家级司法鉴定机构遴选委员会办公室负责人就遴选工作答记者问"，载《法制日报》2010年10月22日，第1版。

〔4〕 详见郭华："对我国国家级鉴定机构功能及意义的追问与反省——评我国国家级司法鉴定机构的遴选"，载《法学》2011年第4期。

可能无法满足侦查活动的紧急需要，[1]所以《决定》保留了侦查机关的鉴定机构。而且为了解决鉴定"打架"、鉴定纠纷的问题，遴选出了十家国家级的司法鉴定机构。但是这种制度或机制与司法鉴定的科学性是相违背的。必须进一步落实《决定》确定的统一的司法鉴定管理体制。

要形成真正统一的司法鉴定管理体制需要取消除司法行政部门之外的领导管理和名册登记管理，包括最高人民法院对三大类之外的名册管理。取消司法行政部门之外的名册管理只是表面上的改革，重点是取消侦查机关对鉴定机构和鉴定人员的管理。在大陆法系国家，虽然侦查机关设有鉴定机构，但是警察或检察官在启动鉴定程序时通常需要向预审法官或者审判法官提出申请，只有在特殊情况下，司法警察才可以直接委托鉴定人进行鉴定，并且特殊情况下的鉴定所作出的鉴定结果的法律效力要低于正式鉴定的法律效力，加上控辩双方具有平等的鉴定启动权。所以司法鉴定的科学性仍然能在这些国家得到保障。

在落实统一管理体制方面，如果在取消侦查部门对鉴定机构和鉴定人员的管理上存在困难的话，可以退一步对侦查机关所管理的鉴定机构和鉴定人员进行重新规划。公安机关和检察院管理的鉴定机构可以进行分化，根据侦查活动的需要，严格界定公安机关和检察院对鉴定机构的管理范围，界限外的鉴定机构要去相应的司法行政部门进行登记，接受司法行政部门的管理。比如对于公安机关管理的鉴定机构和鉴定人，应该仅保留公安机关内部设立的鉴定机构和鉴定人，并实行领导管理，而且有必要的话，重新定义侦查机关在侦查活动中实施的鉴定；而对于公安机关所属的院校、医院和专业技术协会的鉴定机构和鉴定人，应该脱离公安机关的领导管理和名册管理，改由司法行政部门进行名册管理。如果保留的鉴定机构不能满足公安机关的需要，则由公安机关向上级公安机关的鉴定机构或者对外委托鉴定事项。

---

[1]　陈永生："中国司法鉴定体制的进一步改革——以侦查机关鉴定机构的设置为中心"，载《清华法学》2009 年第 4 期。

二、增加国家统一管理的司法鉴定种类

我国司法行政部门现在对司法鉴定的管理主要包括三大类，即法医类鉴定、物证类鉴定和声像资料类鉴定。随着社会的发展，这三大类鉴定已经不能满足司法活动的需要，如对环境污染的鉴定、知识产权领域内的鉴定等。对于三大类之外的鉴定，《决定》规定，根据诉讼需要由国务院司法行政部门商最高人民法院、最高人民检察院确定的其他应当对鉴定人和鉴定机构实行登记管理的鉴定事项。但是"诉讼的需要已十分明显，而司法部商两高的机制却运行得并不顺畅，协商机制并未产生任何实质性的结果"。[1]

由于在司法行政部门管理内的三大类鉴定根本不能满足诉讼活动的需要，于是最高人民法院在 2007 年颁布了《最高人民法院对外委托鉴定、评估、拍卖等工作管理规定》，依照这个规定，最高院对于三大类之外的专业机构、专家名册，由相关行业协会或主管部门推荐，按照公开、公平、择优的原则选录编制。这个规定一方面削弱了司法行政部门对司法鉴定的统一管理，另一方面虽无《决定》颁布前的"自审自鉴"，但是在诉讼活动中当事人或法院选择法院编制名册内的鉴定机构，其中立性仍然会受到怀疑，而且"因其名册的背后存在的利益问题，更易于使人民法院的公正出现倾斜，甚至扭曲诉讼追求的'公正'价值"。[2]

同时，由于三大类外的司法鉴定缺乏管理，鉴定人员的准入得不到有效的规范，而我国在诉讼阶段又没有类似美国法院对专家证人适用的采信规则，可能会造成三大类外的司法鉴定的准入混乱和管理混乱，使"垃圾科学"（Junk Science）进入诉讼程序，造成冤案错案。

据此，建议在《决定》对司法鉴定原有三大类规定的基础上完善司法鉴定种类规定。新的鉴定事项的增加可以参考最高人民法院

---

〔1〕 祁建建："完善统一司法鉴定管理体制的两个维度"，载《中国司法鉴定》2009 年第 4 期。

〔2〕 王敏远、郭华：《司法鉴定与司法公正研究》，知识产权出版社 2009 年版，第 207 页。

司法辅助工作部门制定的名册，并经国务院司法行政部门和最高人民法院的会商。根据司法活动的需要，对产生的新的鉴定项目，原有的鉴定机构可以增设鉴定项目，但需向管理部门进行登记备案；因新增的鉴定项目而新设立的鉴定机构当然得向管理部门登记。

三、完善鉴定人员的准入管理制度

鉴定人员的准入制度是鉴定人管理制度的首要环节，影响到司法行政机关对鉴定人的后续管理，关系到鉴定人队伍的建设。《决定》第4条规定了鉴定人从事司法鉴定业务应当具备的条件：①具有与所申请从事的司法鉴定业务相关的高级专业技术职称；②具有与所申请从事的司法鉴定业务相关的专业执业资格或者高等院校相关专业本科以上学历，从事相关工作五年以上；③具有与所申请从事的司法鉴定业务相关工作十年以上经历，具有较强的专业技能。司法部《司法鉴定人登记管理办法》完全吸收了此规定。但是根据这条规定，只要满足上述职称、学历、工龄三个条件之一且没有触犯禁止条件的人员，就可以申请登记从事司法鉴定业务。而且实践中，"只要申请人达到了法定的准入条件，司法行政机关就应当予以核准登记。"[1]

上述问题反映在现实中就是司法行政机关对鉴定人准入的审核批准流于形式，缺乏对鉴定人综合素质、水平和技能的考核和测评，导致对鉴定人鉴定能力审核的有效性无法保障，致使鉴定人队伍专业素质不高、鉴定能力不强，鉴定人队伍良莠不齐。[2]然而，保证鉴定人的水平是司法鉴定科学性的基本要求。

应该认识到"《决定》规定的条件是鉴定人的申请条件，而不是鉴定人的批准条件"。[3]对于鉴定人准入的批准，首先由司法行

---

[1] 王羚："关于司法鉴定准入管理问题的思考"，载《中国司法》2008年第4期。

[2] 参考崔晓丽、张熹："完善我国鉴定人管理制度的若干思考"，载《中国司法鉴定》2009年第6期；何晓丹、吴何坚、沈敏："论司法鉴定人资格认证框架的构建"，载《中国司法鉴定》2011年第1期。

[3] 参见郭华教授于2014年12月25日在社科院法学所"司法鉴定与司法公正研讨会"上的发言。郭华，中央财经政法大学教授、博士生导师。

政部门组织统一的考试对鉴定人的基础鉴定知识和法律知识进行考察；其次可以由司法鉴定行业协会按照技术行业分门别类，组建相应的专业技术评审委员会，对通过考试的人员进行面试，对其进行专业的技术水平测试和鉴定能力评估，测试通过者方可取得司法部统一颁发的鉴定人资格证书。之后，经岗前培训或实习后可以申请成为正式的鉴定人员。[1]

同时，鉴定人在执业过程中应接受继续教育，提高业务水平。由各级司法行政部门建立培训的长效机制，定期组织鉴定人进行培训。因为鉴定行业注重对所属专业高端技术的发展，应该由行业协会的人员对参与培训的鉴定人组织教学、培训，使其掌握本领域内前沿的技术规范。除了业务素质的培养，鉴定人的法律素质、政治素质和职业道德素质也应该在岗前培训和继续教育中得到保障。

四、建立我国的司法鉴定机构认证认可制度

鉴定一般都需要有设备、仪器，鉴定人往往依附于鉴定机构而存在。在我国，关于鉴定的司法行政主要是通过行政手段，对鉴定机构的资产、装备、人员条件、实施程序等方面进行准入管理、执业监管和行政处罚。[2]《决定》第5条以及《司法鉴定机构登记管理办法》第15条都规定了鉴定机构所需要满足的条件，《司法鉴定程序通则》也对司法鉴定实施程序作了规定，但是这些条件和规定都是从外部来保障司法鉴定的质量，容易使司法行政部门对司法鉴定机构的管理流于形式，"导致鉴定机构资质条件良莠不齐，鉴定人员业务水平参差不齐，鉴定质量高低不一，对同一鉴定事项出具的不同鉴定意见难以作出质量评价。"[3]

司法鉴定的科学性通过司法鉴定的质量体现出来。认证认可是质量管理和质量保证的重要手段。司法鉴定机构根据认证认可的要求，建立并运行质量管理体系，对影响鉴定质量的所有因素进行全

---

[1] 参见崔晓丽、张熹："完善我国鉴定人管理制度的若干思考"，载《中国司法鉴定》2009年第6期。

[2] 何勇："司法鉴定认证认可调研报告"，载《证据科学》2008年第2期。

[3] 何勇："司法鉴定认证认可调研报告"，载《证据科学》2008年第2期。

过程、全方位的有效控制和管理，使所有鉴定活动有章可循、有据可查，全面提升司法鉴定机构的技术能力和管理水平，从而能够确保司法鉴定"行为公正、程序规范、方法科学、数据准确、结论可靠"，为司法活动的顺利进行提供技术保障和专业化服务。[1]

《决定》第 5 条对法人或者其他组织申请从事司法鉴定业务的条件作了规定，其第 3 款明确，法人或者其他组织从事司法鉴定业务应"有在业务范围内进行司法鉴定所必需的依法通过计量认证或者实验室认可的检测实验室"。我国的《认证认可条例》第 16 条规定，向社会出具具有证明作用的数据和结果的检查机构、实验室，应当具备有关法律、行政法规规定的基本条件和能力，并依法经认定后，方可从事相应活动，认定结果由国务院认证认可监督管理部门公布。

根据司法部、国家认证认可监督管理委员会《关于开展司法鉴定机构认证认可试点工作的通知》，国家认监委负责国家级实验室或检查机构资质认定的受理和评定，中国合格评定国家认可委员会（以下简称"国家认可委"）负责实验室认可或者检查机构认可的受理和评定。省级质量技术监督局负责省级实验室或者检查机构资质认定的受理和评定。我国的司法鉴定机构认证认可标准有国际通用的《检测和校准实验室能力认可准则 CNAS－CL01：2006》（ISO/IEC17025：2005）和《检查机构能力认可准则 CNAS－CI01：2006》（ISO/IEC17020：1998），还有我国施行的《实验室资质认定评审准则》。

我国的鉴定机构可以分为两种：一是从事检测活动的鉴定机构，二是从事检查活动的鉴定机构。据此，从事检测活动的鉴定机构应当申请实验室资质认定或认可，从事检查活动的鉴定机构应当申请检查机构资质认定或认可，从事检测活动和检查活动的鉴定机构同时申请两种认证认可。

五、健全司法鉴定行业的管理方式

司法鉴定是技术性很强的行业，建立司法鉴定行业协会，实行

---

[1]　参见 2008 年 7 月 25 日司法部、国家认监委《关于开展司法鉴定机构认证认可试点工作的通知》。

行政管理和行业自律相结合的管理方式有利于保障司法鉴定的科学性。

从专业性的角度来说，司法鉴定人的专业素质、水平是实现司法鉴定科学性的前提和基础。然而，由于司法鉴定行业本身覆盖范围广、专业分工细，具有跨学科、跨专业、跨部门的特点，各门类的专业性差异很大，在管理方式上，仅靠司法行政部门的行政管理是远远不够的，根本无法达成全面、规范的管理目标。对于司法行政部门而言，既不能一刀切地实施传统的考试模式对司法鉴定行业进行统一管理，也不可能面面俱到地开展分门别类的归口管理，但司法鉴定行业协会则具有这方面的优势，可以根据鉴定的小门类来进行科学、合理的考试或考核。[1]因此，必须通过行业协会的自律管理方式，提升司法鉴定质量，推动司法鉴定事业科学发展。

世界范围内，由鉴定人组成协会进行行业自律管理是一种通行的做法。如在德国，德国的《企业法》将鉴定师的管理授权给德国工商总会（DIHK），DIHK承担鉴定师的准入、监管等管理职责，并负责编制鉴定师名册。[2]在美国，鉴定人的资格主要由行业协会确定，如美国科学促进会（AAAS）对专家证人的资格进行管理和约束。在英国，2000年11月，英国内政部推动建立了全英国统一的司法鉴定人执业注册委员会（Council for the Registration of Forensic Practitioners，CRFP）。CRFP作为独立的机构，对英国范围内的鉴定人的能力进行审查登记，并注册公告，为控方、当事人选择鉴定人提供参考，同时也为法庭审查专家证人的资格提供参考。[3]在日本，是由专业学会负责鉴定人的资格认定和考试制度。[4]因此，发展相

---

〔1〕 徐为霞等："关于我国司法鉴定行业协会运行的研究"，载《辽宁警专学报》2009年第1期。

〔2〕 何晓丹：《中德司法鉴定管理体制的比较研究》，华东师范大学2010年硕士学位论文；吴梅筠、吴家驭："英国、德国、日本及美国的法医学体制"，载《中国司法鉴定》2001年第2期。

〔3〕 孙业群："中外司法鉴定管理体制比较研究"，载《中国司法鉴定》2004年第1期；裴旭文：《我国司法鉴定制度的改革与完善——以与英国专家证人制度比较为视角》，苏州大学2010年硕士学位论文。

〔4〕 朱玉璋："国外司法鉴定制度"，载《中国司法》2004年第6期；方道茂：《我国司法鉴定管理体制研究》，华中科技大学2006年博士学位论文。

关的行业协会，通过行业协会对鉴定人进行管理，不仅能够有效保证鉴定人的专业水平和鉴定质量，而且也能够对鉴定人进行更为有效的监督。与政府管理相结合，强化行业协会的自律管理是健全和完善司法鉴定管理方式的重要途径。

在我国，自《决定》颁行以来，为加强对司法鉴定行业的管理，各地纷纷开展了司法鉴定行业协会的组建工作。截至 2012 年 11 月，全国已有 25 个省、自治区和直辖市成立了省级司法鉴定行业协会，一大批地（市）成立了地方司法鉴定行业协会。[1]但是，从目前司法鉴定行业协会的实际运行状况看，司法鉴定行业协会往往只是组建了机构、制定了章程，并未能有效地开展实质性的行业自律工作，且有关于司法鉴定行业协会该如何运行的研究仍处于空白。[2]

实际上，司法鉴定行业协会作为一个行业自律组织，应以保障司法鉴定的科学性为目标，发挥其自我教育、自我约束、自我管理的职能作用，以充分体现其科学性、专业性、综合性和规范性的特点。[3]具体而言，司法鉴定行业协会主要从两方面辅助司法鉴定的行政管理：一是建立司法鉴定行业的规则和规范，通过职业道德和职业纪律约束司法鉴定活动；二是协助司法行政部门制定鉴定的技术标准、鉴定程序标准和鉴定管理标准。推动司法鉴定机构规范管理体系，加强质量管理和能力建设，为司法鉴定的科学性提供有力保障。

第六节　保障司法鉴定科学性的制度构建（二）：完善诉讼程序规范

对于司法鉴定的管理体制进行改革，旨在使司法鉴定的科学性

---

〔1〕　周斌："中国司法鉴定年检案量达 169 万件"，载《法制日报》2013 年 3 月 7 日，第 10 版。

〔2〕　徐为霞等："关于我国司法鉴定行业协会运行的研究"，载《辽宁警专学报》2009年第 1 期；霍宪丹："关于进一步健全完善司法鉴定制度的思考"，载《中国司法鉴定》2014年第 1 期。

〔3〕　胡锡庆、朱淳良："论司法鉴定'两结合'管理模式的精髓"，载《中国司法鉴定》2010 年第 5 期。

得到保障，但是司法鉴定管理只是保障司法鉴定科学性的一个方面，没有完备的诉讼程序规范，也容易使不科学的鉴定进入诉讼程序，从而影响司法公正。

一、完善司法鉴定的启动程序

司法鉴定的启动程序是使司法鉴定进入诉讼程序、为司法服务的一个程序，如果没有完善的司法鉴定启动程序，那么进行司法鉴定管理体制的改革是无意义的，在诉讼程序中谈论司法鉴定的科学性更是无稽之谈。

司法鉴定可以分为初次鉴定、补充鉴定和重新鉴定。初次鉴定顾名思义就是对专门性问题的第一次鉴定；补充鉴定是指对原鉴定意见（包括初次鉴定和重新鉴定）的个别瑕疵、缺失等进行修正、填补、充实、完善或增添论证，使其内容和形式得以完备的鉴定程序；[1]重新鉴定是指法院对于初次鉴定意见、补充鉴定意见或重新鉴定意见经法庭证据调查程序后，仍难以形成心证而犹豫不决时，对于鉴定的同一鉴定事项，委托原鉴定机构或鉴定人以外的鉴定机构或鉴定人再次进行鉴定的程序。[2]相应地，司法鉴定的启动程序可以分为初次鉴定的启动程序（通常称为鉴定的启动程序）、补充鉴定的启动程序和重新鉴定的启动程序。

《民诉法》第 76 条规定，当事人可以就查明事实的专门性问题向人民法院申请鉴定。当事人未申请鉴定，人民法院对专门性问题认为需要鉴定的，应当委托具备资格的鉴定人进行鉴定。这意味着在民事诉讼中，当事人享有鉴定启动的申请权，是否需要启动鉴定由法院最终决定；并且法院享有独立的鉴定启动权。在刑事诉讼中，鉴定的启动权较为复杂，《刑诉法》第 144 条规定，（侦查机关）为了查明案情，需要解决案件中某些专门性问题的时候，应当指派、聘请有专门知识的人进行鉴定。第 191 条第 2 款规定，人民法院调查核实证据，可以进行勘验、检查、查封、扣押、鉴定和查询、冻

---

〔1〕 郭华：《鉴定结论之研究》，中国政法大学 2006 年博士学位论文。

〔2〕 郭华：《鉴定结论之研究》，中国政法大学 2006 年博士学位论文。

结。《刑诉法》没有对当事人的鉴定启动权作出规定。这意味着在刑事诉讼中，侦查机关和法院享有独立的鉴定启动权，而当事人不享有鉴定的启动权。

《民诉法》规定的鉴定启动程序一方面尊重了当事人在启动鉴定程序时的权利，另一方面与我国的法官职权探知主义的诉讼模式相适应。而《刑诉法》规定的鉴定启动程序，一是忽视了当事人在启动鉴定程序中的参与权，造成对当事人其他权利的侵害，严重的情况下往往会引发人们对司法判决的不满和质疑。比如在"邱兴华案"中，部分精神病专家根据媒体报道的作案情节和邱兴华的精神病家族史及其生活中的异常表现，认为邱兴华可能是一个精神病人，部分学者也呼请司法部门为邱兴华启动精神病司法鉴定程序，邱兴华的辩护人也在法庭上要求申请鉴定，但是职能机关却没有同意启动鉴定程序，而且经过法院两审终审后判处了邱兴华死刑。[1]二是侦查机关在设有鉴定部门的情况下，又独立享有鉴定的启动权，很难保证鉴定结果的中立性，也容易使当事人对鉴定结果不信任。在实践中，作为辩方的犯罪嫌疑人、被告人常因怀疑职能部门鉴定的不公而提出重新鉴定。作为刑事诉讼权利主体的被害人在司法实践中也因职能部门的自我启动获得的鉴定意见与自己的预想不一致，因无权启动而不断上访，其结果是既浪费了有限的司法资源，又降低了诉讼效率。[2]

对于司法鉴定启动权的改革，学者们的观点可以分为三种：①借鉴大陆法系国家司法鉴定的启动程序，控辩双方都享有鉴定启动的申请权，法院对控辩双方的申请具有决定权，法院独立享有鉴定启动权；②借鉴英美法系国家司法鉴定的启动程序，控辩双方同时享有鉴定的启动权，法院没有鉴定的启动权；③控辩双方享有鉴定启动的申请权，法院享有鉴定启动的决定权，法院没有鉴定的启动权。第一种观点增加了当事人的申请权，削弱了控方的鉴定启动

---

〔1〕　王斗斗："邱兴华案折射司法鉴定制度之不足"，载《法制日报》2006年12月13日，第5版。

〔2〕　王敏远、郭华：《司法鉴定与司法公正研究》，知识产权出版社2009年版，第218页。

权，控方在鉴定启动上需要向法院申请，是否启动鉴定由法院决定。这种观点的缺陷在于不论在大陆法系国家还是我国，侦查阶段的鉴定程序在需要启动时往往需要及时启动以便尽快查明案件事实，大陆法系国家设置这样的鉴定启动程序是因为在侦查阶段，侦查机关可以向预审法官申请启动鉴定程序，而我国的诉讼阶段分明，法官在侦查阶段不会介入案件。因此按照这种观点改革，一是鉴定的启动与我国的诉讼程序不相适应，二是侦查机关不能及时地运用鉴定查明案件事实。第二种观点取消了法官的鉴定启动权，保留了控方的鉴定启动权，增加了辩方的启动权。这种观点也是忽略了我国诉讼程序与英美法系国家诉讼程序的区别，英美法系国家具有在法庭上对专家证人证言的采信规则；同时这种启动程序的缺陷也是显而易见的：一是鉴定人缺乏中立性，二是法官对程序的控制减少，诉讼效率降低，弱势一方当事人权利可能会受到损害。第三种观点看似具有前两种观点的优势，但在操作中可能会转化成为第一种观点，同时会因法院限制当事人被法律赋予的鉴定启动权制造出法院与当事人之间的矛盾，影响诉讼的效率和法院的形象。[1]

综合考虑，在保证鉴定中立和满足司法需要的原则下，应当按照我国的诉讼程序来设计鉴定启动权。在侦查阶段，除侦查机关保留鉴定的启动权外，应明确当事人申请鉴定启动的权利和程序规则；在审判阶段，控辩双方均应享有鉴定启动的申请权，而法院具有鉴定启动的决定权。

二、司法鉴定实施程序诉讼化

司法鉴定实施程序是规范鉴定实施的程序，包括鉴定材料的收集、提取、固定和保全，委托与受理，拟定鉴定实施方案，准备鉴定器材，实施鉴定和作出鉴定意见。我国现行的诉讼法缺乏对司法鉴定实施程序的规范，虽然 2007 年司法部颁布实施的《司法鉴定程序通则》对司法鉴定的程序进行了规定，但是"其性质是从行政管

---

[1] 参见王敏远、郭华：《司法鉴定与司法公正研究》，知识产权出版社 2009 年版，第 218~225 页。

理的角度对鉴定实施的规范，是鉴定人实施鉴定的工作规范，而不是诉讼程序规范"，[1]导致在实施司法鉴定时"当事人不仅无权参与侦查机关'官方'鉴定活动，鉴定活动完全处于侦查机关的控制之下，鉴定成为控方的'秘密侦查'手段，并且对其所作鉴定也仅被告知结论部分，不被告知鉴定过程等其他内容"。[2]比如在"莫定佳案"中，其中的几次鉴定因为莫定佳没有在场，用于鉴定伤情的 X 片竟然不是盛连生本人的，作出来的鉴定意见当然是错误的。

司法鉴定实施程序是司法鉴定科学性或者技术性的集中体现，但是如若缺乏当事人的参与，其科学性会因为当事人的质疑而受到削弱，甚至造成鉴定人对鉴定事项不负责，损害当事人权利的后果。

由此可见，司法鉴定的实施程序应当公开化，在保证鉴定实施程序不受影响的基础上，可以让当事人参与司法鉴定的实施过程。鉴定人进行鉴定前可以通知当事人，侦查机关启动鉴定程序时应当由侦查机关通知当事人，当事人收到通知后，可以自己或者委托其他人如专家去观看鉴定过程。如当事人事先说明不到场，或者经通知后没有到场的，视为放弃到场权利。对司法鉴定过程的记录，或者司法鉴定过程中的其他文件或材料，当事人也应有权查看。

三、完善鉴定人出庭制度

鉴定人是鉴定程序的实施者，鉴定意见的制作者，对鉴定所依据的原理和鉴定的实施有着清楚的了解，鉴定人出庭是对鉴定意见进行质证的必要环节。新修改的《刑诉法》《民诉法》虽然规定了鉴定人必须出庭的情况以及鉴定人应当出庭而拒不出庭的法律后果，但是实证研究显示，鉴定人的出庭率并没有因为新诉讼法的实施而显著改善。[3]

---

〔1〕　樊崇义、郭金霞："司法鉴定实施过程诉讼化研究"，载《中国司法鉴定》2008 年第 5 期。

〔2〕　王敏远、郭华：《司法鉴定与司法公正研究》，知识产权出版社 2009 年版，第 236 页。

〔3〕　胡铭："鉴定人出庭与专家辅助人角色定位之实证研究"，载《法学研究》2014 年第 4 期。

鉴定意见作为证据的一种，如果鉴定人不出庭，那么一方面因为鉴定的不确定性，会从根本上导致错误的鉴定进入诉讼程序；另一方面，对关键事实予以认定的鉴定意见的质证程序就会被虚置，所以鉴定人必须出庭接受当事人的质证和法官的询问。鉴定人出庭"也有利于破除法官对'鉴定意见'的迷信，避免了'结论'一词给人确定、不容置疑的感觉，促进法官对'鉴定意见'进行有效的审查判断"。[1]同时对鉴定所依据的原理和鉴定的实施程序进行审视，保证下一次鉴定更加准确，因此应当建立鉴定人出庭保障制度。

建立鉴定人出庭保障制度可从以下几方面着手：首先，可以明确鉴定人可不出庭的例外情形：①鉴定人已经死亡、失踪或者居所不明的；②年迈体弱、患有重病或者其他不能排除的障碍且在较长时间内无法恢复的；③因路途遥远、交通不便且认为可以不要求鉴定人到庭的；④因自然灾害或者其他意外事件无法到庭的；⑤对鉴定意见没有争议，当事人、检察院均同意宣读的；⑥鉴定意见由两人以上共同作出，且鉴定意见无分歧的，可以允许一人出庭，其他人不必出庭；⑦经过两次司法鉴定，且前后两次鉴定意见一致的；⑧经合议庭认可的其他特殊原因。[2]其次，建立鉴定人出庭质证的经济补偿机制，对鉴定人出庭质证产生的费用由法院或者当事人承担。如果是法院认为鉴定人有必要出庭质证的，鉴定人的出庭费用应由法院承担；如果是当事人对鉴定意见有争议而申请鉴定人出庭的，则由申请鉴定人出庭的当事人先行支付，由败诉方最终承担。

四、完善专家辅助人出庭制度

鉴定人出庭后，当事人经法庭许可，可以向鉴定人发问，审判人员可以直接询问鉴定人。但是考虑到鉴定意见涉及的是专业性的问题，不论是当事人还是法官往往缺乏对鉴定意见的有效质证，为此，当事人可以申请法院通知有专门知识的人出庭，就鉴定人作出

---

〔1〕 王建强、赵卫峰："鉴定人出庭作证问题研究——以《新刑事诉讼法》为视角"，载《中国司法鉴定》2014年第3期。

〔2〕 潘星容："保障鉴定人出庭质证制度的构建"，载《中国司法鉴定》2009年第4期。

的鉴定意见或者专业问题提出意见。

专家辅助人出庭从程序上可以分为三个阶段：一是专家辅助人的筛选，对此，有学者认为法庭应该对专家辅助人的资格进行审核并应该对专家辅助人进行管理；[1]二是专家辅助人对鉴定意见进行质证，在这方面，质证的范围有待研究并加以明确，即质证的内容是仅针对鉴定意见还是既可以针对鉴定意见，也可以针对原来的鉴定事项；三是专家辅助人发表专家意见，对此，有关专家意见的性质、专家意见的证据力和证明力等问题，都需要进一步研究并确立相应的规则。

从专家辅助人的启动程序上看，专家辅助人是由当事人向法院申请通知出庭，对鉴定意见或者专业问题提出意见的；当事人申请专家辅助人出庭旨在维护当事人的利益。从这两点出发，在设定程序规则时，应当考虑的事项包括：其一，在质证过程中，专家辅助人必然会对鉴定人作出的鉴定意见的科学性进行质证，要增强或削弱鉴定意见的科学性，笔者认为，从保证鉴定科学性的角度而言，专家辅助人不单是对鉴定意见进行质证，而且要对鉴定意见本身针对的鉴定事项进行质证，这样才能保证对鉴定意见进行全面审查；其二，专家辅助人是当事人聘请的，其要维护当事人的利益，在对鉴定意见发表意见的过程中可能会表现出倾向性；其三，既然是当事人聘请的，对专家辅助人资格的审核应该由当事人负责，法庭不应过多干预，更无需对专家辅助人进行管理；其四，专家辅助人对鉴定意见或专业问题发表的专家意见仅是削弱鉴定意见的证明力或否定鉴定意见的证据力，鉴定意见的证据力被否认或者证明力被削弱之后，当事人一方证据的证据力或证明力自然会增强，在这里专家意见是一个起"消极"作用的意见，没有证据能力。

小　结

司法鉴定是随着诉讼的需要而产生并发展的，其产生有着深厚

---

〔1〕　见邹明理："专家辅助人出庭协助质证实务探讨"，载《中国司法鉴定》2014 年第 1 期；常林、李苏林："刑事诉讼专家辅助人制度关键问题探讨"，载《中国司法鉴定》2013 年第 4 期。

的基础，在诉讼程序中对专门问题的解决起着不可替代的作用。司法鉴定的科学性是司法鉴定的本质属性，但是伴随着司法鉴定的科学性的是司法鉴定的不确定性。为解决实践中长期存在的多次鉴定、重复鉴定的问题，我国的司法鉴定在管理体制上和诉讼程序制度上都进行了改革，但是改革的成效并不显著。应该认识到，科学性作为司法鉴定的根本属性，不确定性原理构造了 20 世纪对于科学的新的认识方式和思维方式的核心，同样，科学的不确定性也呼唤着我们对于司法鉴定认知方式和思维方式的变革。今天，原有简单的、非此即彼的线性思维方式，已不能满足我们了解事物、深化认识的需要，我们不得不面对认识对象和主观思维中的无法人为排除的不确定性。虽然司法鉴定的不确定性是导致多次鉴定、重复鉴定的重要原因，但是我们仍然可以通过对鉴定管理体制的进一步改革，通过对鉴定程序的进一步完善，让司法鉴定更好地服务于司法。

佛朗西斯·培根（Francis Bacon）说过："我们如果以确定开始，就会以疑惑结束，如果以疑惑开始，并且耐心地解决疑惑，就会以确定结束。"[1]相信人们在理解了科学的不确定性后，在回答作为科学证据的司法鉴定能够提供什么和不能提供什么的问题时，会更加充满自信。

---

〔1〕 ［英］弗朗西斯·培根：《培根论说文集》，高健译，百花文艺出版社 2001 年版，第 43 页。

第二章

罪与罚：刑事责任能力与司法鉴定

第一节　德国的精神病鉴定与刑事责任判定 *

国家有权施加刑罚的观念是如此的显而易见，以至于在法庭的日常工作中，人们已经不再追问为什么是这样。但是刑罚必须有其目的。当实施刑罚时，国家在相当大程度上干预其公民的权利。只有当国家追求一种合法的目的，足以确保对公民权的干预与刑罚成比例时，这才是允许的，因此目的非常重要。

数百年来出现了关于国家刑罚权之意义所在的各种不同理论。根据刑罚的绝对理论（报应刑），刑罚仅为报应罪行之用，与社会的目的毫无关系。依据刑罚的相对理论（预防刑），国家施加刑罚旨在预防将来的犯罪行为，这一目的可区分为一般预防和针对个人的特殊预防。在当今之德国，这些各种各样的刑罚哲学已经失去了其个性，现已在案例法上牢固确立共识——刑罚的目的乃是以上所有这些目的的混合体。对此，德国联邦宪法法院[1]已明确表述如下：

"惩罚，预防，罪犯的再社会化，对犯罪行为的赎罪补偿和报应都被认定为公平合理的刑事制裁的组成部分。"

---

* 本节撰稿人：克瑞斯蒂安·施密茨·查斯顿（Christian Schmitz-Justen），德国科隆高等法院法官；哈罗德·德瑞星（Harald Dreβing），德国曼海姆中央精神疾病中心司法精神医学处主任。祁建建翻译，徐卉审校。

〔1〕 BVerfGE 45，187（Rdn. 210）.

刑罚也必须基于罪犯的罪行。这一原则在《德国刑法》中有明确的规定，而且德国联邦宪法法院[1]裁定该原则具有宪法上的地位：

"在刑事司法领域，基本法第1条第1款规定了刑罚的性质的概念，以及罪行和赎罪[2]之间的关系。任何刑罚的前提条件是有罪，这是原则，这一原则有其基础，也即基本法第1条第1款对人的尊严的保障。"

对有罪的关注与强调是基于人乃具有自由意志的自主生命，罪犯只有在本可以选择采取不同的行为时，才能为其行为承担责任。这一概念将对犯罪与刑罚在法律、哲学意义上的思考引入精神病学和心理学领域。一个人由于精神失常，其是否可以自由决定自己的行动，终究是一个医学或精神病学上的问题。

一、精神病与刑事责任问题

对此，《德国刑法》采纳了类型化区分的方法，对于精神病可以减轻甚至免除刑事责任。

《德国刑法》区分了对行为不法的理解能力和根据这一理解为其行为的能力。在过去几十年间，关于刑事责任方面的规定几经修正，因为立法者努力将医学或者心理学上的不同诊断结果进行适当的分类。

第20条　由于精神失常缺乏受审判被定罪的能力

任何人的行为，行为时由于病理性情绪障碍、深度意识障碍、心智缺陷或者其他任何严重的精神失常，无法辨别自己行为不法的，或者无法按照此种辨别来行动的，不构成犯罪。

第21条　接受审判被定罪的能力减弱

如果不法行为人由于第20条所列举的原因，辨认行为不法的能力或者据此辨认来行动的能力受到显著削弱的，依据第49条第1款，可以减轻刑罚。

---

〔1〕　BVerfGE 123, 267（Rdn. 350）.
〔2〕　BverfGE 95, 96, 140.

在这方面，大部分欧洲国家的发展是相似的。详见下图：[1]

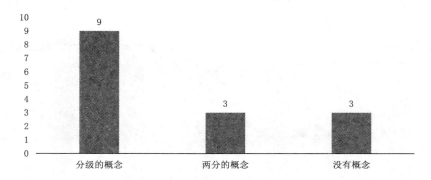

在《德国刑法》中使用的法律术语"病理性精神病"包含器质性精神病和精神病综合征，如精神分裂症、情感性精神病。"深度意识障碍"包含心因性神游症和其他分裂症。"其他严重精神异常"所包含的种类有心因性反应、神经官能症、药物成瘾、性欲倒错和人格障碍。

法律术语	精神疾病
病理性精神障碍	器质性精神障碍、器质性脑综合征、精神分裂和情感性精神障碍
深度意识障碍	心因性半意识以及其他解离障碍
智力缺陷	智力发育不全、脑发育不全
其他严重的精神失常	心因性反应、神经官能症、成瘾、性欲倒错、人格障碍

刑事责任的问题在法庭实践中发挥的作用取决于受审判的犯罪。罪犯的责任能力在涉及盗窃或欺诈的案件中意义不大，而在杀人案中则必须更加认真地调查。在40%的杀人案中，罪犯的责任能力被削弱或根本没有被考虑。由于这些统计，[2]德国联邦最高法院已经

〔1〕　Hans Joachim Salize, Harald Dreβing（Eds.）, *Placement and Treatment of Mentally Disordered Offenders-Legislation and Practice in the European Union*, Pabst, 2005.

〔2〕　BGH NStZ 83, 357; NStZ－RR 07, 74.

规定，法院对所有杀人案必须取得精神病学上的意见，将其作为司法调查一般职责的一部分。在刑事诉讼程序中，通常需要更细致地调查罪犯为何失去对自我的控制而去杀人的原因。

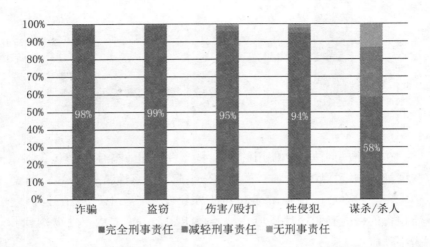

德国对其全国犯罪的统计数据表明，在杀人案件中，就减轻责任或精神病而言，男性和女性并没有区别。

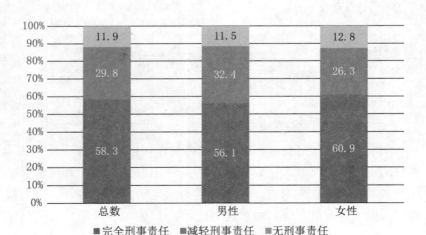

这项调查结果得到了其他国家统计报告的支持。欧洲国家存在许多显著不同的法律体系，但都有一个在统计学上关于杀人案的值

得注意的数据，在这些案件中杀人的人由于精神病在审判中被认为没有责任能力。[1]

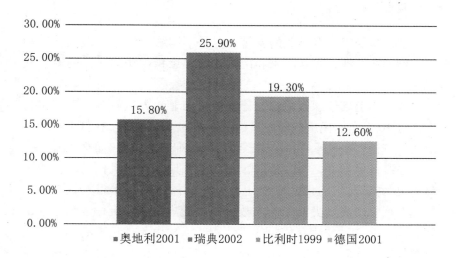

一个没有刑事责任能力的人犯了不法罪行无法受惩罚。他无法因行为不法而受到谴责，因为其患有精神病使其无法守法、依法为其行为。由精神损害而引起犯罪行为的不法行为人，可能对公众造成危险。因此，法律规定这些罪犯应当被限制在法定的医院。在德国，这并不被视为一种惩罚，而是作为一种改造不法行为人和保护公众的手段。如果有人在减轻责任或精神病的状态下犯了严重的刑事犯罪，他可能只会被关在法定的医院。为此，精神病与不法行为之间必须存在内在联系。另外，罪犯必须由于患这种精神病对社会公众有危险。

第63条 安置在精神病院

如果犯下不法行为的人，在行为时缺乏受审判、被定罪的能力（依据《德国刑法》第20条），或者行为时处于减轻责任能力状态（依据《德国刑法》第21条），如果对行为人及其行

---

〔1〕 Hans Joachim Salize, Harald Dreβing (Eds.), *Placement and Treatment of Mentally Disordered Offenders—Legislation and Practice in the European Union*, Pabst, 2005.

为的全面的评估表明，其严重的不法行为乃是由于其精神状况所致，其因此具有危害社会公众的危险，那么法院应当命令将其送入精神病院安置。

在许多国家也有类似的安排，但是不同法律体系的做法各不相同。例如在欧洲，北欧国家和南欧国家对患精神病的罪犯的安置就不同。

与世界上其他国家相比，德国监禁的罪犯人数较少。以美国为例，每 10 万名居民中的囚犯人数是德国的十倍之高。在打击犯罪的活动中，德国高度重视在监狱系统以外对罪犯进行改造的措施。

在统计数据上，与监禁的罪犯数量相比，其他机构的罪犯数量显得更为抢眼。在过去 20 年中，关在精神病院的罪犯人数有所增加，在戒毒中心接受治疗的人数也是如此。在减轻责任或精神病的状态下犯罪并对公众有危险的不法行为人，由于他们患有精神病被安置在精神病院。因对酒精或药物成瘾而犯罪的犯罪分子会被送至戒毒中心。预防性羁押可适用于严重犯罪，譬如有可能再犯罪的惯犯，即使其已经服刑期满，为保护公众，他们仍可能被关押在特别羁押中心。

年　份	1990	2010
安置在精神病院的人数	2489	6569

被送入精神病医院的罪犯人数上升，事实上是由 20 年前将更严格的精神病学专家咨询规则引入刑事诉讼程序造成的。如今，罪犯是否患有精神病受到了密切的关注。国际上有研究显示，大约有 1/4 的监狱在押犯需要精神科治疗，这是关于死刑辩论的导火索。美国联邦最高法院也裁决，不得对患有精神病的罪犯判处死刑。考虑到所引用的数据，精神病学专家的意见对避免审判不公显得尤为重要。

在德国北莱因-威斯特伐利亚，被送入法医精神病医院的罪犯，除了杀人罪，最常见的犯罪包括侵害人身犯罪和性犯罪。几乎有 3/4 被送入法医精神病医院的罪犯触犯以上罪名。

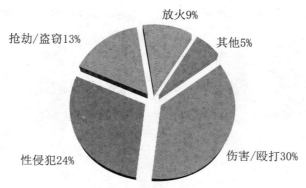

精神病人犯罪类型及其比例

　　精神病医院关押治疗的许多罪犯，其过去都有着大量的犯罪历史。他们因犯罪行为而被交付医院看管的精神疾病通常早就存在。因此，这些罪犯常常在此前就已经接受过精神病治疗或进过监狱，被交到法医精神病医院治疗往往意味着他们犯罪生涯的结束。他们对社会的危险性通常只能根据他们的犯罪生涯决定，在德国，对社会公众有危险性是关押治疗的前提。

　　被关押到北莱茵-威斯特伐利亚司法精神病护理机构的主要是临床诊断为精神障碍和人格障碍的罪犯，其中后者包括性欲倒错者。

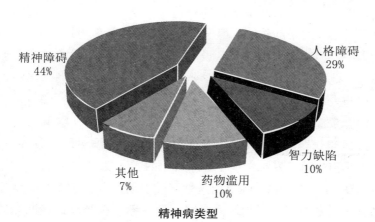

精神病类型

　　其他欧洲国家的数据与之类似，但亦有所不同。关于罪犯因何种罪行而被收监的数据的不同可解释为统计方式的差异。然而确实很显然的是，无论如何，精神疾病在所有国家都扮演着重要角色。[1]

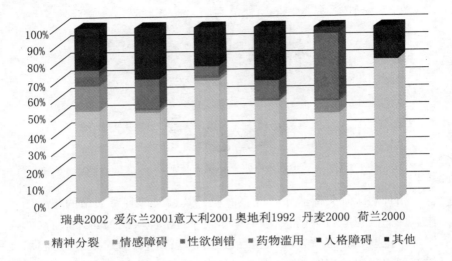

瑞典2002 爱尔兰2001 意大利2001 奥地利1992 丹麦2000 荷兰2000

▪精神分裂 ▪情感障碍 ▪性欲倒错 ▪药物滥用 ▪人格障碍 ▪其他

二、精神障碍的症状与评估

关于不同诊断结果的数据指向了法律工作者在认定刑事责任能力时所面临的主要难题：他们必须将医学鉴定意见纳入到法律考量中去。因此，基本的医学知识和对精神病学术语的了解对得出法律结论具有很大的帮助作用。德国司法协会和北莱茵-威斯特伐利亚司法培训中心为法官和检察官开设关于司法精神病学术语的定期培训课程。在此，我愿意将课上所学到的知识以及我作为刑事法官的个人经验与大家分享。

国际疾病与相关健康问题统计分类系统（ICD，以下简称"国际疾病标准分类法"）是国际公认的最重要的医学诊断分类系统。它由世界卫生组织发布，现在全球通用的版本是2012年公布的第十版（ICD10）。法医和法院使用这种国际上公认的分类系统来认定某种精神疾病是否存在。此外，他们也常参考《精神障碍诊断与统计手册》目录（DSM），该分类系统由美国精神医学学会在1952年第

---

〔1〕 这一点从欧洲监狱系统中的精神病罪犯数目即可看出。

一次发布，从此各种版本开始在其他国家发行，如 1996 年第四版的德国版本。现在的版本是 2013 年 5 月在英国发行的第五版（DSM5）。

精神疾病是导致罪犯被关押到法医门诊最常见的诊断结论。精神疾病是通过某些基本症状或阳性症状显示出来的精神障碍。患精神疾病的人思维能力受损、情绪低落、离群索居、缺乏社交。这种疾病通常还会导致认知障碍，在急性精神病发作阶段，病人会产生妄想和幻觉，他们会幻听或幻视，还可能出现紧张性精神症状态，呈现不自然的肢体僵硬，对外界刺激没有反应。

精神分裂精神病的临床症状
➢ 主要症状： 　　➢ 思维受损 　　➢ 情感失常 　　➢ 情绪反复无常 　　➢ 孤独自闭 　　➢ 自我认知障碍 ➢ 附属症状： 　　➢ 妄想 　　➢ 幻觉 　　➢ 紧张症状

精神疾病通常先表现为一个阳性症状阶段，随之而来的是一个以阴性症状为主的阶段。前文提到的症状如妄想和幻觉会出现在阳性症状时期，其后的阴性症状时期以个人意志减弱为特点。在我的职业生涯里，我遇到过一些病人认为自己被魔鬼和恶灵追赶，被迫做一些可怕的事情。那些命令的声音或是可怕的幻觉是如此难以抗拒，以至于许多病人重伤甚至杀害了他们的亲人，包括妻子或小孩。我印象深刻的是，一个父亲坚信他的孩子是魔鬼，因此将他从桥上扔了下去。精神疾病的症状如此强烈以至于病人无法作出自主决定。从法律的角度来看，涉及患有精神疾病的案件往往意味着当事人因精神病不具有刑事责任能力。

精神病的发病机制

➢ 急性发作：潜在的慢性疾病的恶化。
➢ 阴性症状：正常情绪受到抑制。阴性症状的表现是人格特质的消失（注意力缺失紊乱、语言能力弱化，缺乏动力、兴趣、精力和耐心，冷漠，意志薄弱，不快乐，逃避现实、孤僻的倾向）。

美国精神病专家利伯曼（R. P. Liberman）提出的脆弱性/压力模型通常被用来解释精神病的出现或者恶化。根据这个模型，个体的某些特征可以被看作是脆弱的因素，环境压力的某些特征可能会使易感人群猝发疾病。患有精神病的人可能对任何变化都很敏感，即使仅仅是知道将要发生未知的事情就会使他们感到很大的压力。个人越不稳定，可能会导致疾病或者导致其病情恶化后果所需要的压力因素就越小。遇到这种人群时，及早地发现压力因素并且正确地评估病人的恢复是很重要的。

即使是外行人也很容易鉴别精神障碍。如果他们谈论他们的妄想或者声称自己看到不存在的人，认为自己看到的每一个烟雾报警器都有安全问题，那我们很容易知道他们是有问题的。相比之下，人格障碍比精神障碍更难发现。根据国际公认的标准，如果要诊断一个人是人格障碍，其必须具有五个症状（具体内容看下表）。受到人格障碍影响的人必须清楚地在许多情况下表现出适应不良的行为和态度。异常的行为在他们小的时候就可以察觉出来。失常的行为会给他们带来困扰并且导致他们在工作上或者社会上的不良表现。在德国，人格障碍在法律范畴内包括在"其他严重的精神失常"范围内。这就意味着只有严重的行为可能与刑事犯罪有关——稍微奇怪的行为或者个性特征是不够的。在诊断人格障碍和评估其严重程度中固有的困难意味着只能委托非常有经验的专家去承担这项工作。根据德国联邦法院的判例，法官必须仔细严格地审核行为人行为时是否受到人格障碍的决定性影响。并不是每一个连续犯都有人格障碍，一些人只是单纯的品质恶劣。但是如果被告人符合该标准，那么必须要考虑人格障碍的问题。临床上严重的人格障碍会决定人的行为，这种行为是人自己的意志不能克服的。刑事责任能力的问题就会随之产生。当一个人在他小时候就很明显地表现出来其不能融入社会，并且犯下难以理解的滔天大罪时，在德国，刑事法官就会考虑其是否有可能属于人格障碍。

人格障碍的症状
➢ 在几个领域的明显的情绪失衡（情感激励、对冲动的控制、知觉、思维、社会生活） ➢ 持续反常的行为模式 ➢ 童年时期或者青春期开始发病，成年后临床表现永久化 ➢ 后期有时有明显的主观的痛苦 ➢ 在职业和社会能力方面受到极大的限制 以上所有的五种症状同时存在！ 只有精神失常严重到构成基本的精神病才具有法律意义，与法律有关。

人格障碍的不同类型		
人格障碍	ICD10 （国际疾病分类 10）	DSM−IV （精神障碍诊断标准）
偏执型人格障碍	60.00	301.00
精神分裂	60.10	301.20
分裂型人格障碍	21.00	301.22
反社会人格障碍	60.20	301.70
情绪不稳定型人格障碍 - 冲动型人格障碍 - 边缘型人格障碍	60.30 60.30 60.31	301.83
表演型/癔症型/歇斯底里型人格障碍	60.40	301.50
自恋型人格障碍	60.81	301.81
强迫型人格障碍	60.50	301.40
焦虑型（回避型）人格障碍	60.60	301.82
依赖型人格障碍	60.70	301.60

适用于人格障碍的一切诊断标准都适用于性欲倒错。根据之前我提到的国际公认的诊断标准，如果一个人有强烈的性幻想、强迫

性冲动或者行为特征，并持续一段较长的时间，这就是性欲倒错。这种障碍在临床上会导致痛苦或者会对患者的社交、工作领域或者其他功能产生影响。在法律上，这种障碍也被称为"其他严重的心理失常"，因此必须是严重到一定程度的障碍才能减轻罪刑。这种障碍的范围非常宽泛。我记得在我的家乡波恩，一个被告对女性进行了几个月的恐吓犯罪。该被告的性欲是由高跟鞋引起的。因此他袭击在晚上单独出门的女性，撞倒她们并抢走她们的高跟鞋。除此以外，他没有做任何的其他不法行为，但是受害人受到了心理创伤。这种障碍就像是会上瘾的，给他很大的压力以至于他无法克服自己的行为。通过法医临床治疗和变性手术，我们已经将他改造好了，并且将其释放。她现在作为一个女人，可以随便地穿她想穿的高跟鞋。

性欲倒错的症状

➢ 反复出现的强烈的性幻想、强迫性的性欲望和行为指向
   1. 非人类的对象或者
   2. 自身或者性伴的痛苦或者屈辱或者
   3. 儿童或者其他不同意性行为或者没有同意能力的人
   以上症状发生在至少长达超过 6 个月的期间内，并且
➢ 行为、强迫性的性欲望或者幻想导致在社会、工作或者其他重要的功能领域的临床上显著的痛苦或者损害
   只有严重的性欲倒错达到基本的精神病程度时才具有法律意义，与法律有关

三、专家帮助与法官的判定

在法官判定被告是否具有刑事责任能力，是否有精神病而致使存在对社会公众的危险性，或者是否患有成瘾症或有犯罪倾向时，法官必须依靠专家的帮助。这些问题是律师所不能回答的，只有精神病学专家才能给出答案。精神病学家和心理学家是诊断精神病和成瘾症的专家。他们同样能给出合理的预判：一种精神疾病或一种特殊的人格特质在多大程度上影响被告人今后的生活以及是否可能

会危害公众的安全。

作为外行，人们总是觉得法官受到专家的摆布。法官的工作就是作出公正判决。他不会将这项职责交予任何专家，专家的角色只是辅助法官。刑事审判中，这种关系一定不能出现实际上的逆转。

德国大约在 15 年前成立了一个工作组，其目的在于改善刑事诉讼中专家意见的质量。工作组将联邦法院的法官、法律从业者和有法庭经验的精神病学家召集起来，共同制定了一个标准，即关于制作刑事责任能力以及被告可能存在的危险性预估的专家意见的标准。将专家意见标准化一方面是为专家在准备意见时提供框架，另一方面是为听取意见的法官提供一系列评价标准。

工作组为了确保精神病学家意见的质量而提出了非常详细的建议书。建议书主要涉及书面意见的准备。在多大程度上选择标准化，不仅是要确保至关重要的事不被遗忘，还要使全部内容更容易被读者理解，让他们知道接下来该怎样寻找资料。因此，建议书既包括有关意见结构和范围的形式标准，也涵盖实质性问题，如基于标准得出的诊断要与 ICD 和 DSM 的目录相一致。考虑到专家意见在司法实践中具有极端的重要性，当那些被指控有暴力犯罪或性侵犯罪行的被告，由于可能有人格障碍或性欲倒错而使他的刑事责任能力未能获得认定时，相关的专家意见必须具有极高的质量。

只需满足最低标准并不意味着专家们可以懈怠，可以怠于研究或是不再跟进新的科学发展文献。他们必须见多识广，然后才能够提供有充分根据的科学意见。

以下是专家意见必须满足的最低形式要求：

——专家意见必须说明是为谁出具的、回答了哪个问题，读者才能弄清专家是否正确地理解了他的任务。

——专家意见必须用文件证明被告人接受检查的地点、时间和范围，法庭才能判断专家花费了多少精力确认事实并以其为基础得出意见。

——为确保意见作为证据被采信，必须尊重这样一项原则，即被告不能被要求自证其罪。这项原则同样适用于专家意见——提醒检查对象有权保持沉默的警告应包含在意见当中。

——专家意见必须包括所有特殊检查或文件制作方法的细节，法官才能评估其合理性。每个使用到的资料来源必须给出确切的细节。特别是专家必须说明每个调查结果的依据——档案、检查对象的访谈记录、他自己的观察及检查或者附加的检查，如补充的心理测试和 X 光检查。

——专家必须写清楚哪些评估结果是基于严格的医学研究成果，哪些是基于其个人意见或推断，专家必须如实地说明其诊断结果中的不确定性和困难所在。

——如果专家咨询其他同行或心理学家，专家意见中必须清楚地表明他们的任务和职责。

——专家意见不但要满足以上这些标准，而且在涉及引用的来源和结构的清晰度时还需要满足一般的科学标准。

——专家意见应以明显的告诫语结束，这一告诫的意思是，专家的意见基于其形成时的已有的检查检验成果。通过这一声明，专家要表明的态度是他们对日后可能获取的新信息持一种开放的态度，如在法庭审理过程中获取的新信息。

对刑事责任能力报告的内容的要求
➤ 详尽的调查，尤其是在关于罪行和诊断的具体领域方面
➤ 关于分析方法的说明
➤ 依据既定的诊断标准系统作出的诊断（ICD10 或 DSM-IV-TR）
➤ 对鉴别诊断评估的情况介绍
➤ 对精神障碍的详细说明
➤ 检查行为人在行为时是否以及在多大程度上受到精神障碍的影响
➤ 依照法定标准正确指派精神障碍诊断工作
➤ 对精神障碍程度的诊断的易懂的描述说明
➤ 与犯罪行为有关的精神障碍对行为人的损害情况，区分认知能力和自我控制能力
➤ 关于可能的替代的评估方式的说明

专家意见的实质当然比坚持这些形式化的标准更为重要。

专家意见必须澄清的一个问题是，已对被告人在与犯罪相关的及某些特定诊疗领域进行了充分检查。必须建立一个完整的病人病史，也必须说明所使用的检查方式。

合理地将任何精神障碍放在一个被普遍接受的系统内进行诊断，这绝对是至关重要的。应精准地引用 ICD 或 DSM 分类法。鉴别诊断的注意事项必须以一个易于理解的方式作出。

为了对案件作出判决，法官必须了解这种病对犯罪行为产生了怎样的影响。一个简单的事实是，一个人有精神障碍，并不意味着他在行为时不负刑事责任。犯罪行为和精神障碍之间必须存在着内在联系，专家报告里必须对这一点加以证实。因此，专家必须在其精神病学观察报告里采用法定标准，这是判决的根据所在。专家必须调查该病症的严重程度，还必须解释该人在犯罪时是否因为精神障碍而不具备刑事责任能力，或是否是在限制行为能力的情况下进行犯罪。当考虑刑事责任能力的时候，对罪犯认识到其行为不法的能力和依据这一认识为犯罪行为的能力必须进行区分。

一个独立的、深思熟虑的意见也可能给出另外一个替代性的结论。

刑事责任能力会涉及罪犯现有的精神状态以及过去所经历的事情。与此相反，预见性的专家意见则预见未来从而具有超前性。专家需要试着预测罪犯将来的危险程度，这的确会很困难，但是实证精神研究已经研究出诸多的预测标准。复发概率已经在大量的实证研究中受到调查。其中，三向区分是指区分以下三项指标：一是治疗预后也即治愈精神障碍的可能性，二是社会预后也即预测一个人融入社会的能力，三是犯罪预后也即再犯的可能性。治疗预后和社会预后自然地会对犯罪预后产生影响。

预后性的专家意见还应该进一步预测罪犯将会犯下什么罪行，以及发生的频率和严重程度。

最后，预后性的专家意见也必须说明未来如何防范犯罪。例如，对罪犯的释放可附加条件，如要求其找份工作、居住在指定的区域、看精神科门诊、向缓刑官报告以及远离毒品。专家意见也应提到相关的风险，如喝酒或吸毒或停止服用必要的药物的风险，这些都是再犯的主要触发因素。

风险评估
➤ 此人是否可能犯下其他罪行？ ➤ 此类罪行的性质、频率、严重程度怎样？ ➤ 怎样控制或者减轻未来犯罪的风险？ ➤ 何种情势会加剧风险？

而法官的工作就是用挑剔的眼光审视专家意见，以检查它是否内在一致，并将专家意见中的医学诊断结果归入法律范畴下的类型。从专家意见里提取突出的事实并将其纳入他们的判决，现在对德国法官的这些要求比以往更为严格，不允许法官简单地重复观点，而应加入法官自己的一些观点。他们必须仔细地分析符合专家意见的法律分类，并说明为什么这个意见是令人信服的。

法律的判断
"法官必须非常详细地描述其判断。法官不得简要概述，必须依据法律标准论述其判断。特别是要对未来发生进一步的不法行为的可能进行细致的评估。" （德国联邦宪法法院，*Order of* 26 *August* 2013-2 *BvR* 371/12）

法官自身如果具备一些法医心理学和精神病学的基础知识，这对法官的帮助很大。德国司法学院和北莱茵-威斯特伐利亚州司法培训中心会开设这些学科的常规培训课程，这些课程都是专门针对法官的需求量身定做的。我本人也经常参加这样的课程，也会就某一学科组织各种研讨会。

如果刑事诉讼中精神病专家意见的标准能够得到尊重，法官具备用挑剔的眼光适当地权衡专家意见的能力，那么双方就可以发挥各自的作用。专家依然是法官的帮手，法官也不会听凭专家来支配。

第二节 精神病司法鉴定若干法律问题研究[*]

精神疾病已成为全球性公共卫生以及影响社会安定较为突出的带有社会性的法律问题。[1]人们的思维、情感和行为出现精神异常，在其"心神丧失"或者"精神耗弱"的境况下做出危害社会的行为，一"经法定程序鉴定确认"，则"不负刑事责任"，或者"可以从轻或者减轻处罚"。[2]这种"法定程序鉴定"不仅在定罪量刑上具有举足轻重的地位，而且还会影响被告人的人格尊严、人身自由等宪法性权利。然而，精神病鉴定在司法实践中并未能完全担负起诉讼制度嘱托的这一重任，[3]使得人们不仅对精神病医学本身的科学性多有疑虑，而且对精神病鉴定失去应有的信赖。[4]最高人民法院的法官指出，"经历过几十件有司法精神病鉴定的案件讨论，有一半以上的案件做过两次以上的鉴定……没有一例是两次鉴定结论完全一致的。只要有两次鉴定，最后的结论肯定是不一样的。"[5]这些呈现在国人面前的现实与精神病鉴定实践中幽暗不明的鉴定意见冲突，加剧了人们对无法借助于精神病医学来维护司法公正的隐忧。

---

[*] 本节撰稿人：郭华，中央财经大学法学院教授。本节内容首次发表于《法学家》2012年第2期。

〔1〕 我国疾病预防控制中心精神卫生中心于2009年初公布的数据显示：我国各类精神疾病患者人数1亿多人，重性精神病患者达1600多万人。其中，精神分裂症患者占到半数左右。患抑郁症、酗酒、药物成瘾的人逐年上升；儿童的行为问题、学生的心理问题和老年人的精神障碍现象日渐突出。参见陈泽伟："研究显示我国精神病患者超1亿 重症人数逾1600万"，载东方网，http://news.eastday.com/c/20100529/u1a5231542.html，最后访问日期：2017年5月30日。

〔2〕 我国《刑法》第18条。

〔3〕 本文采用"精神病鉴定"而没有采用"精神障碍司法鉴定"的术语，是因为《精神卫生法》所确定的精神障碍与《刑法》意义上的精神病存在一定不同，"精神障碍"一词在学界尚未达成共识，也未被2012年修改的《刑诉法》所接受。故本文仍采用《刑法》和《刑诉法》中的"精神病"术语。

〔4〕 我国近年来出现了所谓"被精神病"现象，其案例主要有：湖北武汉的徐武案、十堰的彭宝泉案、河南驻马店徐林东案、吉林长春李杰伟案、江苏南通朱金红案、山东济南吕秀芳案等。这种"被精神病"现象尽管是社会问题，但从制度层面来看仍属于法律问题。参见钟晶晶："钟南山：法制不健全所以人们常会被'精神病'"，载腾讯新闻网，https://news.qq.com/a/20110311/000138.htm，最后访问日期：2017年5月30日。

〔5〕 张军主编：《刑事证据规则理解与适用》，法律出版社2010年版，第17页。

无独有偶。1977 年德国学者荷恩慈（Heibz）从皮特斯（Peters）的研究资料中发现：在 67 个再审程序中的精神鉴定案件中，有错误诊断结果的，第一次有 48%，第二次有 4%；有发现错误结果的，第一次有 60%，第二次有 24%；在第一次鉴定中发现，有一半以上的鉴定中，鉴定人对被鉴定人存在偏见，因而倾向于归咎不利的判断。[1] 中外精神病鉴定存在的这些带有共性的问题，"使我们联想到：如果精神病学是人们需要的一门科学，而它又是一门多么靠不住的科学呀！"[2] 同时，还触发了人们对精神病鉴定如何才能回归科学以及建构何种司法鉴定制度才能使其为司法活动提供可靠证据等法律问题的重新思考。因为这些问题不仅关系着精神病医学等实体性问题的科学性，而且还涉及精神病鉴定的启动、重新鉴定以及鉴定意见采纳等一系列影响程序公正的问题，其复杂性远非其他鉴定类别所能比拟。目前，在我国《精神卫生法》制定之际，尤其是 2012 年修改的《刑诉法》删除了"省级人民政府指定医院"进行精神病鉴定的专门规定和增加了"依法不负刑事责任的精神病人的强制医疗程序"作为特别程序的实施，研究精神病鉴定问题，对有关法律及规范性文件的制定以及《刑诉法》的有效实施无疑具有积极的意义。本节从司法实践中存在精神病鉴定争议较大的二十个案例出发，寻找精神病鉴定中存在的突出问题，旨在为正在进行的司法鉴定制度改革、修改后《刑诉法》的执行、精神卫生立法以及其他精神病鉴定规范性文件的制定提供参考性建议，希冀通过精神病鉴定制度的完善以提升精神病鉴定的可靠性与可信性，进而使精神病鉴定能够为诉讼活动提供坚实的证据基础。

一、刑事案件涉及精神病鉴定的实践考察与分析

我国《刑法》之所以将诉讼中有关精神病问题的判断规定为"经法定程序鉴定确认"，其原因不仅在于精神病鉴定应当由具有资

---

〔1〕 张丽卿："鉴定证据之研究——以精神鉴定为主"，载《法学论丛》1994 年第 2 期。

〔2〕 ［法］勒内·弗洛里奥：《错案》，赵淑美、张洪竹译，法律出版社 1984 年版，第 201～202 页。

质的精神医学专家来诊断以及通过精神医学的先行判断来解决精神病对辨认或者控制能力存在何种影响，还在于借助司法鉴定制度的桥梁来解决刑事责任能力的有无或者大小这一带有技术性的法律问题。由于我国精神病鉴定制度未能与诉讼制度、证据制度进行有机衔接，致使这一解决法律问题的制度本身颇具争议，其司法实践中正面效应有限，容易在当事人（控辩双方）乃至司法与民意之间引发分歧，以至于这一解决精神病问题的专门制度成为舆论追问与专家声讨的焦点。本文从众多存在分歧的焦点案件中选择了涉及精神病鉴定的 20 个具有典型性的案件，对其涉及鉴定的具象问题进行梳理与分析，从中窥视出隐藏于背后的带有规律性的共性问题。

（一）刑事案件涉及精神病鉴定的基本现状分析

精神病鉴定在刑事诉讼中的争议主要集中在鉴定启动、重新鉴定以及不同鉴定意见上。本文出于精神病鉴定对诉讼的影响与制约关系以及研究的需要，对实践中的鉴定案件未按照上述问题的顺序予以安排。

表 1 精神疾病鉴定启动后的鉴定争议案件

案件 1	2000 年江苏南通王逸 "5·28" 亲姐妹硫酸毁容案
申请与决定鉴定的时间	侦查期间发现王逸 "与众不同" 进行了鉴定；起诉与一审时再次鉴定
第一次鉴定意见	有多种妄想和感知障碍等精神病性症状，MMPI 提示思维混乱，急性情绪障碍，罹患精神分裂症，伤害行为是在幻觉幻想影响下发生的，无责任能力
第二次鉴定意见	MMPI 检查结果与南通相一致，王逸患精神分裂症，作案无责任能力
再次鉴定的意见及其最终采纳的意见	"未发现幻觉、妄想和感知综合障碍。" "被鉴定人王逸的作案行为有明确的动机和目的。作案有预谋，作案时并为自己作好自我保护。对其作案行为存在辨认和控制能力。应评定为有完全刑事责任能力"。最高院复核时的鉴定意见为，王逸 "患忧郁症，部分责任能力"。一审采纳了完全责任能力；最高院采纳了限制刑事责任能力

续表

案件 2	2001 年广东珠海张林发公司杀人案
申请与决定鉴定的时间	侦查中律师申请鉴定；一审提出其姐姐患有精神分裂症，有家族病史
第一次鉴定意见	被鉴定人对自己的作案行为具有全部责任能力
第二次鉴定意见	偏执性精神障碍，在急性妄想状态下作案，无刑事责任能力
再次鉴定的意见及其最终采纳的意见	有"急性应激性精神障碍"，被鉴定人作案时无意识障碍，辨认能力正常，但自我控制能力减弱，应负部分刑事责任能力。法院采纳了部分刑事责任能力的意见
案件 3	2002 年广西玉林蒋伟强杀害同学案
申请与决定鉴定的时间	因在看守所表现异常，侦查机关进行鉴定；被害方要求重新鉴定
第一次鉴定意见	患有精神分裂症（发病期），无刑事责任能力
第二次鉴定意见	患有偏执型精神分裂症，作案时无刑事责任能力
再次鉴定的意见及其最终采纳的意见	患有精神分裂症，作案属混合性动机，辨认与控制能力均不完全，认定为限定刑事责任能力。重审时的意见为，患有精神分裂症，作案时处于发病期，对作案行为丧失实质性辨认能力，无刑事责任能力。玉林中院一审采纳了限定刑事责任能力；重审采纳了无刑事责任能力
案件 4	2002 年广东阳江李冬越杀人案
申请与决定鉴定的时间	公安机关委托鉴定；被害人家属申请重新鉴定；检察机关两次鉴定
第一次鉴定意见	李冬越患有精神分裂症，作案时丧失实质性辨认能力，无责任能力
第二次鉴定意见	患有精神分裂症，其精神症状对作案动机有间接的影响，部分责任能力
再次鉴定的意见及其最终采纳的意见	患精神分裂症，评定为无刑事责任能力。法院最终采纳了无刑事责任能力的意见

续表

案件5	2006 年辽宁赵鹏持刀杀人案
申请与决定鉴定的时间	其弟弟称其有精神病。公安机关 3 次委托鉴定
第一次鉴定意见	赵鹏当时确无责任能力
第二次鉴定意见	赵鹏作案时具有限制责任能力
再次鉴定的意见及其最终采纳的意见	结合案发前赵某因怀疑邻居与其妻有不正当男女关系及家中盖房等原因与邻居有过矛盾，案中选择左邻右舍作为犯罪对象，作案后换了血衣、准备自杀等情况，说明其对犯罪行为的性质、后果等辨认能力及控制能力并未完全丧失，具有限制责任能力

从表 1 精神病鉴定的现状中发现以下问题：

（1）职权机关对精神病鉴定主要基于案件办理过程中的犯罪嫌疑人、被告人存在明显"异常"或者其作案动机存在难以解释的"疑惑"等情形而启动。前者占全部案件的 60%；后者占 40%。精神病鉴定一旦在侦查阶段启动，在后继的起诉、审判程序中均会引发鉴定意见不利方申请或者职权机关决定重新鉴定。也就是说，精神病鉴定一旦启动，无论是当事人及其辩护人、诉讼代理人要求的鉴定还是职权机关依职权指派的鉴定，均会引起鉴定争议，并致使后续鉴定多为三次以上。在多次鉴定中，职权机关依职权进行的占 60%。这一现象反映出职权机关较为重视精神病鉴定问题，也折射出借助多次鉴定来寻求确定性结论，以此来验证自己决定鉴定的理由以及摆脱当事人对鉴定意见异议的不断纠缠。这种多次的重新鉴定没有任何法律理由的约束，也没有任何法律条件的限制，鉴定的启动因无法定规范遵循，在实践中表现出较强的任意性。从中还可以发现，职权机关在办案过程中对怀疑犯罪嫌疑人、被告人可能存在精神病而作出鉴定决定的，其精神病的鉴定意见与其启动鉴定前的怀疑具有一致性，精神病鉴定成为验证办案机关推测或解决办案人疑惑的重要手段。

（2）从多次鉴定的结果来看，前后不一致的鉴定结果占 100%。第一次鉴定为"无刑事责任能力的"占全部案件的 80%；而"有刑事责任能力"的仅有张林发公司杀人案一件，占全部案件的 20%。

第二次鉴定结果与第一次鉴定结果不同的占 50%；第三次鉴定结果不同于第二次鉴定结果的占 80%。这种比例关系似乎具有一定的规律性，某省检察机关统计的数据对此有一定的印证性。其统计表明，公安机关移送审查起诉的 13 件精神病人犯罪案件中，有 6 起案件做了 2 次以上精神病司法鉴定，占案件总数的 46.2%。其中，有 5 起案件鉴定结果不一致，占重复鉴定案件数的 83.3%。如果当事人对鉴定结果有异议，可能还要进行 2 次、3 次鉴定，产生的鉴定结论多包含了三种结果。[1]在 3 次以上的鉴定中，存在有无精神病鉴定结果分歧的占 40%；鉴定结果为完全刑事责任能力、限制（部分）刑事责任能力、无刑事责任能力之间的比例分别为 20%、50%、30%。一般来说，当被鉴定人两次鉴定得出完全相反的结论时，第三次鉴定则会给出一个"折衷的建议，减轻被告的责任"。[2]这种多次鉴定产生的不同鉴定结果主要集中在刑事责任能力的确认上，很少涉及有无精神病的认识与判断问题。

（3）在评定无刑事责任能力还是限制刑事责任能力的案件上，如果被鉴定人存在精神病，其受害人是其亲属或者熟人的，鉴定结果为无刑事责任能力；如果受害人是其亲属或者熟人以外的人，则为限制刑事责任能力。如在 2006 年广东省黄文义"12·28 佛山灭门案"中，尽管黄文义的临床表现不符合任何特定精神障碍的诊断标准，但仍被认定为"待分类的精神病性障碍的临床特征"，评定为"限制刑事责任能力"。在精神病不影响辨认能力的情形下，对控制能力的评定多基于非精神病因素来考虑。在多次鉴定中，精神分裂症易于产生不同的鉴定结果，其中被评定为无刑事责任能力的占 80%；被评定为限制（部分）刑事责任能力的占 20%。

（4）在鉴定结果存在不同刑事责任能力评定的情况下，法院一般选择折衷的鉴定意见，即选择"限制刑事责任能力"作为定案的

---

〔1〕 周庆、薛永李、李安民："河南省漯河市精神病人犯罪案件调研报告"，载正义网，http://www.jcrb.com/jcpd/jcll/201009t20100903-412945.html，最后访问日期：2017 年 3 月 5 日。

〔2〕 ［法］勒内·弗洛里奥：《错案》，赵淑美、张洪竹译，法律出版社 1984 年版，第 203 页。

根据。这种选择结果占全部案件的 60%。

表 2　精神疾病鉴定中申请重新鉴定的案件

案件 1	2004 年云南马加爵杀人案
申请与决定鉴定时间	一审中辩护人提出鉴定；二审请求重新鉴定
申请鉴定理由	辩护人根据案情申请法院收集马加爵精神病的证据
决定机关与结果	一审法院支持了辩护人要求。二审法院认为，辩方对鉴定意见提出异议没有事实和证据支持，驳回重新鉴定申请
鉴定意见	无精神病；被鉴定人马加爵在作案过程中精神状态正常，有完全责任能力
案件 2	2006 年留美女硕士陈丹蕾杀夫碎尸案
申请与决定鉴定时间	侦查中提出请求；起诉中请求重新鉴定
申请鉴定理由	陈丹蕾亲属称其母亲和外婆有精神分裂症；美国司法机关认为其有"深度抑郁"
决定机关与结果	侦查机关启动鉴定；检察机关驳回重新鉴定申请
鉴定意见	思维敏捷、鉴定期间未发现幻想、幻听现象。事发时符合生理性冲动，在策划及潜逃回国时，自我保护意识较强，有完全刑事责任能力
案件 3	2007 年云南昆明施稳清杀人纵火案
申请与决定鉴定时间	起诉中决定鉴定；一、二审提出重新鉴定
申请鉴定理由	施稳清一审提出，1994 年打工伤到了头，被送到医院神经科时医生说其有精神病
决定机关与结果	一审法院认为，被告人请求进行重新精神病鉴定的理由不充分，不予支持
鉴定意见	"施稳清作案时精神状态正常，有完全刑事责任能力"
案件 4	2008 年上海杨佳袭警案
申请与决定鉴定时间	侦查中申请鉴定；二审是申请重新鉴定

申请鉴定理由	杨佳曾在山西受过殴打导致轻微脑震荡的颅外伤，医学证明颅外伤有可能导致精神出问题
决定机关与结果	侦查机关支持了鉴定请求。法院认为辩方没有提供杨佳精神状态异常，具有精神病相关的证据；驳回重新鉴定申请。二审认为，辩护人申请重新鉴定的理由不充分
鉴定意见	被鉴定人杨佳无精神病，评定为具有完全刑事责任能力
案件5	2009年四川曾世杰杀同学案
申请与决定鉴定时间	被告人及辩护人一审中申请鉴定和重新鉴定
申请鉴定理由	被告人自己怀疑有精神病，其妈妈有间歇性精神病；大舅以及表哥有精神病史；鉴定报告根据侦查机关笔录制作
决定机关与结果	一审法院启动了鉴定，并驳回了重新鉴定申请
鉴定意见	作案时无精神障碍，并且具有完全的行为能力，应当对其行为负责

表2精神病鉴定所呈现的基本情况为：

（1）当事人申请鉴定存在足够证据的，尤其是一些有影响的重大案件，职权机关一般会接受鉴定申请并决定进行鉴定。尽管《刑诉法》没有赋予当事人鉴定的申请权，但在实践中当事人并未因此受到限制。当事人单方申请鉴定的，初次鉴定结果一旦为"完全刑事责任能力"时，当事人均会再次申请重新鉴定，职权机关一般不会启动重新鉴定，并以申请重新鉴定的理由不充分或者证据不足驳回重新鉴定的申请，上级法院发回重审要求重新鉴定的除外。在"上海杨佳袭警案"中，辩方在审前程序申请初次鉴定的结果为完全刑事责任能力，辩方在审判程序中提出杨佳曾在山西受过殴打导致轻微脑震荡的颅外伤，而医学证明颅外伤有可能导致精神出问题，法院仍以理由不足以及"未见异常"为由驳回重新鉴定的申请。

（2）鉴定机构以"无精神病"或者"精神正常"作为评定"有完全刑事责任能力"依据的，占全部案件的80%；没有作出精神病结论直接评定"有完全刑事责任能力"的，仅占全部案件的 20%。在"陈丹蕾杀夫碎尸案"中，鉴定人没有对其是否有精神病作出判断而直接评定为完全刑事责任能力。精神病与刑事责任能力在鉴定中被视为存在着天然的因果关系。只要犯罪嫌疑人、被告人存在精神病，其刑事责任能力必然受限。在鉴定实践中，精神病与刑事责任能力似乎具有一一对应的关系，将对刑事责任能力的判断仅仅作为医学问题来处理，没有考虑刑事责任能力的法律属性。

（3）驳回重新鉴定申请的理由与依据过于简约、笼统。无论何种案件，其驳回的理由大致相同，即"精神正常"或者"未发现异常"甚至还包括"无精神病"。辩方申请启动鉴定，其鉴定结果一旦对辩方不利，再次启动鉴定难以获得职权机关的同意，重新鉴定也就成为不可能，鉴定表现为"一鉴终鉴"。从这一现象中可以体悟出以下情况：如果重新鉴定的决定权完全由职权机关控制且无相应的法定启动条件与标准，即使法律赋予当事人以精神病鉴定的启动权、重新鉴定启动申请权甚至给予其启动鉴定或者重新鉴定的机会，其权利也会因职权机关的决定权垄断而徒有虚名，不具有实质性意义。

表 3　申请精神疾病鉴定但没有启动的案件

案件 1	2006 年陕西邱兴华"7·16"杀人案
申请鉴定时间	二审期间辩护人提出鉴定请求
申请鉴定理由	犯罪动机不明
决定机关与结果	二审法院对辩护人鉴定请求不予支持
决定不启动鉴定的理由	邱兴华故意杀人目的明确，且杀人后多次躲过公安机关的围捕，证明其是在意识地逃避打击。对其杀人、抢劫的动机、原因、手段及现场情况均作了前后一致的供述，回答问题切题，思维清晰，无反常的精神表现。故意杀人、抢劫犯罪时具有完全的辨认和控制自己行为的能力
案件 2	2008 年云南马忠富杀人案
申请鉴定时间	一、二审中申请鉴定。死刑核准中辩护人申请鉴定

续表

申请鉴定理由	其外公患有精神病；舅舅杀舅妈后鉴定为间歇性精神病；姨妈为遗传性精神病
决定机关与结果	一、二审法院认为，申请精神病鉴定理由不充分，不予支持
决定不启动鉴定的理由	一、二审法院认为，被告人马忠富在羁押和接受审理期间意识都较为清醒，没有什么异常反应，对其犯罪事实也作了清楚明确的供述
案件 3	2008 年新疆英国人阿克毛走私毒品案
申请鉴定时间	审判中英国驻华使馆领事官员通过律师提出精神病鉴定
申请鉴定理由	阿克毛的家族成员曾经患精神病
决定机关与结果	法院驳回律师对阿克毛的精神疾病鉴定请求
决定不启动鉴定的理由	法院认为，英方提供的材料不足以证明阿克毛有精神病以及阿克毛的家族成员曾经患精神病；阿克毛本人也没有提供相关材料，本案中并无理由对阿克毛的精神状态产生怀疑，其精神病鉴定申请不具备应当被接受的条件
案件 4	2009 年湖北随州熊振林特大杀人案
申请鉴定时间	侦查、起诉、一、二审期间均提出鉴定申请
申请鉴定理由	案发前半年存在抑郁，病理性醉酒可能性
决定机关与结果	侦查、起诉不予支持鉴定申请。一、二审当庭驳回辩方的鉴定申请
决定不启动鉴定的理由	公安机关认为，杀人的原因是心理障碍所致，并非属于精神疾病，不存在精神鉴定的理由。检察机关认为，熊振林家族并无精神病史；作案前已制订了详细的杀人计划；作案过程缜密，有计划布置。作案后，乔装打扮，有反侦察能力。被抓获后，数次笔录交代情况相同。法院认为，熊振林在作案后清理现场并潜逃，有很强的自我保护意识；其个人及其家族均无既往精神病史，辩方未提供证据证明其作案时精神有异常表现；熊振林从侦察一、二审，回答问题切题，记忆准确，无任何异常反映，申请鉴定的理由和辩护意见没有事实依据

续表

案件 5	2009 年山东青岛肖增明以危险方法危害公共安全案
申请鉴定时间	一审中辩护律师提出
申请鉴定理由	其爷爷及其他亲属患精神病，本人曾因精神抑郁等问题到潍坊等地医院治疗过
决定机关与结果	经合议庭合议报审委员研究认为，对申请不予批准
决定不启动鉴定的理由	法庭认为，肖增明在一审中的供述思路清晰明确，并当庭供述本人和家族都无精神病史，不符合做精神病鉴定的条件

案件 6	2009 广西南宁兰新城杀害覃氏三姐妹案
申请鉴定时间	二审程序提出
申请鉴定理由	辩护律师提交了新圩村民委员会称其母亲的两个叔伯兄弟有精神病的证明
决定机关与结果	二审认为，精神鉴定的理由不足，予以驳回
决定不启动鉴定的理由	二审法院认为，兰新诚的叔伯不是直系亲属，不存在的精神病遗传基因，与其是否患精神病没有因果关系，不能由此推断其患有精神病。作案事前有预谋，作案后条不紊地处理现场和尸体，说明他对自身行为有认识能力和控制能力，具有完全责任能力

案件 7	2009 年湖北武汉曾强保强奸、抢劫案等
申请鉴定时间	被告人及其辩护人在一、二审中提出鉴定申请
申请鉴定理由	曾强保曾到医院进行治疗，精神有异常，有严重精神障碍
决定机关与结果	一、二审驳回请求
决定不启动鉴定的理由	法院认为，辩护人并未提供有精神异常史或有精神病家族史的相关证据；其作案动机和目的明确，作案前周密策划、精心选择作案时间、地点，选择作案对象；庭审时回答问题切题，对公诉机关指控的犯罪事实避重就轻，逻辑思维较严密，无明显不正常状态

案件8	2009年贵州遵义何胜凯杀法警案
申请鉴定时间	侦查、起诉与一、二审、死刑复核中提出鉴定请求
申请鉴定理由	认为存在"位相移行迟滞状态"的反常行为
决定机关与结果	侦查、审查起诉以及一、二审法院均驳回请求
决定不启动鉴定的理由	检察机关认为，在公安机关的历次供述自然流畅，在庭审中精神状态正常，回答问题准确切题，且无家族病史，法院不应支持对其鉴定的申请。法院也认为，被告人在公安机关的历次供述自然流畅，在庭审中精神状态正常，回答问题准确切题，无任何不正常情况
案件9	2010年广东连州成瑞龙抢劫杀人案
申请鉴定时间	一审中递交精神病鉴定申请
申请鉴定理由	成瑞龙认为申请精神病鉴定是他的权利
决定机关与结果	法院在开庭审理前驳回成瑞龙的请求
决定不启动鉴定的理由	法庭驳回的理由：一是成瑞龙思维敏捷，谈吐清晰，没有患精神病迹象，自己也无法确定是否患有精神病；二是成瑞龙无法向法院提供精神病病历或提供曾经因精神病入院治疗的记录、线索；三是成瑞龙家族没有精神病史
案件10	2010年福建南平郑民生杀小学生案
申请鉴定时间	在侦查阶段律师提出鉴定请求
申请鉴定理由	认为存在精神疾病的一些相关症状，有被害妄想症，常自言自语
决定机关与结果	侦查、公诉与审判机关对请求不予支持
决定不启动鉴定的理由	检察机关认为，郑民生思维清晰、表达准确，看不出其有精神异常特征，其对作案动机的供述符合逻辑，自供原因；一是被医院辞退、工作无着；二是恋爱失败；三是受一些身边人员闲言刺激。主要动机是因上述原因而报复社会

表3表明的精神病鉴定基本情况为：

（1）对于精神病鉴定，如果职权机关认为犯罪嫌疑人、被告人

"无异常"不启动鉴定时，即使辩方提出鉴定申请，甚至提供一定的证据线索，鉴定也难以启动。职权机关多以犯罪嫌疑人、被告人在讯问中能够"清楚陈述作案过程""回答问题切题"等作为不启动鉴定的理由。在请求或者申请鉴定的理由上，以犯罪嫌疑人或者被告人家族有精神病史的占 40%；以存在精神疾病的占 30%；以存在异常的占 20%；其他理由占 10%。职权机关通常要求辩方提出证据材料证明其有精神病。这种做法与我国《刑法》规定的精神病作为犯罪构成要件需要由控方证明的内在要求存在一定的冲突。

（2）在职权机关驳回鉴定申请的理由上，主要以诉讼当时犯罪嫌疑人、被告人的精神状况及其作案时的自我保护意识、讯问时的供述自然流畅以及回答问题准确切题作为依据，而很少考虑作案时精神状况与其辨认、控制能力的实存关系。在上述案件中，以这种理由驳回鉴定申请的占 70%；以未见"不正常"或者"没有看出异常"的占 70%；以无精神病家史的占 70%。[1]职权机关对犯罪嫌疑人、被告人"无精神病"直接作出评价的占 70%。以申请鉴定证据不足或者理由不充分作为驳回鉴定申请依据的占 30%。其中，以无精神病史作为驳回鉴定申请理由的占 40%。在部分案件中，驳回重新鉴定裁决实质上扮演着对犯罪嫌疑人、被告人有无精神病的医学判断，属于没有鉴定的"精神病鉴定"。

（3）在侦查、起诉程序中，辩方申请鉴定没有被支持或者在此期间没有提出鉴定申请的，即使在审判阶段提出鉴定请求且有一定的理由或者提供一定的证据线索，法院一般也会驳回鉴定请求。这种情况占全部案件的 70%。法院驳回的主要考虑因素：一是启动精神病鉴定如果出现无刑事责任能力的结论并判决被告人不负刑事责任时，法院不仅会背负社会责怪的罪名，还会导致被害人在重新鉴定上的纠缠及其权利受阻碍后的非诉讼"涉鉴上访"，甚至会担心以后再发生其他危害社会的行为而难以解释或因此受到处理；二是如果精神病鉴定得出限制刑事责任能力的结论，会出现判决后监狱不

---

〔1〕　在以上论述中之所以出现三个 70% 或者比例的重叠，是因为职权机关在驳回的理由中存在交叉，在有些案件中三种理由同时存在，均作为驳回鉴定申请的理由。

愿意收治等难以处理的情形。精神病人判决后的安置困难在一定程度上制约了法院启动鉴定的积极性。

（二）刑事诉讼涉及精神病鉴定的比对分析

综观上述表1、表2和表3的精神病鉴定的基本内容，将其各自的分析情况结合起来进行综合比对，可以发现以下问题：

第一，精神病的确认或者诊断需要精神病鉴定人依据精神病医学知识来认定，而对一般人员是否能够认定犯罪嫌疑人、被告人有没有精神病，这是需要讨论的问题。存在的疑问是，职权机关依靠何种知识判断犯罪嫌疑人、被告人不存在精神病？判断作案时的"无异常"是基于常识还是基于法学知识抑或精神病医学知识？以及诉讼当下的无异常与作案当时的精神状态存在何种关系？在精神病医学诊断实践中，有些精神病人的遗忘可能是全部的，也有部分的，尤其是晚发性遗忘，在作案之后能清楚陈述作案过程，但不久就完全遗忘了，这种情形下一般人会误认为作案人有意识抵赖作案事实。[1]也就是说，犯罪嫌疑人、被告人的现实精神状态与"作案时"的精神状态在外在表现上并非一一对应，而且诉讼"当下"与作案"当时"不具有完全的承继关系，非专业人员一般对其难以作出准确的判断，仅靠当下的"回答问题切题"等现象不足以作为判断犯罪嫌疑人、被告人在作案时是否存在精神病以及刑事责任能力有无、强弱的理由。[2]职权机关应当基于何种理由控制精神病鉴定的启动及其控制到何种程度才有正当性，当事人基于何种理由以及提供何种证据材料或者线索才能启动鉴定或者重新鉴定，这些问题因法律没有规定而在实践中完全由职权机关根据权力与办案的需要来决定，精神病鉴定在一定程度上成了追诉方查明专门性问题的协助手段以及"打击犯罪"的专有工具，其结果必然是职权机关基于办案的需要来进行"选择性鉴定"，犯罪嫌疑人或者被告人在此方面的程序权

---

〔1〕 郑瞻培主编：《精神疾病司法鉴定实务》，法律出版社2009年版，第82页。

〔2〕 如偏执性精神障碍患者的情感和人格相对完整，只要不涉及妄想的内容，周围人就觉得他们很"正常"，抱怨的事情似乎有事实根据，说话貌似符合逻辑。但是，患者的妄想多坚信不疑、不能被说服，常伴有反复控告、跟踪、逃走甚至伤人、自伤或自杀的行为，一般人是难以判断的。

利取决于职权机关的开明或者恩惠。尽管这种做法可以避免鉴定启动的滥用、有利于提高诉讼效率以及节约鉴定资源，但职权机关的"选择性鉴定"与鉴定制度设立的目的不相吻合，与保障人权以及查明事实真相的目标不尽一致，有可能使犯罪嫌疑人、被告人的相似情形因办案机关的不同而导致司法保障待遇上的差异。

　　第二，精神病鉴定一旦启动，如果被害人与作案人之间系亲属或者熟人关系，鉴定确定为精神病的，则会评定为无刑事责任能力。反之，多评定为限制（部分）刑事责任能力。精神病与刑事责任能力之间的因果关系在鉴定中受制于作案人与被害人之间的关系，甚至在刑事责任能力的选择上也受其影响。精神病鉴定在实践中不再完全限定于精神病学意义的评判，也非简单的精神科学应用的结果，而成为社会利益考虑和价值选择的社会性结果。尽管精神病人的行为与其精神病之间未必均有证据证明存有因果关系，但作为刑事责任能力的评定绝不能因鉴定以外的因素演变为人为的折衷或者调和。这种做法有悖于诉讼制度借助于鉴定人的专门知识来解决定罪量刑的科学追求。

　　第三，法院在多个不同精神病鉴定意见选择适用上，如果被害人是作案人亲属或者熟人的，一般选择无刑事责任能力。否则，会采纳限制刑事责任能力。如在"浙江杭州体彩杀人案"的刘全普精神病鉴定中，因被告人作案时存在精神分裂症而被作出无刑事责任能力与限制刑事责任能力的结论，法院基于上述因素的考虑采纳限制刑事责任能力。[1]法院在精神病鉴定意见的选择适用上与鉴定启动相比，较为严格的鉴定意见选择却比鉴定启动相对宽松。精神病鉴定意见的选择在某些案件中还会根据民意、社情以及影响案件的其他因素来取舍，鉴定意见不再仅仅作为证据，在某些案件中还会成为办案体现社会效果的依据。

　　第四，精神病鉴定的启动易走向两个极端。职权机关在一些恶性案件中会武断地拒绝启动鉴定，而在有些案件中却无理由地多次

[1]　在这一鉴定中，曾有鉴定人说他将刘全普作案的行为评定为限制刑事责任能力是基于社会影响作出的，却最终被法院采用，判处无期徒刑。参见柴会群："司法之困：那些犯下命案的精神病人"，载《南方周末》2009年6月4日，第A8版。

启动鉴定。前者在前面已作了分析。仅就后者而言，多次鉴定不仅要付出一定的代价，容易出现对不同鉴定结果的争议，而且还会影响诉讼效率，但与不启动精神病鉴定的案件相比较，在保障诉讼权利、维护程序公正以及实现实体公正方面仍优于前者，其作用是积极的。对表1、表2列出的案件与表3列出的案件进行比对分析，社会对后者的认同度比前者高，启动鉴定不仅有助于对司法权威的维护，更为重要的是，当事人的诉讼权利能够得到一定程度的保障，司法公正在一定范围内也能得到实现。尽管在有些案件中程序权利的保障不充分或者司法公正仅部分得到实现，在精神病鉴定过程中甚至有些无刑事责任能力被错评为限制刑事责任能力，甚至被法院选择了限制刑事责任能力来定罪量刑，这些问题与犯罪嫌疑人、被告人可能存在精神病而没有启动相比，可以说，启动鉴定更符合制度安排的要求。

二、精神病鉴定存在问题的法律探讨

基于精神病鉴定本身在诉讼中存在的问题以及精神病鉴定实践给诉讼带来的困惑，使得精神病鉴定与其他鉴定相比更具复杂性。在此问题上，不仅存在当事人、职权机关以及鉴定人对同一精神现象认识的分歧，而且还存在职权机关利用权力与当事人行使权利之间的相互博弈。这种权力（利）与认识的纠缠使得这一问题远远超越了精神医学等专门知识的纯科学范围，成为携带专门知识的复杂性法律问题。其复杂性主要集中在以下几个方面：

（一）精神病鉴定中科学问题与认识问题的界分

精神病鉴定是鉴定人作为精神病专家对精神问题的认识，其结论是其认识的结果。这种认识不仅源于认识对象的"主观性"精神状态，而且还是对过去已发生且现在早已"存而不在"的作案时的行为具象与当时精神状态之间关系的推断，其本身表现为一种主客观相互交织的复杂认识活动。这种复杂的认识活动表现为办案人员作为法律专家与精神病鉴定人作为专业人士对犯罪嫌疑人、被告人是否存在精神病的不同理解以及精神病临床专家与精神病鉴定专家以及普通民众之间对其的不同看法。在非精神病专家的普通人眼里，只有披头散发、胡言乱语、哭笑无常的所谓"异常"或者"不正常"的行为才能算得上精神病。在精神病专家的视野里，幻觉、妄想等外在症状不明显（有的精神病人在作案时还能施展出一些带有技巧性的欺骗性花招）的精神病，甚至一些精神障碍也被视为精神病，即使同为精神病专家对同一精神现象也存在不同的认识。有学者对美国与英国的精神疾病诊断进行比对研究发现，对同一批病例，纽约的精神科医师诊断为精神分裂症的数量比伦敦医师高出一倍；在伦敦诊断为抑郁症、狂躁症、神经症与人格障碍的一部分病例，纽约医师都诊断为精神分裂症。[1]在实践中，精神病鉴定人对同一精神现象作出不同的鉴定结果以及普通人对精神病鉴定人的鉴定意见存在不同的认识属于一种正常现象，而这种"正常现象"不免使精神病鉴定产生分歧以及在精神病、刑事责任能力判断结果上存在差异。精神病鉴定认识的复杂性带来了认识结果的多样性，在一定程度上削弱了精神病医学的科学性，其鉴定的权威性也因此受到减损。上述表1、表2反映的问题在此可以得到部分诠释。

　　精神病鉴定不仅实体法有规定，程序法中也存在相关规定。在精神病鉴定活动中除精神病医学知识外，还涉及心理学、社会学、法学等知识，实体法考量与程序法遵循以及多种知识汇聚形成了科学纠缠法律、法律纠缠医学以及鉴定纠缠价值的错综复杂的现象，使得精神现象的评定演变成较为复杂的认识问题。法律将精神病这一事实问题借助鉴定程序解决，尤其是精神病鉴定需要在复杂的认识中转变为确定性的证据，其本身也存在走向复杂的趋势。无论精神病鉴定如何复杂，在认识中存在何种分歧，只有将精神病鉴定作为法律问题来讨论，才有可能通过完善制度来减少认识上的分歧，借助于正当程序来减弱这些分歧性认识对评定结果的影响。科学的精神病鉴定程序和正当的启动程序对于解决上述问题显得特别重要。尽管程序不是解决这一问题的灵丹妙药，却是解决精神病鉴定这一带有技术性法律问题的最优路径依赖。上述20个鉴定案件出现的争

---

〔1〕　沈渔邨主编：《精神病学》，人民卫生出版社2009年版，第283页。

议与鉴定程序存在的问题均存在一定的勾连。

（二）精神病由职权机关负责证明还是由当事人提供证据证明问题

对犯罪嫌疑人、被告人在犯罪时是否存在精神病以及有无刑事责任能力应由控辩哪一方负担证明责任不仅受制于诉讼制度、鉴定制度以及鉴定人在诉讼中的法律定位，在实践中还受制于获得精神病鉴定的实际能力及其结果的期待可能性。这一问题主要与证明责任的配置有关。证明责任配置的科学与否不仅会直接影响精神病鉴定启动程序的设计，也会影响到当事人实体权利的享有与司法实体公正的实现。在大陆法系国家，职权主义诉讼一般将鉴定人视为法官的助手，当事人只有申请鉴定的权利而无权直接决定鉴定，被告人在犯罪时是否患有精神病，通常由法官委托的鉴定人向法官和当事人释明，并接受控辩双方的质询。如果法官不认为被告人在犯罪时患有精神病而无需聘请鉴定人时，要说明理由；当事人对此决定不服的，有权通过上诉对不启动鉴定决定予以救济。[1]在英美法系国家，被告人在犯罪时是否患有精神病不是犯罪构成的要件，只是被告人免责的辩护理由，辩方对被告人存在精神病负有证明义务。在19世纪的美国，也曾存在如同大陆法系国家那样要求公诉方承担证明被告人精神正常的责任的做法，并有28个司法区要求其达到排除合理怀疑的程度。由于实践中对精神正常极易提出合理怀疑，致使爱达荷、蒙大拿和犹他州的法律在20世纪80年代改变了原来的做法，将精神病不再作为无罪辩护的理由。[2]如《美国联邦刑事诉讼规则和证据规则》第12.2条规定："如果被告人意图以在被控犯罪时精神不正常为由作辩护，被告人应当在规定提出审判前申请的时限内或者在此后法庭指定的时间内以书面方式将此意图通知检察官，并将通知副本提交法院书记官，如果未遵守本规定的要求，则不能提出精神不正常的辩护。"由于精神病鉴定会影响到一个人作

---

〔1〕［法］卡斯东·斯特法尼等：《法国刑事诉讼法精义》，罗结珍译，中国政法大学出版社1998年版，第655页。

〔2〕赖早兴："精神病辩护制度研究——基于美国精神病辩护制度的思考"，载《中国法学》2008年第6期。

为国家公民的法定权利的行使、义务的承担以及人格尊严的保障等问题，基于保障公民人格尊严、人身自由等宪法性权利的要求，当一个公民涉嫌犯罪时，如果认为自己存在免责事由，应由其家属或者辩护人证明其不具有刑事责任能力，控方只需证明其行为具有刑法上的社会危害性即可。这种模式的优势在于证明犯罪嫌疑人、被告人有精神病因不涉及案件的定罪问题而具有减轻作为犯罪构成证明难度的功能，同时也因仅涉及量刑问题而降低了证明要求。

证明责任的法律配置在实践中不会自动转化为行动，其行动的前提是鉴定程序能否得以正常启动。在司法实践中，精神病鉴定的启动不仅受制于精神病医学本身的成熟程度与人们对精神病鉴定的认同感，而且还受制于启动鉴定后获得鉴定意见给职权机关可能带来的不利。后者在深层次上制约着精神病鉴定的启动实践。现代精神病学尽管已取得了较大的成就，但至今对精神疾病的病因、精神病症状与脑结构、脑的生理生化障碍之间的关系尚未获得确切性说明，对精神疾病的本质也未能全部了解，鉴定所依据的精神医学尚未达到鉴定作为证据的高标准要求。[1]目前，精神科的诊断还是主要依据病史及精神检查所见等最初级的方法，对精神病患病程度的很多指标靠人为观察和询问来判断，与医生的诊疗水平和从医经验关系密切。由于精神病鉴定缺少强客观性的"生物学指标"，其鉴定与利用其他医学学科的鉴定相比受主观因素的影响较大。事实证明，精神病的结论往往因医生能力的差异而具有很大的不确定性和可改变性。[2]"精神病医生在处理同一病理时，常常达不成一致意见。"[3]这些问题无疑给职权机关启动精神病鉴定留下一些阴影，进而影响鉴定的正常启动。从一定意义上说，在精神病鉴定本身不成熟的情

---

〔1〕　据了解，精神病的发病机理很复杂，目前发现有三千多种原因。仅就精神病原因的临床诊断来说，不同的精神病医生对同一精神现象也存在不同的诊断结果。

〔2〕　[意]杜里奥·帕多瓦尼：《意大利刑罚学原理》，陈忠林译，法律出版社1998年版，第196页。

〔3〕　[法]勒内·弗洛里奥：《错案》，赵淑美、张洪竹译，法律出版社1984年版，第201~202页。

况下谨慎地使用精神病鉴定是一种实用主义的理性选择，但过分谨慎在一定程度上转化为对精神病鉴定的过度控制，会导致不启动鉴定权的滥用，鉴定启动程序也就变相地成为不启动程序，最终影响诉讼借助于精神病医学知识实现司法公正价值目标。上述表3中的鉴定案件是典型的例证。

职权机关在诉讼中不启动鉴定程序就直接对犯罪嫌疑人、被告人作出"无精神病"的判断，在实践中难以让精神病专家信服，也易于受到公众的质疑，其裁判的法律权威常常受到挑战。因为判断犯罪嫌疑人、被告人没有精神病也需要一定的专门知识，尤其是无精神病的排除性说明作为不启动鉴定的理由时，更难以获得可接受性。即使精神病诊断的可靠程度不高，甚至精神病鉴定不能完全解决法律交给的发现事实真相的任务，但它在诉讼中保障诉讼权利的意义也是不可低估的。2007年3月，最高人民法院、最高人民检察院、公安部、司法部《关于进一步严格依法办案确保办理死刑案件质量的意见》规定，"对可能属于精神病人……应当及时进行鉴定或者调查核实。"[1]那么，何种情形才属于"可能属于精神病人"则需要借助于配置证明责任的程序来实现。只有程序意义的鉴定申请权以及启动条件明确了，鉴定的启动才有可能在司法实践中得以理性化。其立法的"期待可能性"才能够在实践中转化为"现实可能性"。为了避免职权机关在精神病鉴定上的不作为，国外在立法中将一些重大案件的精神病鉴定事项作为强制鉴定的情形，如俄罗斯、德国。[2]芬兰对70%的杀人犯都要经过精神病鉴定程序。[3]

精神病鉴定启动条件应当从实体性要件和程序性要件两个方面予以考虑。其实体性要件存在两种基本范式：一是采用精神病的症

---

〔1〕 有关此内容的还有《人民检察院刑事诉讼规则》第367条规定的"在审查起诉中，发现犯罪嫌疑人可能患有精神病的，人民检察院应当依照本规则的有关规定对犯罪嫌疑人进行鉴定"。

〔2〕 如《俄罗斯联邦刑事诉讼法典》第196条的规定。其他内容请参见郭华："证明责任与强制鉴定：'精神病'的鉴定问题研究"，载《中国司法鉴定》2007年第3期。

〔3〕 See Helinä Häkkänen, Katri Hurme and Markku Liukkonen, "Distance Patterns and Disposal Sites in Rural Area Homicides Commuted in Finland", 4 *Journal of Investigative Psychology and Offender Profiling*, 2007.

状条件；二是采用精神病的诊断条件。前者与后者相比不仅具有主观判断客观的优势，也符合非精神病专业的民众对问题的判断思维，立法应当优先予以考虑。同时，在程序中除了固守现有的规定外，还应当赋予当事人对鉴定的申请权、救济权，保障当事人在鉴定上具有足以获得鉴定意见的能力。在鉴定启动程序上，当事人及其辩护人、诉讼代理人应当有申请鉴定的权利，[1]同时需要提供一定的证据材料或者线索来证明犯罪嫌疑人、被告人存在精神病的可能。职权机关认为证据不足决定不启动时，也应当说明理由。对不启动鉴定不服的，当事人及其辩护人、诉讼代理人有权申请复议或者向上一级职权机关申请复核。当事人及其辩护人、诉讼代理人对强制鉴定的事项申请鉴定，特别是辩护人收集到"有关犯罪嫌疑人……属于不负刑事责任的精神病人的证据"材料，[2]职权机关应当决定鉴定。否则，辩护人收集的证据可以作为定案的根据。这种程序设计尽管在一定程度上会增加辩方的证明负担，但这种证明负担因证明标准不高，不会使程序权利受到阻碍而出现失当。在实践中，也不用担心这种模式会促发精神病鉴定启动的泛滥。如美国在精神病鉴定上完全由当事人启动，而在 1988 年美国 8 个州中提出精神病辩护的被告人不到所有刑事案件被告人的 1%；提出精神病辩护的人获得成功的，仅占提出精神病辩护案件的 1/4。[3]

　　这种模式还需要以下机制予以配合：一是改变我国将精神病作为犯罪构成要件的做法，将其仅作为承担刑事责任的要件。如最高人民法院《关于适用〈中华人民共和国刑事诉讼法〉的解释》（以下简称《刑诉解释》）第 241 条第 7 项规定："被告人是精神病人，在不能辨认或者不能控制自己行为时造成危害结果，不予刑事处罚的，应当判决宣告被告人不负刑事责任。"这种对精神病被告人是否

---

　　〔1〕　在精神病鉴定中之所以赋予辩护人、诉讼代理人申请权，主要是为了解决当事人在精神病状态下无法启动精神病鉴定的问题。这一问题在 2012 年修改的《刑诉法》中因未引起足够的关注或者视为自然的权利而被回避。

　　〔2〕　2012 年《刑诉法》第 40 条。

　　〔3〕　赖早兴："精神病辩护制度研究——基于美国精神病辩护制度的思考"，载《中国法学》2008 年第 6 期。

犯罪不予评价而仅仅宣告不负刑事责任的判决，与将精神病作为辩护的事由以及仅作为量刑要件具有同等的意义。二是应当明确精神病鉴定启动的时间、条件、证明标准、证明责任以及裁决的方式、有效的救济程序等程序性问题。如果这些问题没有得到解决，证明被告人免刑的精神病鉴定就会成为当事人诉讼权利的障碍，最终不仅新设的权利得不到实现，且原有的权利因机制的改变也无法行使，出现事与愿违的不良后果。三是确立职权机关违法不鉴定的法律后果。对于当事人及其辩护人、诉讼代理人提供证据材料足以怀疑犯罪嫌疑人、被告人可能存在精神病且影响刑事责任能力而职权机关没有启动鉴定的，可作为退回补充侦查或者发回重审的理由。[1]

（三）刑事责任能力由法官判断还是纳入精神病鉴定范围问题

刑事责任能力作为法律性问题由法官认定还是纳入鉴定范围由鉴定人审查在理论与实践中仍未达成共识。"精神状态的分析是类似自然科学的工作，责任能力的判断是规范价值判断的工作，这两者如何妥善调和，实在是刑事法学与精神医学科际整合上的大难题。"[2]有学者认为，精神病鉴定人与精神异常者日常接触多，对刑事责任能力的评价，远比其他人有更多的这方面的经验。[3]也有学者认为，在认定行为还残存认识控制其精神机能的前提下，对案件事实具有违法性的认识及控制犯罪行为的能力，这些需要从法规范的立场进行的判断则由法院来单独作出。[4]如《美国联邦刑事诉讼规则和证据规则》第704规定："在刑事案件中的专家证人对于涉及被告精神状态或者条件作证时，不得对被告犯罪或者抗辩相关的精神状态或者条件是否该当提出意见或推论。此种最终争点仅属陪审团的职权。"还有学者将精神病鉴定人的刑事责任能力评断改为精神病对犯罪嫌疑人、被告人辨认或者控制能力的有无影响以及影响程

---

〔1〕王敏远："司法鉴定修改的有关意见"，载《法制日报》2011年8月31日，第11版。

〔2〕张丽卿："鉴定证据之研究——以精神鉴定为主"，载《法学论丛》1994年第2期。

〔3〕[日]中田修等：《司法精神医学——精神病鉴定与刑事责任能力》，林秉贤、彭华译，天津科学技术出版社2008年版，第166页。

〔4〕[日]安田拓人："责任能力的法的判断"，载《刑事法专刊》2009年第14期。

度的判断。这种做法尽管在形式上避免了精神病鉴定人对刑事责任能力作出法律判断，其背后却遮蔽了法官对精神病鉴定人判断的实质"背书"，会造成法官机械地将刑事责任能力影响程度的判断与精神病的轻重对号入座或者简单置换，导致控辩双方本来能够质疑的精神病与刑事责任能力之间的关系因法官判断的介入不再受到质疑，刑事责任能力的判断成了鉴定人制约法官而不受任何程序制约的隐蔽区域，其改革的结果有可能给人们带来的仅仅是外在形式的欺骗性，而无其他益处。即使如此，仍无法消除人们对于法官是否具有能力对刑事责任能力作出判断的疑虑，法官也有可能因其能力不足陷入左右为难或者成为当事人乃至公众质疑的靶子，弊害多于利益。

对精神病人的刑事责任能力评定属于精神病与辨认或者控制能力之间关联度或者影响程度的判断。这种判断不仅涉及被鉴定人所患疾病的性质及严重程度，还需要判明与其行为之间在作案当时状况下的关联度。对这种关联度的判断不仅需要心理学知识、社会学知识，还受制于医学知识。"心理学要件是不能和生物学要件割裂开来判断的，特别是所谓控制行为的能力，作为精神障碍对行为支配程度的问题来说，和生物学的要件有着密不可分的联系。"[1]对于精神病与辨认或者控制能力关联度的判断，尤其是精神病对辨认或者控制能力影响度的认识，多数可为精神病鉴定人的知识和经验所覆盖，在此方面鉴定人要比法官更适合对心理学要件进行判断。[2]在精神病鉴定实践中，精神病的严重程度与刑事责任能力存在一定的关系，但与刑事责任能力的有无以及大小并不具有必然的正比关系，重型精神病并不必然导致作案时精神病人对其行为的辨认与控制能力弱于轻型的精神病。刑事责任能力与精神病之间的现实关系也不完全被其整体性行为所影响，即使精神病对精神病人的整体性行为有影响，也不宜简单确定存在精神病就必然为限制刑事责任能

---

〔1〕〔日〕上野正吉等编：《刑事鉴定的理论和实践》，徐益初、肖贤福译，群众出版社1986年版，第145页。

〔2〕〔日〕仙波厚、木夏本巧："精神鉴定的证明力"，郭华、郎治国译，载《研究生法学》2005年第2期。

力或者无刑事责任能力。因为严重精神病人，如精神分裂症，在很多情况下存在着"辨认能力"，一般人依靠心理学知识对此是无法作出准确判断的。也就是说，在刑事责任能力判断上离不开精神病医学知识的参与，更不能完全脱离精神病鉴定人依据医学知识的判断。这也是鉴定实践不顾制度上的质疑仍放权精神病鉴定人对刑事责任能力评定的基本原因，[1]也是实践理性侵蚀法律逻辑的必然结果。

鉴定制度改革不仅需要考虑权力本有的性质，作为解决精神病专门性问题的证据更需要关注何种主体有能力准确地对精神病人的刑事责任能力作出判断。也就是说，鉴定人作为精神病专家与法律专家对刑事责任能力谁更具有能力对此作出较为准确的判断，即解决这一问题谁是最合格者，这是安排鉴定制度需要优先考虑的。在一定意义上，这种价值选择的偏重是制度让渡于科学而需要作出的必要牺牲，甚至付出一定的代价。"如果重视所谓生物学要素，对精神障碍程序进行的医学鉴定时，基本上能够左右对责任能力的判断；相反，如果重视心理学要素，法院的规范性评价很可能介入。总之，这一问题需要法官与精神医生进行广泛的意见交流。"[2]即使鉴定人对刑事责任这一法律问题作出判断，在庭审中仍要接受法官的审查。只要法官能够严格地履行对鉴定意见的审查判断职责，在制度上就不会导致鉴定权对审判权的实质性篡夺或者替代。因为"职业法官不似美国审判事实之陪审员易受专家证人意见之影响，以至于在影响到最终争点之情形下造成终局判决之逆转，若鉴定人具有鉴定人之能力时，无需立法明文限制或反对其对于最终争点之意见"。[3]刑事责任能力由鉴定人作出建议性判定，由法官对其进行裁决应当是制度安排需要重点考虑的因素，以免欠缺精神医学知识的法官在此方面作出非理性的判断。

---

〔1〕 最高人民法院、最高人民检察院、公安部、司法部、卫生部《关于精神疾病司法鉴定暂行规定》第9条规定："确定被鉴定人是否患有精神疾病……以及有无刑事责任能力。"

〔2〕 〔日〕松尾浩也：《日本刑事诉讼法》（下卷），张凌译，中国人民大学出版社2005年版，第97页。

〔3〕 吴文正："精神鉴定之理论与实务探讨——以刑事鉴定为例"，载《台湾法学》2010年总第152期。

（四）精神病鉴定对法官的约束及其作为证据的选择适用问题

精神病鉴定的证据效力主要集中在对法官有无约束力问题上。"在法律上法庭不受鉴定结论的束缚。"[1]也就是说，精神病鉴定意见对法官没有预定的法律效力。那么，是否意味着法官对精神病鉴定意见可以任意选择而不受其约束呢？法官在这一问题上保持何种姿态是最为重要的？一般来说，法官越是不信赖精神病鉴定人，就越会对精神病鉴定意见持有高度的警惕而不会过分依赖鉴定意见，继而在适用上就会要求鉴定人出庭为其提供更多的有关鉴定的理由和依据，为自己适用鉴定意见获得更具有说服力的解释理由。实验证明，非专家对专家的信赖程度与专家专门知识的纯度有关。就单一学科解决的问题比多学科甚至跨学科解决的问题而言，前者对人们的影响相对深刻，专家的意见易于被人们接受。精神病鉴定对精神病的判断可以主要依靠精神病医学知识，而刑事责任能力的判断还需要心理学、社会学、法学等知识，前者的专家判断结果对人们的约束力较强。仅就犯罪嫌疑人、被告人的精神病对刑事责任能力影响程度的判断来说，刑事责任能力的鉴定意见对法官来说不应像单纯的精神病意见那样具有拘束力，法官对后者可以结合案件的其他情况作出选择性判断，这也是学界将刑事责任能力视为法律问题并建议交由法官判断的原因。在上述表1中存在不同鉴定意见的十个精神病鉴定案件中，鉴定结果的分歧多集中在刑事责任能力的判断上。

精神病鉴定相对于法医物证等其他依赖仪器设备等具有高度客观性、可重复性的鉴定来说，其主观性较强。"应当承认，探索人的心理与灵魂比剖验一具尸体更为困难。"[2]由于精神病鉴定是对犯罪嫌疑人、被告人作案时精神状况这一历时性问题的判断，与精神病学诊断的现实性分析相比困难更多，尤其是不同诉讼阶段因鉴定时机的不同，有些精神病症状在不同时期会出现一些变化以及缓解

---

〔1〕［德］托马斯·魏根特：《德国刑事诉讼程序》，岳礼玲、温小洁译，中国政法大学出版社2004年版，第181页。

〔2〕［法］勒内·弗洛里奥：《错案》，赵淑美、张洪竹译，法律出版社1984年版，第201页。

的程度也不尽相同，这些现象易引发不同的判断结果。法国精神医学家埃斯基罗尔（Esquirol）认为，"对于这些精神疾病患者的分类、诊断及责任能力的判定，绝对无法依赖一般人甚至于法学人士的知识，于是精神科医师有其决定性的角色。"[1]那么，如何协调法官与鉴定人对刑事责任能力判定之间的紧张关系呢？笔者认为，精神病鉴定意见对法官的拘束力可根据专门知识性质的不同而区别对待。有无精神病的鉴定结果，对法官具有拘束力，"只要精神病鉴定的结论没有明显的错误，在审判官进行判断时就应当受其约束。""如果对鉴定结果在内容上持有疑义的话，就应当命令重新鉴定，而不应只凭自己的一般的知识而轻易地予以否定。"[2]对于刑事责任能力的鉴定意见，尽管在实践中"不得不承认在一定情况下，审判官对责任能力的判断也应受鉴定人意见的约束"，但这种"约束力"[3]对法官不具有绝对的效力。

精神病鉴定的精神病与刑事责任能力对法官拘束的区别对待会产生这样的问题，即法官对刑事责任能力应当考量哪些实体性因素、如何保障法官具有科学、理性的判断力及其能力不会遭到人们的合理质疑等问题。一般来说，法官在对精神病鉴定的刑事责任能力进行审查、判断与裁量时至少应考虑以下因素：精神病的性质、程度以及与犯罪行为的当时关系。因为是否符合无责任能力还是限制责任能力或者完全责任能力取决于精神病的性质、程度以及与犯罪行为的关系。[4]同时还要通过对刑事责任能力的判断，进一步区分辨认能力与控制能力的丧失或减弱的依据与可能性。对于辨认能力的丧失或减弱，可从被告人的精神病的病因、严重程度及其对行为的影响力的有无、强弱等方面判断。而对控制能力的丧失或减弱的判

---

〔1〕 张爱艳：《精神障碍者刑事责任能力的判定》，中国人民公安大学出版社 2011 年版，第 240 页。

〔2〕 [日]上野正吉等编：《刑事鉴定的理论和实践》，徐益初、肖贤福译，群众出版社 1986 年版，第 144 页。

〔3〕 [日]上野正吉等编：《刑事鉴定的理论和实践》，徐益初、肖贤福译，群众出版社 1986 年版，第 144 页。

〔4〕 [日]上野正吉等编：《刑事鉴定的理论和实践》，徐益初、肖贤福译，群众出版社 1986 年版，第 144 页及以下。

断需要特别谨慎并应从严掌握，不仅需要从其精神病的原因来判断，还需要排除合理的质疑。如有放火偏执狂的精神病人通常在杀人或盗窃行为上的辨认或者控制能力并没有丧失或者减弱。法官需要借助于相对独立的量刑程序，由控辩双方及其聘请的精神病方面的专家辅助人对鉴定意见进行有效质疑。其质疑应当仅仅围绕被告人"作案时"的精神状况对控制能力有无影响以及影响的程度尤其是产生影响的现实证据及科学依据进行。将精神病鉴定作为定案根据时，只有"通过精神病学、心理学和法律学的共同努力，才能对责任能力得出可以信赖的判断，这时也就能够在审判中对精神病鉴定作出正确的评价"。[1]

小　结

将精神病鉴定中的医学问题交由精神病鉴定人来解决，这是法律解决专门性问题的一大进步。依靠法律来促进精神医学的进步尽管存在一定的可能性，而完全依照诉讼程序或者鉴定制度来促进精神病医学学科的发展与提高却是不现实的。但这并不妨碍借助于完善的司法鉴定制度来促进精神病鉴定的可靠性与可信性的提高，可借助于公正的启动程序、证明责任配置制度以及冲突鉴定意见解决机制来减弱精神病鉴定可能带来的负面影响。如果鉴定制度与诉讼程序注重保障当事人尤其是犯罪嫌疑人、被告人的合法权益、人格尊严等宪法性权利，即使精神病鉴定本身存在一些问题，也能因程序的公正得到部分化解。基于此，一味期待精神病医学的迅速发展来消除精神病鉴定存在的问题并不具有现实可能性，但对此不应懈怠或消极，而应在鉴定程序上注重对被鉴定人在案发前、案发过程中及案发后的精神状态予以全面考察，同时辅助于对智商测验、投射测验、人格测验、完形测验以及脑电图、脑 CT 检查等科技手段，对精神病涉及的控制能力评定建立一些可操作的、具有信度及效度的评定标准。这些问题的解决将有助于消解现有精神病鉴定中存在

---

〔1〕〔日〕上野正吉等编：《刑事鉴定的理论和实践》，徐益初、肖贤福译，群众出版社1986年版，第145~146页。

的众多分歧，也是深化与推进精神病鉴定制度改革的基本路向，更是 2012 年修改的《刑诉法》如何有效地执行以及《精神卫生法》制定及其完善需要考虑且应当关注的问题。

第三节 法医精神病鉴定机构规范化建设
——以浙江省为视角*

法医精神病鉴定是法医类司法鉴定的一种，主要对诉讼活动中精神疾病的专业问题提出鉴定意见。作为鉴定活动的实施平台、鉴定人的执业场所，法医精神病鉴定机构的管理水平、技术能力是保证鉴定意见合法、客观、公正的重要因素。在新《刑诉法》《精神卫生法》实施之际，研究探索司法鉴定机构建设的规律和路径，对提高法医精神病鉴定工作制度化、科学化发展水平，推进司法鉴定事业健康发展具有重要意义。

一、实证样本：浙江省法医精神病鉴定机构的现状

截至 2016 年底，依法经浙江省司法厅审核登记的专业化法医精神病鉴定机构 17 家，另有包含法医精神病鉴定业务的鉴定机构 6 家。经过十五年的努力，浙江省法医精神病鉴定队伍初具规模，主要呈现以下几方面特点：

（一）法医精神病鉴定机构好中求优，行业快速发展

浙江省司法厅本着"确保质量，提高公信力"的原则，努力打造一支专业化、优质化、规范化队伍，增强法医精神病鉴定的权威性。从发起单位角度来分析，浙江大学司法鉴定中心、温州医学院司法鉴定中心、绍兴文理学院司法鉴定中心和台州学院司法鉴定所是依托高等院校的优质教育资源发起设立的，占法医精神病鉴定机构总数的 17.4%，此外由省政府指定的精神病医院发起的有 17 家。从经费来源上看，有 8 家鉴定机构是自收自支，9 家是差额拨款，6

---

* 本节撰稿人：潘广俊，浙江省司法厅司法鉴定管理处处长。本节内容首次发表于《中国司法鉴定》2013 年第 4 期。

家是全额拨款。从实践情况来看，法医精神病鉴定机构要依靠发起单位的财力支持，完全依靠鉴定收费是无法生存的，更无法保证鉴定实验室设备改善和办公环境优化。

（二）法医精神病鉴定队伍稳步扩大，素质普遍较高

近年来，浙江省司法厅严格控制法医精神病鉴定人数量，使这支队伍素质越来越高。浙江省从事法医精神病鉴定的鉴定人 205 名，近三年人数保持稳定。

在这 205 名鉴定人中，具有高级职称的 149 人，占鉴定人总数的 73%；具有大学本科学历及以上的鉴定人共 190 人，占总数的 93%；鉴定人都有多年法医精神病鉴定实务经验，有的是某一研究领域的权威专家；鉴定人中 31~50 岁的鉴定人占 67%。

（三）法医精神病鉴定机构综合实力不断提升，社会功能增强

法医精神病鉴定机构积极开展认证认可试点，提升自身的技术能力和管理水平。有 15 家法医精神病司法鉴定机构按照《司法鉴定机构资质认定评审准则》要求，建立了质量管理体系，有 3 家鉴定机构通过了省级资质认定。在司法部组织的司法鉴定能力验证活动中，浙江省能力验证成绩也不断提高。

通过 2010 年和 2011 年法医精神病鉴定案卷评议活动，制定了《浙江省法医精神病鉴定文书（示范文本）》，提高了鉴定文书质量。2012 年办理法医精神病鉴定 6374 件，为促进司法公正、化解社会矛盾发挥了积极作用。

二、确立法医精神病机构规范化建设目标

司法鉴定机构具有双重性，既是鉴定管理主体，也是实施主体；既具有社会公共服务的属性，也具有有偿服务的属性；其服务既具有法律含量，又具有科技含量。确立法医精神病鉴定机构建设的目标要求，应当涵盖多重考量，避免片面性，可概括为：运行规范、充满活力、社会公信。

（一）运行规范

无论是从法医精神病司法鉴定活动的法律属性看，还是从其科

学属性看，有序运行、规范管理是法医精神病鉴定机构健康发展的基础。要从以下三个方面着力工作：

1. 保持执业主体合法化

新《刑诉法》删除了省级人民政府指定医院从事鉴定活动的内容，进一步明确了司法行政部门是法医精神病鉴定机构的唯一主管部门。鉴定机构既要在执业准入登记时符合法定条件、按照法定程序向省级司法行政部门申请设立，在执业过程中也要保持人员、设备、鉴定业务范围等准入条件的符合性，从而保持鉴定机构的法律人格。

2. 落实内部管理制度化

《精神卫生法》第 34 条第 1 款规定，鉴定机构、鉴定人应当遵守有关法律、法规、规章的规定，尊重科学，恪守职业道德，按照精神障碍鉴定的实施程序、技术方法和操作规范，依法独立进行鉴定，出具客观、公正的鉴定报告。法医精神病鉴定机构要严格按照《精神卫生法》的要求，建立健全人事、财务、设备、业务等各个方面的内部管理制度，明确各部门及工作人员的职责，使各项活动有章可循、有据可依。

3. 遵守执业活动标准化

法医精神病鉴定体制建立的时间还不长，学科专业发展迟滞，鉴定标准不统一，鉴定主观性较强，缺乏仪器设备的支撑，导致业内争议多、共识少。"1989 年出台的《精神疾病司法鉴定暂行规定》远远滞后于精神病鉴定实际要求，鉴定标准的统一规范问题仍未解决，特别是辨认、控制能力的认定处于各自为政的混乱状态，重复鉴定、多头鉴定在精神病鉴定领域尤为突出。"[1]因此，要按照司法部《司法鉴定程序通则》要求，从鉴定的受理、实施到出具鉴定意见，从鉴定的技术方法、操作规程到采用标准，从检材、设备到鉴定文书格式，都要规范化运作，保证机构执业活动的标准化。

（二）充满活力

我国多数法医精神病鉴定机构是依托精神病医院，绝大多数法

---

[1]　刘卫平："法医精神病司法鉴定现状和执业规范——以湖北省为视角"，载《中国司法鉴定》2012 年第 4 期。

医精神病鉴定人为精神科执业医生兼任。"无论是从经济回报还是工作的重要性而言，他们的医疗任务都远远超过鉴定任务。从医院里的精神科而言，鉴定已经成为边缘化的附属产业，且近年来更是呈现逐步衰落趋势。"[1]创造充满生机、持续成长的组织状态，是法医精神病鉴定机构规范化建设的重要任务。

1. 提升鉴定人执业能力

推行法医精神病鉴定人职业化制度，建立鉴定人才吸收、激励、使用机制，调动执业人员的主动性和积极性。开展鉴定业务和法律基础知识培训，普及证据的合法性、客观性、关联性等法律知识，提高鉴定人出庭作证能力。

2. 增强鉴定技术创新能力

学习借鉴国际、国内最先进的鉴定技术和方法，加快高新科技成果在法医精神病鉴定领域的转化。大力探索和推进法医精神病鉴定科技研究和开发，尽可能配备先进和齐全的鉴定仪器设备，提高法医精神病鉴定科技能力。

3. 扩大鉴定服务领域

《精神卫生法》和新《刑诉法》的实施，从法律层面为法医精神病鉴定业务发展提供支持。传统的法医精神病鉴定业务，主要是为诉讼活动提供鉴定服务。随着创新和加强社会管理工作的推进，法医精神病鉴定机构可拓展服务领域，发挥鉴定化解社会矛盾的职能作用，如在劳动仲裁、交通事故、医疗纠纷等非诉讼活动中，对当事人的精神状态和能力等专门性问题作出判断，为裁定和调解活动提供处理依据。

（三）社会公信

司法鉴定是司法体制的组成部分，具有维护公平正义的职能作用。[2]鉴定是居中立之地位、依科学之神圣、行司法之权威，社会要求极高。在全国政协十二届一次会议上，全国政协委员、中国社

---

〔1〕　陈卫东、程雷："司法精神病鉴定基本问题研究"，载《法学研究》2012年第1期。

〔2〕　2006年《中共中央关于构建社会主义和谐社会若干重大问题的决定》提出："完善司法体制机制，加强社会和谐的司法保障。……完善诉讼、检察监督、刑罚执行、教育矫治、司法鉴定、刑事赔偿、司法考试等制度。……"

会科学院研究员刘白驹用"混乱"来形容当前精神障碍鉴定。[1]就浙江省法医精神病鉴定机构而言，尚有不少差距：一是机构规模小。有 5 家鉴定机构的鉴定人不到 5 名，占法医精神病鉴定机构总数的 22%。二是内部管理机制不完善，多数鉴定机构无专职管理人员，多由医院院长兼任，从事鉴定管理的时间难以保证。三是鉴定办公条件差，鉴定功能区划不到位。法医精神病鉴定机构要通过以下措施，树立良好的社会形象：

1. 践行服务宗旨

新《刑诉法》新增第 284 条规定："实施暴力行为，危害公共安全或者严重危害公民人身安全，经法定程序鉴定依法不负刑事责任的精神病人，有继续危害社会可能的，可以予以强制医疗。"法医精神病鉴定机构要按照相关法律法规要求，进一步树立保障司法公正，提高鉴定意见客观性、可靠性的执业理念，克服唯医学化、单纯业务误区，追求法律效果和社会效果的统一，不断增强自身建设。

2. 接受社会监督

新《刑诉法》涉及鉴定范围广，共有 11 个条款，第 187 条专门对鉴定人出庭作证制度作了规定。[2]法医精神病鉴定机构要确保鉴定人履行出庭作证义务，接受诉讼当事人的质询。同时自觉接受社会各界的监督，改进完善执业中的问题，重视媒体对重大、疑难、敏感案件的报道和监督，防止因鉴定原因引发炒作，维护鉴定机构的社会声望。

三、推进法医精神病鉴定机构规范化建设的对策

推进法医精神病鉴定机构规范化建设，要兼顾法医精神病鉴定特殊性，走技术型专业化、管理型规范化、质量型品牌化的发展道

---

[1] 周斌："精神障碍鉴定当前仍较混乱 刘白驹委员提建议立法遏制被精神病"，载《法制日报》2013 年 3 月 5 日，第 5 版。

[2] 《刑诉法》第 187 条规定："公诉人、当事人或者辩护人、诉讼代理人对鉴定意见有异议，人民法院认为鉴定人有必要出庭的，鉴定人应当出庭作证。经人民法院通知，鉴定人拒不出庭作证的，鉴定意见不得作为定案的根据。"

路，推进司法鉴定转型升级工作。

（一）以贯彻《浙江省司法鉴定管理条例》为抓手，提高司法鉴定管理水平和服务能力

2010 年 10 月 1 日，《浙江省司法鉴定管理条例》（以下简称《条例》）正式实施，为浙江省司法鉴定事业健康发展提供了法律支持。我们要以增强司法鉴定活动社会公信力、更好地服务司法公正和《条例》为契机，加强法医精神病鉴定机构规范化运行建设，构建"制度化建设、品牌化教育、规范化"司法鉴定工作格局。

1. 积极争取政府对司法鉴定机构的支持

司法鉴定是一项不以营利为目的的公共服务事业，需要政府在财政投入、税收等方面给予保障和支持。省、设区的市人民政府及其司法行政部门应当鼓励、扶持司法鉴定机构加强技术装备建设，提高鉴定能力，适应诉讼和社会需要。

2. 推行年度执业考核制度

《条例》在全国率先建立了司法鉴定年度执业考核制度，规定了司法鉴定监管内容。各市司法行政部门要根据《条例》规定，按时检查司法鉴定机构年度执业情况和鉴定人执业考核结果，促进法医精神病鉴定机构规范化运作。

3. 加强日常监管

应按照《浙江省法医精神病鉴定文书（示范文本）》的要求撰写法医精神病鉴定意见书，规范鉴定文书。落实《浙江省司法鉴定重大事项报告制度》，[1]及时发现掌握鉴定活动中的问题。实施鉴定意见的争议评价机制，通过专家咨询、鉴定人出庭作证和重新鉴定等方式，[2]规范鉴定执业行为。

4. 完善鉴定责任追究制度

新《刑诉法》对提供虚假鉴定意见的，规定了责任追究制度。管理部门要严格按照《条例》，落实岗位责任制，增强各级司法行

---

〔1〕《浙江省司法鉴定重大事项报告制度》规定：重新鉴定意见与原鉴定意见差异二个等级以上的应当向司法行政部门报告，由鉴定咨询委员会以听证会方式作出评价。

〔2〕潘广俊："司法鉴定意见争议评价机制研究——以浙江省司法鉴定管理模式为视角"，载《证据科学》2012 年第 5 期。

政部门和鉴定机构负责人的责任意识，完善鉴定投诉处理考核制度和责任追究制度，规范鉴定人执业行为，提升鉴定意见的行业公信力。

（二）以鉴定质量管理体系建设为基础，实现机构内部管理的持续改进

2012 年 4 月，司法部、国家认证认可监督管理委员会作出《关于全面推进司法鉴定机构认证认可工作的决定》，在全国范围部署全面推进司法鉴定机构认证认可工作。虽然目前法医精神病司法鉴定机构认证认可工作已因故暂停，但浙江省作为司法鉴定机构认证认可试点省份之一，在法医精神病司法鉴定机构认证认可试点工作中体会到，认证认可制度在司法鉴定质量科学化管理、规范化建设方面的作用明显。应继续汲取认证认可制度经验，在法医精神病司法鉴定机构建立并运行质量管理体系，提升自身的技术能力和管理水平，确保司法鉴定"行为公正、程序规范、方法科学、数据准确、结论可靠"。法医精神病鉴定机构要建立质量管理体系，做好配备仪器设备、编制体系文件、确认技术方法、改善工作环境、参加能力验证等准备工作，推动司法鉴定执业实施体系建设。

完善法医精神病鉴定规范的行业技术标准，减少重复鉴定和多头鉴定的现象。建议司法部牵头建立健全精神病鉴定国家标准、行业标准和技术性文件相衔接的技术规范体系，修订《精神疾病司法鉴定暂行规定》，会同卫生部等部门制定《精神疾病司法鉴定实施办法》。浙江省要尽早成立行业协会，通过他律与自律相结合的方式来规范行业技术，讨论在实践中遇到的难题，统一执业标准、规范的使用。

法医精神病鉴定机构要配备专职管理人员，解决当前行政管理方面的不足，更好地建立健全"用人、管人、管业务"等内部行政管理体制。有条件的机构，可将日常事务分成"业务-管理"两条线来进行分工负责，提升机构行政管理能力。

（三）以鉴定人能力建设为重点，实现鉴定质量的不断提升

基于法医精神病鉴定自身存在对象的复杂性、过程的回溯性、

知识背景的跨学科性、手段的有限性与结论的主观性等特点，[1]对从事该行业的鉴定人综合素质要求较高。现行司法部《司法鉴定人登记管理办法》[2]对鉴定人从业条件规定笼统，操作性不强。应严格把好法医精神病鉴定人准入关。无论是司法鉴定主管部门，还是法医精神病鉴定机构，在审核法医精神病鉴定人准入时，都要既考虑其专业知识和鉴定经验，又要考虑其法律素养。

1. 培育职业化法医精神病鉴定人

在兼顾法医精神病鉴定专业实际情况的同时，逐步改变对兼职精神病医生的依赖性，培育专职法医精神病鉴定人。避免因缺乏法医学专业教育背景和实践，习惯于医生思维模式、轻信主观陈述等现象。每家法医精神病鉴定机构至少要培养 2~3 名专职鉴定人，集中精力研究法医精神病鉴定的特殊性、复杂性，积累鉴定实践经验，提高鉴定意见的可靠性、科学性。

2. 加强鉴定人的法律意识教育

严格执行司法部《司法鉴定教育培训规定》，落实岗前培训、转岗培训、在岗学习和继续教育制度，认真做好鉴定人教育培训的组织实施工作，确保鉴定人每年不少于 40 学时继续教育任务的落实。浙江省司法厅在 2012 年举办 7 期以新《刑诉法》和证据法为重点的继续教育培训的基础上，2013 年专门举办 2 期以提高出庭作证能力为重点的法医精神病鉴定培训班，以适应新《刑诉法》《民诉法》对司法鉴定工作的新要求。

3. 完善鉴定人的淘汰机制

建立鉴定人退出机制，完善年度司法鉴定人考核办法，优化鉴

---

〔1〕　陈卫东、程雷、孙皓等：《司法精神病鉴定刑事立法与实务改革研究》，中国法制出版社 2011 年版，第 210 页。

〔2〕　《司法鉴定人登记管理办法》第 12 条个人申请从事司法鉴定业务，应当具备下列条件：①拥护中华人民共和国宪法，遵守法律、法规和社会公德，品行良好的公民；②具有相关的高级专业技术职称；或者具有相关的行业执业资格或者高等院校相关专业本科以上学历，从事相关工作 5 年以上；③申请从事经验鉴定型或者技能鉴定型司法鉴定业务的，应当具备相关专业工作 10 年以上经历和较强的专业技能；④所申请从事的司法鉴定业务，行业有特殊规定的，应当符合行业规定；⑤拟执业机构已经取得或者正在申请《司法鉴定许可证》；⑥身体健康，能够适应司法鉴定工作需要。

定人素质。听取鉴定意见使用者、审定者对鉴定意见的反馈意见，及时淘汰执业中违规违纪和鉴定能力低下的鉴定人，依法严肃惩处、查办"关系案、金钱案、权力案"的鉴定人。定期清理长期持证不执业的兼职鉴定人，不断优化精神病鉴定人队伍。

（四）以机构品牌化建设为目标，推动法医精神病司法鉴定机构有序发展

1. 分类指导，做精做强法医精神病鉴定机构

贯彻中央政法委员会《关于进一步完善司法鉴定管理体制 遴选国家级司法鉴定机构的意见》，政策扶持、培育"技术领先、布局合理、资源共享"的司法鉴定"省级队"。发挥高等院校、科研机构具有科技含量高、鉴定后备人才多、公信力高等优势，提升规模化、规范化、标准化建设水平。鼓励和引导机构做大做强，要在引进鉴定人才、鉴定人转岗培训、增加鉴定类别和设立分支机构等方面给予政策支持，使其上规模、提档次、树品牌。同时创建若干家在省内甚至在全国有一定知名度的法医精神病司法鉴定机构，体现主导作用并得到同行公认。

2. 合理布局，整合弱、小司法鉴定机构

对精神病司法鉴定机构进行总量控制，防止因机构数量过多、过小，从而引发低水平恶性竞争和无序发展。逐步引导现有规模小、仪器设备配备少的司法鉴定机构相互整合，特别是与有鉴定资源优势的高等院校、科研机构和医疗单位合作，或通过机构认证认可工作等方式予以淘汰，最终形成"地域布局合理、数量规模适度、技术管理双优"，以较大市为中心、以省辖市为重点、辐射周边县（市）、覆盖全省的司法鉴定机构网络，满足当地诉讼和社会对司法鉴定服务的需求。

3. 增加投入，提高法医精神病鉴定科技能力

法医精神病鉴定需要有先进的鉴定设备、规范的操作规程和科学的操作程序，以保证整个鉴定活动的标准化，体现鉴定活动的科学性，提高鉴定意见的可靠性。2009 年以来，浙江省司法鉴定机构共投入资金 2148 万元用于新购仪器设备；建立 DNA、毒物、病理、听觉、视觉、文检等多个司法鉴定实验室，制定了实验室配置和操

作规范，提高了司法鉴定科技能力。上述司法鉴定转型升级的实践经验值得法医精神病鉴定机构借鉴。要鼓励法医精神病鉴定机构加大软硬件设施的投入，配置先进检测仪器设备，及时添置更新各类量表和各种测验综合软件系统，提高测试结果的准确性。

第四节　我国强制医疗诉讼救济机制之检讨*

一、问题的提出

在刑法学理论上，强制医疗是为了实现社会防卫和恢复精神病人健康而采取的对精神病人的人身自由予以一定限制，并对其所患精神疾病进行治疗的一种保安处分措施。[1]长期以来，我国强制医疗措施的适用缺乏立法的有效规制，[2]不仅使得大量具有严重暴力倾向的精神病人无法得到及时收治，也给部分地方政府通过"被精神病"的极端手段处理上访问题埋下隐患。[3]为了解决上述问题，现行《刑诉法》创设了"依法不负刑事责任的精神病人的强制医疗程序"（以下简称"强制医疗程序"），通过明确规定强制医疗的适用条件，并仿照普通诉讼程序设置了启动、审理、救济和执行等程序，使得与诉讼结果有利害关系的当事人有机会参与强制医疗诉讼过程，在一定程度上避免了强制医疗处分过程中职权行使的恣意性，从而尽可能保证强制医疗的准确适用。

然而，正如普通诉讼程序中错案的发生不可避免，强制医疗的

---

* 本节撰稿人：王君炜，华侨大学法学院讲师。本节内容首次发表于《法学》2016年第12期。

〔1〕 参见卢建平："中国精神病患者强制医疗问题研究"，载王牧主编：《犯罪学论丛》（第6卷），中国检察出版社2008年版，第462~490页。

〔2〕 现行《刑诉法》颁布前，我国对精神病人的强制医疗仅由《刑法》第18条予以规定。该条规定："精神病人在不能辨认或者不能控制自己行为的时候造成危害结果，经法定程序鉴定确认的，不负刑事责任，但是应当责令他的家属或者监护人严加看管和医疗；在必要的时候，由政府强制医疗。"但对于何为"必要的时候"以及由哪一职权机关适用何种程序作出强制医疗决定，立法均未予以明确。

〔3〕 参见房清侠："上访者'被精神病'现象的法社会学思考"，载《河北法学》2011年第1期。

司法程序也难以完全保证裁判的准确性。而且在强制医疗诉讼中，法院的不当裁决导致的后果在某种意义上不亚于错误定罪带来的影响。对于被申请人而言，错误的强制医疗决定除了可能使其人身自由被长期剥夺并接受有损其身心健康的"治疗"外，还将使其被贴上"精神病"的标签，并遭受来自生活、工作、婚姻在内的各方面歧视，即使在出院后，因接受强制医疗所产生的耻辱感也难以抹去。[1]而对于被害人而言，法院的裁决可能使得伪装患有精神病的被追诉人免于刑事处罚，从而损及被害人的利益。因此，强制医疗诉讼救济机制的设置显得尤为重要。在刑事诉讼中，设置救济程序的目的在于从实体上及时纠正法院的错误裁判，并从程序上实现当事人权利的有效保障。但现有的强制医疗诉讼救济机制在实践中能否有效发挥其应有的功能？目前，学界对此问题并未给予足够的关注。[2]有鉴于此，本文将对我国现有的强制医疗诉讼救济机制进行检讨，并针对现行立法存在的问题提出建议，以期对今后的制度完善有所裨益。[3]

二、我国强制医疗诉讼救济机制存在的问题

我国《刑诉法》为强制医疗诉讼的当事人提供了两种救济方式：一是当事人对强制医疗裁决的异议程序。根据《刑诉法》第287条第2款的规定，被决定强制医疗的人、被害人及其法定代理人、近亲属对强制医疗决定不服的，可以向上一级人民法院申请复议。二

---

〔1〕 See Lan J. Carlson, *The Involuntary Civil Commitment of Mentally Ill Adults：Understanding the Legal Rights of Candidates for Commitment and Persons So Confined as a Tool for Enhancing Social Worker's Ability to Participate in Commitment and Release Decisions*, ProQuest Information and Learning Company, 2002, pp. 2-3.

〔2〕 目前，我国学界对于强制医疗诉讼救济机制问题尚缺乏专门的系统性研究，仅有的涉及该问题的论述也主要散见于对强制医疗程序立法的整体研究，对于该机制在司法实践中的运行状况缺乏实证考察。2015年10月27日，笔者在中国知网以"强制医疗救济程序"为主题词进行检索。其中，以"强制医疗救济程序"作为主题的论文仅有三篇。

〔3〕 与普通程序中公诉案件的程序启动权由检察机关垄断不同，我国的刑事强制医疗程序不仅可以由检察机关依申请启动，也可以由法院依职权启动。然而，由法院依职权启动的强制医疗程序在程序设置方面存在诸多问题，在此不作探讨。本部分内容仅讨论由检察机关依申请启动的强制医疗案件中当事人的权利救济问题。

是强制医疗的定期诊断评估和解除程序。定期诊断评估和解除是针对已被交付执行的被强制医疗人的特殊救济机制。根据《刑诉法》第 288 条的规定，强制医疗机构应当定期对被强制医疗的人进行诊断评估。对于已不具有人身危险性，不需要继续强制医疗的，应当及时提出解除意见，报决定强制医疗的人民法院批准。同时，被强制医疗的人及其近亲属有权申请解除强制医疗。

（一）强制医疗申请复议程序的缺陷

对强制医疗裁决的申请复议是我国《刑诉法》为强制医疗诉讼当事人提供的主要救济方式。这种复议不同于其他刑事复议：其他刑事复议解决的是程序性问题，且大多由原决定机关以书面审查的方式进行处理。同时，强制医疗复议在效力以及审查过程等方面都保留了浓厚的行政化色彩，因而又有别于上诉等司法救济程序。可见，强制医疗复议程序兼具行政救济程序与司法救济程序的特点，具有"准司法救济程序"的属性。为了厘清强制医疗复议程序存在的问题，笔者选取了两个强制医疗复议案例进行分析。以下是笔者节选的两个案例的复议决定书：

案例 1：被申请人石某某不服，向本院申请复议。本院依法组成合议庭，经过阅卷，会见申请复议人石某某，听取法定代理人田桂英、诉讼代理人刘柏林及治疗医生的意见，认为本案事实清楚，并经法定代理人田桂英申请，决定不开庭审理……被申请人石某某提出申请复议的理由是，他的病情已经好转，没有强制医疗的必要，请求上级法院撤销酉阳县人民法院作出的强制医疗决定……本院认为，复议申请人石某某因患不负刑事责任的精神病而杀害其养女，在精神疾病治愈之前其人身危险性较大，有继续危害社会的可能，故依法应当强制医疗。……经查，石某某自案发以来直到庭审，其所患精神疾病虽经一定治疗，但目前症状仍然明显，需要继续治疗。因此，石某某提出其病情已经好转，没有强制医疗的必要的意见不能成立，本院不予采纳……决定如下：驳回石某某的复议申请，维持重庆市酉阳县人民法院作出的（2015）酉法刑特字第

00001 号强制医疗决定。[1]

　　案例 2： 被害人尹某不服，申请复议。本院依法组成合议庭，经过阅卷、会见被申请人，听取申请复议人、法定代理人和诉讼代理人的意见，认为事实清楚，决定不开庭审理。现已审理终结。申请复议人尹某诉称，原审被申请人王某没有精神障碍，应该追究其刑事责任……本院认为，原审被申请人王某实施暴力行为严重危害公民人身安全，经法定程序鉴定系依法不负刑事责任的精神病人，有继续危害社会的可能，符合强制医疗的条件，可以予以强制医疗。原审认定事实清楚，证据确实、充分，适用法律正确，审判程序合法。申请复议人尹某的申请意见，本院不予采纳……决定如下：驳回复议申请，维持原决定。本决定为最终决定。[2]

　　通过上述由被决定强制医疗的人以及被害人提出的强制医疗复议申请案例，结合我国立法及司法实践现状，笔者认为我国强制医疗复议程序主要存在以下两个问题：

　　第一，申请复议在效力上具有滞后性，难以确保对权利的及时救济。在普通程序中，被告人可以通过提起上诉的方式对法院的一审裁判提出异议。在法定期限内提出上诉的，一审裁判将不会执行。而根据《刑诉解释》第 536、537 条的规定，强制医疗的复议不停止执行强制医疗的决定，且复议的审查期限为一个月。以案例 1 为例，原审法院作出强制医疗决定后，尽管石某某以病情好转、没有强制医疗必要为由申请复议，要求撤销原审法院的强制医疗决定，但由于复议申请不停止执行原审法院的强制医疗决定，石某某在未经复议审查的情况下须先行被送往强制医疗机构接受最多长达一个月的治疗。对于被强制医疗人而言，如果其并未患病或者已经痊愈，在

---

　　[1]　重庆市第四中级人民法院（2015）渝四中法刑特字第 00001 号复议决定书，载 http://www.court.gov.cn/zgcpwsw，最后访问日期：2016 年 12 月 2 日。
　　[2]　湖北省武汉市中级人民法院（2015）鄂武汉中刑终字第 0023 号复议决定书，载 http://www.court.gov.cn/zgcpwsw，最后访问日期：2016 年 12 月 2 日。

强制医疗过程中被强制服用存在副作用的抗精神病药物或采取治疗措施，会对其精神健康产生不可逆的影响；特殊的治疗手段甚至可能会使无病之人变成精神病人，产生无法弥补的后果。[1]

　　第二，复议庭审虚化的现象较为严重，难以对案件进行实质性审查。目前，普通案件的上诉程序存在一定程度的庭审虚化，主要表现为出庭检察官的定位不明确，在上诉审法庭不能有效发挥控诉职能，导致二审的控辩对抗不能有效展开；加之二审法官对开庭重视不够，主要依靠查阅案卷和一审裁判文书进行审理。[2]而在强制医疗诉讼中，复议庭审的虚化现象更为严重。由于缺乏法律依据，检察机关难以介入复议审查过程，导致庭审的"控辩对抗"[3]失去了前提。同时，由于法律没有明确复议案件的审理方式，大多数法院采取不开庭的方式进行审查。[4]以上述两个案件为例，实践中复审法院往往采取阅卷，会见申请复议人，听取法定代理人、诉讼代理人、被害人家属及精神病医疗机构意见的方式对案件进行审理。在不开庭的情况下，被强制医疗的人和被害人均难以有效地参与到复议过程中。这使得复议审理沦为复审法院单方审查原审法院决定的行政性审核过程。此外，对精神病鉴定意见这一关键证据难以有效质证也加剧了复议庭审的形式化。通过上述案例可以发现，被强制医疗人申请复议的理由大多是其精神病已经痊愈，不具有继续危害社会的可能性，不需要予以强制医疗；被害人申请复议的理由主要是被申请人并未因患有精神病而丧失辨认控制能力，应当追究其刑事责任而非予以强制医疗。可见，当事人提出异议的焦点主要集中于精神病鉴定问题。然而，实践中精神病鉴定人往往不出庭接受

---

　　[1]　See Robert M. Levy, Leonard S. Rubenstein, *The Rights of People with Mental Disabilities*, Southern Illinois University Press, 1996, p. 115.

　　[2]　参见龙宗智："庭审实质化的路径和方法"，载《法学研究》2015 年 5 期。

　　[3]　在强制医疗程序中，由于不涉及检察机关或自诉人对犯罪嫌疑人或被告人指控犯罪的行为，检察机关以申请的方式启动强制医疗程序。由于强制医疗程序是按照普通诉讼程序的基本原理进行建构，根据刑事诉讼中控辩对抗的原理和规则，可以将职权机关视为"控方主体"，将与之相对抗的被申请人一方视为"辩方主体"。

　　[4]　笔者通过中国裁判文书网从 2013—2015 年期间的强制医疗案件中选取了若干典型性强制医疗复议案件进行了梳理和分析。在笔者考察的强制医疗复议案件中，有 90% 以上的案件采取了不开庭审理。

质证，[1]且提出复议申请的当事人也无法申请重新鉴定，复审法院往往直接采纳原审法院认定的书面鉴定意见，并在缺少各方诉讼主体质证的情况下，对被申请人是否应予强制医疗进行审查。此种情形下，即使法院作出的强制医疗裁决存在错误，也基本上得不到纠正。数据显示，2013 年，针对北京市各级法院审理的强制医疗案件的复议申请，均被上级法院决定驳回复议申请。[2]

（二）定期诊断评估解除机制的瑕疵

在强制医疗诉讼中，如果被强制医疗人对强制医疗决定不服，除了可以申请复议，还可以通过定期诊断评估解除程序进行救济。在美国，定期审查制度甚至在很大程度上代替了上诉和人身保护令，成为患者不服收容裁决的主要救济方式。[3]为了检视该制度在实践中的运行状况，笔者同样选取一个案例作为样本。以下是笔者节选的强制医疗解除案件的决定书：

案例 3： 北京市安康医院于 2015 年 2 月 3 日向本院申请对范有刚解除强制医疗。本院依法组成合议庭，对北京市安康医院出具的诊断评估报告等材料进行了审查，并听取了被强制医疗人范有刚及其法定代理人游晓英以及北京市安康医院医疗人员的意见，经合议庭评议，现已审理终结……本院于 2014 年 5 月 16 日作出对范有刚强制医疗的决定，现被强制医疗人范有刚正在北京市安康医院接受治疗……北京市安康医院诊断评估报告书的评估结论是范有刚经临床评估，病情缓解，达到显著好转，目前无人身危险性。被强制医疗人范有刚的法定代理人游晓英请求解除对范有刚的强制医疗，并保证在范有刚解除强制医疗后即带他回原籍老家居住，由其本人对范有刚进行认真的

---

[1] 据统计，2013 年《刑诉法》实施后的数月中，全国范围内鉴定人出庭比例为 0.04%。参见《最高人民检察院关于 1—4 月全国检察机关侦查监督、公诉部门执行修改后刑诉法情况通报》（高检诉〔2013〕33 号）。

[2] 参见刘仁文、刘哲："强制医疗特别程序的问题与对策"，载《河南财经政法大学学报》2014 年第 5 期。

[3] 参见潘侠：《精神病人强制医疗法治化研究——从中美两国对话展开》，中国政法大学出版社 2015 年版，第 152 页。

看管监护和治疗。被强制医疗人范有刚也表示愿意返回原籍老家居住，不再饮酒滋事，希望能对其解除强制医疗。本院认为，被强制医疗人范有刚经北京市安康医院治疗，病情已得到缓解，现不具有人身危险性，亲属可对其进行监管和治疗，不需要继续强制医疗，北京市安康医院解除范有刚强制医疗的申请成立……决定如下：①对被强制医疗人范有刚解除强制医疗。②由游晓英对被解除强制医疗人范有刚严加看管和医疗。[1]

通过上述案例，结合现行立法以及强制医疗解除制度的实践现状，笔者认为我国强制医疗定期诊断评估解除制度存在以下两个问题：

第一，立法在定期诊断评估周期等问题上语焉不详，影响了救济的及时性。在强制医疗的执行中，对被强制医疗人的具体治疗期限取决于其精神健康恢复情况和人身危险性的变化。强制医疗机构应当定期对被强制医疗人的病情进行诊断，并评估其恢复程度及人身危险性的大小。如果经过诊断评估其精神疾病已经痊愈，并且人身危险性已经消除，应及时提出解除强制医疗措施的申请。尽管为了防止强制医疗机构怠于行使定期诊断评估的职责，防止强制医疗措施被滥用或者不必要的延长强制医疗时间，《刑诉法》赋予了被强制医疗人的近亲属申请解除的权利，[2]但在强制医疗的过程中，强制医疗机构能够较为及时且全面地掌握精神病人的精神健康状况，由其对被强制医疗人的病情进行定期诊断和人身危险性的评估，才能提高诊断评估意见的准确性，确保强制医疗措施的及时解除。因此，强制医疗机构对被强制医疗人的定期诊断评估具有不可替代的价值和功能。然而，对于强制医疗机构的诊断评估周期以及提出解除意见的期限等问题，立法并未予以界定，这不利于强制医疗措施的及时解除。

第二，实践中强制医疗解除案件的审查流于形式。对于强制医

---

[1] 京市海淀区人民法院（2015）海刑医初字第510号解除强制医疗决定书，载 http://www.court.gov.cn/zgcpwsw，最后访问日期：2016年12月2日。

[2] 参见黄太云："刑事诉讼法修改释义"，载《人民检察》2012年第8期。

疗的解除程序，《刑诉法》仅规定"人民法院受理强制医疗申请后，应当组成合议庭进行审理"，而对于审查的程序等问题缺乏具体的规定。以上述案件为例，实践中法院往往是对医院出具的诊断评估报告等材料进行审查，并结合被强制医疗人及其近亲属以及医院医疗人员的意见，对强制医疗解除案件作出裁决。对于上述过程，无论是检察机关还是被害人均难以介入。尽管根据《人民检察院刑事诉讼规则（试行）》第667条的规定，人民检察院对于人民法院批准解除强制医疗的决定实行监督，发现人民法院解除强制医疗的决定不当的，应当依法向人民法院提出纠正意见。但由于检察机关无法参与强制医疗解除案件的庭审，难以对被强制医疗人是否符合解除条件进行把握，加之立法并未明确检察机关提出的"纠正意见"是否具有约束力，使得这种监督方式的有效性令人质疑。同时，作为强制医疗诉讼的当事人，强制医疗措施的解除与被害人的利益息息相关，而被害人对于强制医疗的解除过程却不享有任何参与性权利。检察机关与被害人在强制医疗解除审理过程中同时缺席，不仅使得庭审过程中"两造"对抗不能有效展开，更无法对诊断评估报告等证据进行有效质证，阻碍了强制医疗解除案件庭审实质化的实现。

（三）审前救济程序的缺失

与普通程序类似，强制医疗程序可以划分为审前程序、审判程序和执行程序等阶段。然而，我国现有的强制医疗诉讼救济机制并未涵盖审前程序。在普通程序中，审前阶段是权利和权力博弈最为激烈的阶段，也是人权最容易受到侵害的时期。[1]在强制医疗程序中，立法对当事人在审前阶段的权利保障同样较为薄弱，审前救济程序的缺失造成了当事人权利保障的缺位。在强制医疗诉讼中，被申请人往往是实施了暴力危害行为的精神病人，具有较大的人身危险性。由于案件的特殊性，对被申请人的精神病鉴定以及诉讼过程往往需要耗费较长时间。在此过程中需要对其进行控制和管束，防止其实施危害他人或自身安全的行为。同时，为了避免造成更大的精神伤害和痛苦，对被申请人也不适合采用较为严厉的拘留、逮捕

---

〔1〕 陈卫东主编：《刑事审前程序研究》，中国人民大学出版社2004年版，第6页。

等强制措施。[1]基于上述考量，《刑诉法》在强制医疗审前阶段设置了类似于强制措施的管束制度：在法院决定强制医疗前，由公安机关根据案件的需要，对实施暴力行为的精神病人采取临时的保护性约束措施（《刑诉法》第285条第3款的规定）。

然而，对于保护性约束措施的性质、适用阶段及适用期限，现行立法均未有明确规定。对于保护性约束措施的适用阶段，立法将其界定为"人民法院决定强制医疗前"，但这一阶段包括了精神病鉴定期间、检察机关对案件的审查期间以及法庭审理期间。由于我国并未设置鉴定留置制度，实践中职权机关往往通过拘留、逮捕等羁押性强制措施满足鉴定工作的需要。同时，精神病鉴定的时间没有法律上的明确限制，又不计算在办案期限内。在羁押期间进行精神病鉴定，被羁押者的羁押期限则变成了一个可以任意延长的时间段，这就为利用精神病鉴定进行变相超期羁押打开了法律的缺口。由于立法未规定保护性约束措施的期限，使得公安机关可以借用保护性约束措施，将所谓的"临时性"措施转化为较长时期（鉴定期限一般为30个工作日）的羁押措施。[2]然而，对于在审前阶段可能造成权利侵害的保护性约束制度，立法并未提供相应的救济手段。

三、我国强制医疗诉讼救济机制的完善

（一）强制医疗裁决异议程序的重构

联合国《保护精神病患者和改善精神保健的原则》原则17第7条规定，患者或其私人代表或任何有关人员均有权向上一级法庭提出上诉，反对令患者住入或拘留在精神病院中的决定。实际上，以上诉作为强制医疗裁决的异议方式也符合多数法治国家的通行做法。例如，根据《加拿大刑事法典》第672.45条之规定，当事人对于法庭或者审查委员会的处置决定或审查委员会作出的强制医疗处分，

---

[1] 参见王尚新、李寿伟主编：《〈关于修改刑事诉讼法的决定〉释解与适用》，人民法院出版社2012年版，第300页。

[2] 参见郭华："程序转换与权利保障：刑事诉讼中精神病强制医疗程序的反思"，载《浙江工商大学学报》2013年第5期。

可以单独就法律问题或者事实问题或者同时就法律和事实问题，向处置地或者安置地所属省的上诉法院提出上诉。再如，《俄罗斯联邦刑事诉讼法典》第 444 条则规定，对法院的裁决，辩护人、被害人及其代理人、刑事案件当事人的法定代理人或近亲属以及检察长可以依照第二上诉程序提出上诉或抗诉。

根据立法机关工作人员的解释，我国《刑诉法》采取申请复议而非上诉作为强制医疗裁决的异议方式主要是基于两方面的考虑：一是强制医疗的适用具有时间紧迫性，如果被申请人患有精神疾病，应及时作出决定并尽快予以治疗；二是除了申请复议，被强制医疗人还可以通过强制医疗的解除程序实现救济，采取申请复议的方式足以实现对强制医疗错误裁判的纠正和各方当事人权利的保护。[1] 对于上述解释，笔者并不认同，理由如下：其一，强制医疗程序的设置除了应当保障精神疾病治疗的迅速性，也应考虑纠错的及时性，从而避免法院的错误裁判给被申请人的健康、名誉等造成难以挽回的损害。其二，定期评估解除程序并不属于设置强制医疗裁决异议程序的考量因素。实际上，法治发达国家的强制医疗程序普遍采取多元化救济模式。以美国为例，如果被强制收容的精神障碍者不服收容决定，可以通过定期审查听证程序进行处理；也可以提出上诉或申请人身保护令。[2]

笔者认为，强制医疗复议程序存在的问题，源于立法对强制医疗程序定位的模糊性和功能导向的片面性。强制医疗程序出台伊始，以实现社会防卫和治疗精神疾病的功能为导向，程序的设置更多地考虑诉讼效率，实践中强制医疗案件的审理过程更接近于行政性审查而非司法审理。[3]"两高"司法解释的出台使得强制医疗程序从形式上的司法化逐渐走向实质上的司法化。这种实质上的司法化显然不应仅仅满足于裁判主体的转换，而应当按照诉讼程序的内在要

---

〔1〕 王尚新、李寿伟主编：《〈关于修改刑事诉讼法的决定〉释解与适用》，人民法院出版社 2012 年版，第 302~303 页。

〔2〕 参见〔美〕爱伦·豪切斯泰勒·斯黛丽、〔美〕南希·弗兰克：《美国刑事法院诉讼程序》，陈卫东、徐美君译，中国人民大学出版社 2002 年版，第 568 页。

〔3〕 参见秦宗文："刑事强制医疗程序研究"，载《华东政法大学学报》2012 年第 5 期。

求提供相应的程序保障。《刑诉法》设置强制医疗裁决的异议程序是为了实现对当事人权利的有效救济，而衡量当事人的救济权是否得到有效保障的标准在于法院是否对案件进行实质性审查。[1]在强制医疗复议程序无法实现其救济功能的情况下，以上诉替代复议，一旦被决定强制医疗人认为初审法院的强制医疗裁决存在错误，可以及时提起上诉，避免承受不必要的强制医疗，同时也可以确保其对上诉过程的有效参与。对于被害人而言，依照上诉程序对强制医疗案件进行重新审理也使其获得参与庭审并表达诉求的机会。在强制医疗案件中，强制医疗程序的适用在很大程度上使得可能被判处重刑的被申请人，通过精神病辩护，获得免于判处无期徒刑、死刑的机会。即便最终被决定强制医疗，也可以通过申请解除等方式恢复人身自由。对于直接受到暴力行为侵害的被害人而言，其不仅对于被申请人是否患有精神疾病具有一定的发言权，也有充分的意愿表达自己对于案件的看法。因此，无论基于保障结果的正确性还是程序的正当性考虑，都应以上诉取代申请复议，并确保检察机关、被申请人和被害人对上诉过程的有效参与。具体而言，强制医疗裁决异议程序的重构应着眼于以下两个方面：

第一，变更强制医疗的裁决方式，并以上诉制度代替现有的申请复议制度。目前，法院对强制医疗案件的裁判是以决定的形式作出。决定的形式裁决对应的只能是准行政性救济的复议。在司法程序中，法院通常以判决或裁定的形式对案件的实体问题作出裁判，而以决定的形式解决诉讼进行中的程序性事项。强制医疗是涉及人身权利处分的实体问题。因此，应当以"裁定"的方式作出强制医疗处分，并仿照普通程序建构起相应的司法救济制度。一方面，如果被申请人及其法定代理人对法院作出的强制医疗裁定不服，可以在上诉期内提出上诉；检察机关认为法院作出的强制医疗裁定存在错误，可以提出抗诉。同时，由于被申请人可能因患有精神疾病而不便行使或者不能适当行使上诉权，为了维护其利益，应当赋予其

---

[1] 参见张吉喜："中美刑事强制医疗制度相关问题比较研究"，载《环球法律评论》2014年第5期。

法定代理人独立的上诉权，使其在特定情形下代为提起上诉。另一方面，为了更好地保护被害人的权利，如果被害人不服法院裁定，可以先向检察机关申请抗诉；如果检察机关驳回被害人的申请，则可以由被害人自行提出上诉。

第二，推动强制医疗上诉审理的实质化。一方面，立法应对检察人员出庭以及案件的审理方式等问题予以明确规定。目前，当事人对强制医疗裁决提出异议的案件数量相对较少，对强制医疗上诉案件进行开庭审理具有可行性。[1]而开庭审理的方式可以使得"控辩双方"对强制医疗适用条件中的精神病鉴定意见和人身危险性等争议较大的问题进行充分质证。因此，对于强制医疗的上诉和抗诉案件，法院应当开庭审理。同时，检察机关应当出庭支持抗诉或者听取上诉意见，并监督法院对强制医疗上诉（抗诉）案件的审理过程。另一方面，为了核实和查清案件事实，通过庭审使上诉审合议庭能够把握双方争议的焦点及各自的理由，应支持调取乃至依职权调取包括精神病鉴定意见在内的新证据，促使一审时应出庭而未出庭的鉴定人出庭，以有效发挥二审的救济作用。[2]在强制医疗诉讼中，精神病鉴定意见不仅是启动和适用强制医疗程序的依据，也是法院作出裁决的核心证据。但由于精神病鉴定对象的复杂性和精神医学发展的局限性，加之精神病鉴定主要依赖阅读书面材料、观察行为人的临床表现等主观性较强的检测手段，缺乏相对客观的鉴定标准，造成鉴定结果准确性不高，可信度较差。[3]因此，如果上诉人对于一审中所采用的鉴定意见存在异议，应赋予其申请重新鉴定的权利。

（二）定期诊断评估和解除程序的健全

作为强制医疗诉讼救济机制的重要组成部分，在现有的申请复议制度难以对当事人的权利进行实质性保障的情况下，定期诊断评

---

〔1〕 根据笔者通过中国裁判文书网对近年来全国各级法院所制作的强制医疗决定书的统计，2012—2015 年期间，仅有十余个强制医疗案件的当事人提出了强制医疗复议申请.

〔2〕 龙宗智："庭审实质化的路径和方法"，载《法学研究》2015 年第 5 期。

〔3〕 参见陈卫东、程雷："司法精神病鉴定基本问题研究"，载《法学研究》2012 年第 1 期。

估解除制度对于实现当事人的权利保护而言具有更加突出的现实意义。

针对该制度所存在的问题，本文提出以下解决方案：

第一，明确强制医疗机构诊断评估的周期以及提出解除意见的期限。笔者认为，诊断评估周期的确定应当参照《刑诉解释》第540条对再次提出解除申请的规定，将定期诊断评估的"定期"规定为6个月，即至少每隔6个月，强制医疗机构应该对被强制医疗人进行诊断评估。[1]因为根据该解释第541条的规定，被强制医疗人及其近亲属向法院申请解除强制医疗，强制医疗机构未提供诊断评估报告的，申请人可以申请人民法院调取。因此，定期诊断评估的期限应当与申请人再次提出解除申请的期限相适应。同时，为了保证提出解除意见的及时性，立法应当明确规定：如果被强制医疗人经评估已不具有人身危险性，则强制医疗机构应在得出评估结果之日起3日内向法院提出解除强制医疗的意见。

第二，推进强制医疗解除审理过程的实质化。强制医疗解除的审查结果关涉被强制医疗人和被害人的切身利益。对于强制医疗的解除，应设置合理的审查程序，并为各方诉讼主体提供参与平台，允许其充分表达意见和诉求。一方面，检察机关应当出庭听取医院医疗人员的诊断意见，并监督法院对强制医疗解除案件的审理过程。另一方面，强制医疗解除机制的设置应充分考虑被害人的利益，避免被害人成为诉讼中"被遗忘的边缘人"。我国《刑诉法》赋予了被申请人申请复议和申请解除两种救济手段，而对于被害人在解除程序中的诉讼权利，法律却并未规定。笔者认为，应当明确被害人在解除程序中的诉讼地位和诉讼权利。法院在收到解除强制医疗申请后，应通知检察机关和被害人共同参与强制医疗的解除审理，并在其对解除强制医疗提出异议时，决定重新启动精神病鉴定，必要时可以要求精神病人所在社区的精神康复机构和社区负责人等参与听证。

---

〔1〕　参见奚玮、宁金强："刑事强制医疗的对象界定与程序完善"，载《浙江工商大学学报》2013年第5期。

（三）审前程序的司法化及救济制度的建构

为了更加完整地保护当事人的权利，强制医疗诉讼救济机制的构建不应忽视审前阶段，尤其是对于可能长时间剥夺人身自由的保护性约束措施，应使其受到司法程序的有效控制，并设置相应的救济机制。其具体的制度设计可以采取逐步推动的方式。首先，在现行的司法体制下，将保护性约束措施的决定权交由检察机关，即公安机关认为有必要对可能患有精神疾病的涉案当事人采取保护性约束措施的，应当向检察机关说明理由，由检察机关进行审查并作出决定。如果涉案人及其家属对检察机关的决定不服，有权向上一级检察机关提出申诉。其次，在上述改革的基础上，在适当时候，为了更好地保障可能患有精神疾病的当事人的权利，对于审前保护性约束措施的适用应当采取司法审查制度。即在紧急情况下，公安机关可以先行对涉案人采取保护性约束措施；在该情况消失后，应当由法院对该措施是否继续适用进行审查。除此之外，保护性约束措施的适用应由公安机关提出申请，说明采取保护性约束措施的理由、期限和方式，在涉案人及其诉讼代理人的参与下由法官审查并作出决定。如果涉案人及其家属对法院采取保护性约束措施的裁决不服，可向上一级法院提出上诉，申请解除保护性约束措施，由上一级法院经过审理决定是否解除。

四、余论

强制医疗诉讼救济机制的设置旨在纠正不当的强制医疗裁决，实现对当事人权利的有效救济。针对该制度存在的诸多问题，本文提出了确保救济效力及时性和推动救济审理实质化的举措。然而，强制医疗救济制度的完善不仅有赖于自身的调整乃至重构，也与强制医疗程序的整体运行状况有着紧密联系。

在普通刑事诉讼程序中，庭审虚化是长期存在且未能有效解决的问题。在强制医疗程序的运行中，庭审虚化的现象更为严重，并呈现出有别于普通程序的特殊性。在强制医疗程序中，实现庭审实质化的关键在于确保参与庭审的双方对鉴定意见进行有效质证。鉴定人针对被申请人是否患有精神疾病以及刑事责任能力所作的精神病鉴定意见，对于强制医疗裁决具有重要意义。然而，实践中鉴定人基本不出庭，"控辩双方"对于书面的鉴定意见无法进行有效质证；即使例外情形下鉴定人出庭，当事人一方的质证由于缺乏专业知识的支持，也很难达到应有的效果，作为重要证据的鉴定意见往往在未接受实质性审查的情况下被直接采纳为定案证据，阻碍了庭审的实质化。为解决上述问题，本文提出以下两点建议：

第一，对强制医疗诉讼中鉴定人出庭问题进行特殊规定。基于精神病鉴定内容的复杂性，仅靠书面的鉴定意见难以判断，只有鉴定人出庭接受质证，才能对相关的问题作出说明，进而保证鉴定意见的科学性和准确性。尽管《刑诉法》明确规定了控辩双方对鉴定意见有异议且法院认为鉴定人有必要出庭时，鉴定人应当出庭作证（《刑诉法》第 187 条第 3 款的规定）。但该条规定实际上使得鉴定人出庭与否的裁量权掌握在法官手里。基于鉴定意见在强制医疗诉讼中的特殊地位，考虑到鉴定人与法官对于鉴定人出庭都缺乏积极性，应对法官在鉴定人出庭问题上的裁量权进行规制。对此问题，可通过司法解释作出如下规定：在强制医疗案件的审理中，被申请人或其法定代理人、诉讼代理人对鉴定意见有异议，申请鉴定人出庭的，鉴定人应当出庭作证。

第二，对申请专家辅助人提供帮助问题进行补充规定。针对被申请人因可能患有精神疾病而导致诉讼能力受限的问题，《刑诉解释》规定了审理强制医疗案件应当通知被申请人或者被告人的法定代理人到场，被申请人或者被告人没有委托诉讼代理人的，应当通知法律援助机构指派律师担任其诉讼代理人，为其提供法律帮助（《刑诉解释》第 528 条的规定）。但在强制医疗诉讼中，被申请人不仅需要律师的法律帮助，还需要具备精神医学知识的专家辅助人的帮助，以便对鉴定意见的形成依据、操作程序等专业问题进行针对性询问，弥补律师在精神医学专业知识领域上的"短板"，并由律师协同专家辅助人共同商议质证策略。[1]尽管现行《刑诉法》增设

---

[1]　参见李学军、朱梦妮："专家辅助人制度研析"，载《法学家》2015 年第 1 期。

了专家辅助人制度（《刑诉法》第 192 条第 2 款），但在实践中大多数强制医疗案件均没有专家辅助人出庭参与质证。为保证当事人质证的有效性，宜通过司法解释作出如下规定：在强制医疗诉讼中，当事人对鉴定意见存在异议且无力聘请专家辅助人时，有权申请法院为其聘请专家辅助人提供协助。

第三章

人与法:专家证据的适用

第一节　我国专家辅助人制度的现状、困境与改善建议

——以浙江省为例的实证分析*

2012 年修订的《刑诉法》第 192 条第 2 款规定:"公诉人、当事人和辩护人、诉讼代理人可以申请法庭通知有专门知识的人出庭,就鉴定人作出的鉴定意见提出意见。"这里的"有专门知识的人"也就是我们所称的专家辅助人。根据对第 192 条的理解,专家辅助人是具有某一专门领域的专门知识,并经控辩双方申请出庭,依据其专业的知识、技能就对方提供的鉴定意见辅助进行质证的诉讼参与人。[1]但是,法律仅仅笼统地对专家辅助人制度作出了初步的规定,其具体措施,如专家辅助人的诉讼地位、专家辅助人意见的法律属性、参与刑事诉讼的过程等都没有明确规定。

专家辅助人制度的建立,有助于提高目前我国司法鉴定意见的质量,并将对我国的庭审方式和证据制度的改革产生重大影响。然而,在 2012 年《刑诉法》实施的一年多的时间里,专家辅助人制度的运行状况不容乐观,专家辅助人出庭的情况也比较少。为了进一

---

* 本节撰稿人:潘广俊,浙江省司法厅司法鉴定管理处处长;陈喆,浙江大学光华法学院诉讼法专业博士生;胡铭,浙江大学光华法学院教授。本节主要内容首次发表于《证据科学》2014 年第 6 期。

〔1〕 尹丽华:"刑事诉讼专家辅助人制度的解读与完善",载《中国司法鉴定》2013 年第 3 期。

步完善专家辅助人制度，针对专家辅助人的诉讼地位、专家辅助人意见的法律属性等分歧较大的问题，学者们已经进行了很多研究，但有关的实证研究比较少，因此，本课题在面向法律工作者的关于专家辅助人制度的问卷调查的基础之上进行实证研究，从中探究专家辅助人制度的实施现状以及完善专家辅助人制度的措施。

一、关于专家辅助人制度的实证调查

（一）调查方法概述

在探究专家辅助人制度上，目前学界的研究多集中在比较研究的方法上，即借鉴国外相应的专家证人制度和技术顾问等制度，探讨专家辅助人的诉讼地位、专家辅助人意见的法律属性、参与刑事诉讼的过程等具体措施，然而，有关的实证研究比较少，因此，本课题在面向法律工作者的关于专家辅助人制度的问卷调查的基础之上进行实证研究，从中探究专家辅助人制度的实施现状以及法律职业者对专家辅助人制度细化规则的见解。

2013 年，浙江省司法厅和浙江大学光华法学院"司法鉴定人出庭作证制度实证研究"课题组以"鉴定人和专家辅助人出庭制度"为主题进行了问卷调查，调查对象为律师、法官、鉴定人等法律工作者，共发放问卷 600 份，最终有效回收 584 份。问卷采用当场发放、填写并回收的方式，问卷发放结果均编号存档，并运用 SPSS 软件录入电子数据库，确保了问卷数据的真实性和可信性。在被调查者中，男性占了 62%，女性为 38%。在年龄构成上，20～30 岁的受访者 192 人，30～40 岁受访者 197 人，40～50 岁受访者 136 人，50～60 岁受访者 42 人，60 岁以上受访者 16 人，在各年龄层都有一定比例的受访者。在学历上，由于从事法律工作需要较高的文化水平，因此学历普遍较高，本科有 415 人，硕士及以上有 144 人，两者合计比例占样本数 75.9%，高中及以下仅 1 人，大专学历 23 人。职业构成上，法官、律师、鉴定人分别占样本数的 26.9%、36.3%、25.1%，数量基本均衡，可以较好地反映出不同职业的法律工作者对专家辅助人制度的认识。本课题在问卷调查的基础上，通过召开座谈会等方式，试图了解专家辅助人制度目前实施中面临的困境，并据此提出相应的完善建议。

（二）调查问卷分析

在这一部分，笔者将对问卷结果以及引发对专家辅助人制度认识差异的原因进行初步分析，以期了解我国专家辅助人制度的实施现状。

1. 调查问卷结果的描述性分析

（1）专家辅助人制度的实施现状。

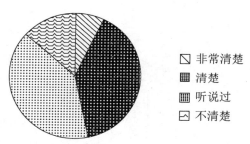

非常清楚
清楚
听说过
不清楚

图1 专家辅助人制度的了解程度

从图1可见，法律工作者对专家辅助人制度的了解程度不容乐观，表示非常清楚的占了最小的一部分，仅为7%，表示清楚的有39.5%，二者合计为46.5%，还不到总数的一半，"听说过"的占40%，"不清楚"的占13.6%，二者合计为53.6%，我们可以看到，尽管专家辅助人制度实施已经有一年多的时间，但在法律工作者当中的认知度和熟悉度并不高，这也反映出实践中涉及专家辅助人的案件仍然不多，专家辅助人制度应有的作用没有得到很好的发挥。

在表1所示的"涉及专家辅助人案件类型"和表2所示的"涉及专家辅助人鉴定种类"中，由于多名被调查者进行了多项选择，无法用SPSS软件进行数据分析，因此缺失值比较多。在有效的数据中我们可以看到，医疗纠纷案件所占的比重最大，为39.9%，而涉及最多的鉴定种类为法医临床，占37%。可以发现，专家辅助人多出现在专业性强且当事人利益较为复杂的案件中。笔者曾跟部分法官就专家辅助人的作用发挥进行过探究，法官多数都提到了专家辅助人对于医疗纠纷案件的解决帮助很大，因为很多当事人对于医学问题并不了解，专家辅助人阐释清楚后可以消除其对法院和医学会的顾虑。[1]

表1　涉及专家辅助人案件类型

		频率	百分比	有效百分比	累计百分比
有　效	医疗纠纷案件	178	30.5	39.9	39.9
	交通事故致伤致残案件	82	14.0	18.4	58.3
	人身伤亡案件（包括刑事及民事案件）	84	14.4	18.8	77.1
	刑事案件	66	11.3	14.8	91.9
	其　他	36	6.2	8.1	100.0
	合　计	446	76.4	100.0	
缺　失	系　统	138	23.6		
合　计		584	100.0		

表2　涉及专家辅助人鉴定种类

		频率	百分比	有效百分比	累计百分比
有　效	法医病理	84	14.4	21.4	21.4
	法医临床	145	24.8	37.0	58.4
	法医精神病	80	13.7	20.4	78.8
	法医物证 DNA	29	5.0	7.4	86.2
	文书痕迹	26	4.5	6.6	92.9
	其　他	28	4.8	7.1	100.0
	合　计	392	67.1	100.0	
缺　失	系　统	192	32.9		
合　计		584	100.0		

---

〔1〕 2002年9月1日开始实施的《医疗事故处理条例》规定，医疗事故的技术鉴定由中华医学会及设区的市级以上地方医学会组织实施。中华医学会成立于1915年，是全国医学科学技术工作者自愿组成的依法登记成立的学术性、公益性、非营利性法人社团。参见陈志华：《医学会从事医疗损害鉴定之合法性研究》，载《证据科学》2011年第3期。

（2）对专家辅助人诉讼地位的认识。

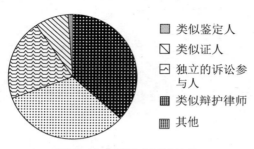

类似鉴定人

类似证人

独立的诉讼参与人

类似辩护律师

其他

图2 专家辅助人诉讼地位

想要进一步细化和完善专家辅助人制度，首先需要明确专家辅助人的诉讼地位。目前 2012 年《刑诉法》中还没有规定专家辅助人的法律地位，而从图 2 可以看到，实践中法律工作者的认识存在较大的分歧，认为"类似鉴定人"的比例最高，为 36.8%，"类似证人"的次之，为 32.7%，认为是"独立的诉讼参与人"的占 20.9%，认为"类似辩护律师"的只占很少的一部分，为 8.2%。

（3）对专家辅助人意见的法律属性的认识。通过图 3 可以看到，法律工作者对诉讼意见的法律属性也没有达成共识，通过对问卷的分析可以得到如下数据：认为"仅作为一种质证方式"的有 199 人，占 34.1%；认为"可作为鉴定意见"的有 193 人，占 33%，这两者所占的比重基本均衡；认为"作为证人证言"的有 163 人，占 27.9%；认为应该属于"其他"的有 25 人，占 4.3%。

（4）对专家辅助人参加诉讼的程序的认识。对于专家辅助人应当怎样参与到诉讼中，其资格条件、启动程序、参与质证等这些具体措施的看法，法律工作者既有一致也有差异。下面将分别进行分析：

第一，专家辅助人的资格。对于"是否应当限制我国专家辅助人的资格"，绝大多数的被调查者选择了"应当"，为 404 人，占 69.2%，认为"看具体案件类型而定"的为 97 人，占 16.6%，认为"不应当，只需具备相应的专业知识即可"的为 79 人，占 13.5%，其他有 2 人。目前我国的专家辅助人制度刚刚起步，专职的专家辅

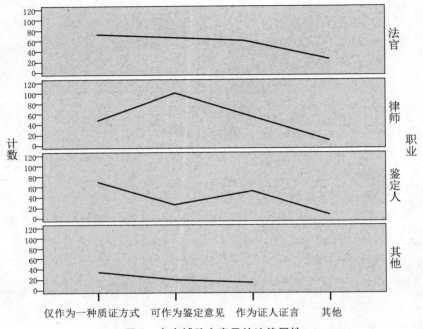

图3　专家辅助人意见的法律属性

助人还很少，而鉴定人与专家辅助人紧密相连，在"鉴定人能否自然成为专家辅助人"这一问题上，有290人选择了"可以，但须设置条件"，约占一半左右，认为"可以"的为134人，"不可以"的有152人，人数大致均衡。同时，有510人认为有必要建立专家辅助人库，占到了87.3%。

在"是否限制专家辅助人人数"方面，有305人认为"需要，但限制不应过于严格"，超过一半；认为"需要，并以两人为限"的其次，为200人，占34.2%；认为"不需要"的只有72人，占12.3%，这与《刑诉解释》第217条第2款"申请有专门知识的人出庭，不得超过二人。有多种类鉴定意见的，可以相应增加人数"的精神基本一致。

可见，绝大多数的法律工作者对专家辅助人的资格仍然采取严格认证的态度，同时，面对我国专家辅助人刚开始实施的现状，绝大多数的法律工作者都认可可以从鉴定人中发展专家辅助人，从而壮大其队伍，也希望更好地实施专家辅助人制度。

第二，专家辅助人启动条件。根据 2012 年《刑诉法》的规定，公诉人、当事人和辩护人、诉讼代理人是可以向法院申请专家辅助人出庭的，那么法院是否有权申请专家辅助人出庭呢？对于这一问题，有 465 人认为"有权"，占 79.6%。有 109 人认为"无权"，占 18.7%，这说明绝大多数的法律工作者都认可在一定的情况下法院也有权申请专家辅助人出庭。

在"什么阶段可以申请专家辅助人"的问题上，有 212 人认为侦查阶段即可申请专家辅助人，比例为 36.3%，认为应在审查起诉阶段申请专家辅助人的为 129 人，占 22.1%，认为只能在庭审阶段申请专家辅助人的为 228 人，占 39%。

第三，专家辅助人在庭审中的质证。针对"鉴定人和专家辅助人是否可以相互质询"这一问题，有 458 人选择"可以"，占到了 78.4%，81 人选择了"不可以"，占 13.9%，选择"不清楚"的有 42 人，占 7.2%，这说明绝大多数的法律工作者都认可应该让鉴定人和专家辅助人相互质询，以便更好地厘清鉴定意见，查明事实，确保公平正义。

第四，对专家辅助人的权利的认识。我国法律中尚没有对专家辅助人的权利义务作出规定，这使得专家辅助人的工作内容处于模糊不清的状态，实践中的法律工作者对专家辅助人应该有权参与哪些事项也没能达成共识。在"专家辅助人是否有权了解案情和资料"的问题上，有 309 人选择了"有权"，占到了 52.9%，选择"无权"的有 268 人，占 45.9%，这说明更多的法律工作者认可专家辅助人了解案情和资料的权利。

表3 专家辅助人是否有权了解案情和资料

		频率	百分比	有效百分比	累积百分比
有　效	有　权	309	52.9	53.3	53.3
	无　权	268	45.9	46.2	99.5
	合　计	580	98.8	100.0	

续表

		频率	百分比	有效百分比	累积百分比
缺　失	系　统	4	0.12		
合　计		584	100.0		

　　而在"专家辅助人是否有调查权"这一问题上，认为"应当"的有 233 人，占 39.9%，认为"不应当"的有 340 人，占 58.2%，可以看出大多数法律工作者不赞成专家辅助人有调查权。通过这两个问题可以看出，并不是所有的法律工作者都认可赋予专家辅助人相关的权利，这样会导致专家辅助人对案情和相关争议问题了解偏少，势必会影响到专家辅助人的质证过程，从而影响到直接言词原则的贯彻。

表 4　专家辅助人有无调查权

		频率	百分比	有效百分比	累积百分比
有　效	应　当	233	39.9	40.1	40.1
	不应当	340	58.2	58.5	98.6
	合　计	581	98.1	100.0	
缺　失	系　统	11	0.19		
合　计		584	100.0		

　　（5）对专家辅助人制度实施阻力的认识。对于专家辅助人制度实施中可能遇到的最大阻力，有 318 人认为是"专家辅助人不愿得罪同行，不愿出庭"，占到了 54.5%，有 106 人认为"专家辅助人可能会混淆视听"，占 18.2%，有 64 人认为"法官不愿让专家辅助人出庭"，占 11%，选择"其他"的有 56 人，占 9.6%，这反映出法律工作者对专家辅助人制度实施阻力的隐忧。小部分担心专家辅助人反而会起到混淆视听的结果，这也说明了仍然有部分人对专家辅助人的实施抱有不够信任的态度。而过多的人选择的是专家辅助人不愿得罪同行，这也使得完善专家辅助人的出庭程序、转变专家辅助人的固有观念势在必行。

表5　专家辅助人制度实施最大阻力

		频率	百分比	有效百分比	累积百分比
有　效	专家辅助人不愿得罪同行，不愿出庭	318	54.5	58.5	58.5
	法官不愿让专家辅助人出庭	64	11.0	11.8	70.2
	专家辅助人可能会混淆视听	106	18.2	19.5	89.7
	其他	56	9.6	10.3	100.0
	合计	544	93.2	100.0	
缺　失	系　统	40	6.8		
合　　计		584	100.0		

2. 专家辅助人制度认识差异的相关性分析

通过对调查结果的描述性统计可知，在专家辅助人的诉讼地位、专家辅助人意见的法律属性、专家辅助人的申请阶段以及专家辅助人的权利方面，被调查者的认识存在较大的差异，其中的一些观点可能会影响到专家辅助人制度的施行，因此该部分就将探究造成这种认识差异的原因，以便更好地分析我国专家辅助人制度现有的困境。

在之前的研究以及调查数据的描述性统计的基础上进行相关性分析可以发现，对专家辅助人制度的了解程度与被调查者的性别、年龄无显著联系。而由于参与调查的法律工作者普遍学历较高，基本在本科及以上，因此文化程度对于被调查者认识专家辅助人这一制度的影响不大，所以此处对被调查者的文化程度不再作进一步分析。而被调查者不同的职业使其在诉讼过程中有着不同的分工和定位，将职业与对专家辅助人制度的了解程度进行相关分析可以得到显著性系数 p=0.001，<0.05，两者显著相关，相关性系数为 0.141。因此，研究便选择证明被调查者职业的不同对专家辅助人的认知状况有无关联，我们确定职业为自变量，并假设职业与其相关。

（1）假设职业与对专家辅助人诉讼地位的认知相关。通过将职业与对专家辅助人诉讼地位的认知进行相关性分析可以得到表6。

表6　对职业与对专家辅助人诉讼地位认知的相关性分析

		专家辅助人诉讼地位
职　业	Pearson 相关性	0. 138
	显著性（双侧）	0. 001

分析此表，相关系数 r=0. 138，显著性水平 p=0. 001<0. 05，说明在诉讼过程中，法官、律师、鉴定人等不同的角色定位会影响到其对专家辅助人的诉讼地位的认定，通过图 4 可以看出，多数法官和律师均认为专家辅助人的角色定位应该"类似于鉴定人"，而鉴定人则更多地认为专家辅助人的地位应该"类似于证人"，同时，与法官和鉴定人相比，有更多的律师认为专家辅助人应该是一类"独立的诉讼参与人"。

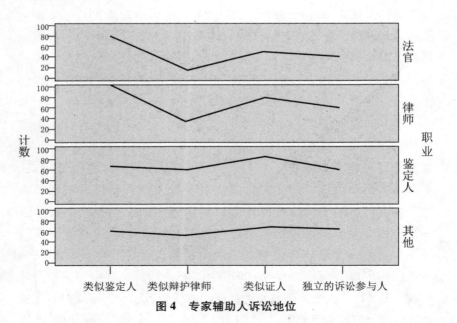

图 4　专家辅助人诉讼地位

（2）假设职业与对专家辅助人意见的法律属性的认知相关。

表7 对职业与对专家辅助人意见的法律属性认知的相关性分析

		专家辅助人意见的法律属性
职 业	Pearson 相关性	−0.116
	显著性（双侧）	0.005

进一步把职业与专家辅助人意见的法律属性进行相关性分析，可以得到显著性水平 p = 0.005，<0.05，二者具有相关性。从图3"专家辅助人意见的法律属性"中可以看出，在对于专家辅助人的意见应该是"仅作为一种质证方式"，还是"可作为鉴定意见"抑或是"作为证人证言"这一问题上，法官这一群体并没有一致的意见，选择这三个选项的人数较为平均，而律师和鉴定人在这一问题上则持有截然不同的观点——多数的律师认为专家辅助人的意见"可作为鉴定意见"，而选择这一选项的鉴定人比例最小。

（3）假设职业与对申请专家辅助人介入案件的阶段的认知相关。而通过与职业一起进行相关性分析得到的表8可以看出，显著性水平 p<0.05，r = 0.251，二者显著相关，这说明法律工作者的职业影响着他们选择专家辅助人介入案件的阶段。

表8 对职业与申请专家辅助人介入案件阶段认知的相关性分析

		申请专家辅助人的阶段
职 业	Pearson 相关性	0.251
	显著性（双侧）	0.000

通过下图5可以看出，认为可以在侦查阶段申请专家辅助人的法官人数略高于认为可以在庭审阶段申请的人数，但二者差距较小。有过半数的律师选择了在侦查阶段就可以申请专家辅助人，人数比重在律师群体中最高，而与之相反的是，只有二十名鉴定人选择了在侦查阶段就可以申请专家辅助人，人数比重最小，大多数的鉴定人选择了在庭审阶段申请专家辅助人。

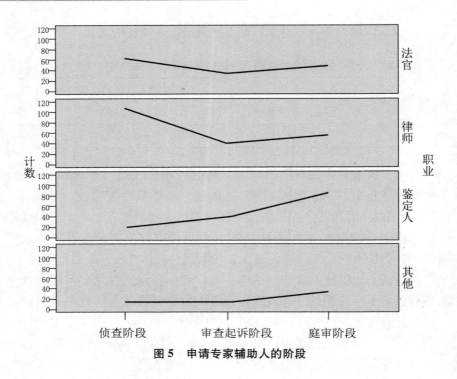

图5　申请专家辅助人的阶段

（4）假设职业与对专家辅助人享有权利的认知相关。

表9　对职业与对专家辅助人享有权利认知的相关性分析

		专家辅助人是否有权了解案情和资料	专家辅助人是否有调查权
职　业	Pearson 相关性	−0.283	−0.177
	显著性（双侧）	0.000	0.000

通过相关性分析可见，两者的显著性水平均小于 0.05，且二者的相关系数均为负值，呈负相关，说明与法官和律师相比，有更多的鉴定人认可专家辅助人有权了解案情和资料以及调查的权利。

二、专家辅助人制度面临的困境

以上的图表数据分析告诉人们，尽管绝大多数的法律工作者都认可专家辅助人制度建立所带来的积极意义，然而，囿于法律工作者自身职业和立场的差异，再加上现有的法律和相关司法解释也存在模糊之处，这就造成了专家辅助人制度并未得到很好的实施。因此，在这一部分中，笔者将结合实证调查所得出的数据来探究专家辅助人制度所面临的困境。

（一）法律工作者对专家辅助人制度的了解不够

通过实证调查可以看出，目前我国的法律工作者对专家辅助人制度的了解不够深入。如果不能很好地认识这一制度，那么法官在对鉴定意见进行审查质证时则不能很好地对专家辅助人的意见进行评判，而要与专家辅助人进行质证的鉴定人也不能很好地阐述自己的意见，进而影响到法官的自由心证过程，与此同时，具备法律专业知识为当事人提供服务的律师也不能适时提出要当事人聘请专家辅助人从而帮助解决专门性问题的建议，这样一来，势必会影响到专家辅助人制度的推进和实施。

（二）专家辅助人的诉讼地位、意见属性尚不明确

2012 年《刑诉法》中对专家辅助人的诉讼地位、专家辅助人意见的属性都没有作出明确的规定，而对于专家辅助人的意见属性，相关司法解释还存在着前后矛盾，根据《刑诉解释》第 239 条第 2 款的规定，"法庭笔录中的出庭证人、鉴定人、有专门知识的人的证言、意见部分，应当在庭审后分别交由有关人员阅读或者向其宣读。"而把专家辅助人在法庭上的发言视为证言并不符合我国立法和司法解释的精神，也就是说专家辅助人的言辞是以"意见"的形式呈现的，明确了专家辅助人意见仅作为一种质证意见。而在《刑诉解释》在第 213 条中规定了询问证人、鉴定人、专家辅助人所通用的规则，同时第 215 条明确了"审判人员认为必要时，可以询问证人、鉴定人、有专门知识的人"，这意味着专家辅助人意见同证人证言和鉴定意见一样会影响到法官的自由心证，从而需要被质证。[1]

而通过实证调查可以看出，法律工作者对专家辅助人的诉讼地

---

[1]　胡铭："专家辅助人：模糊身份与短缺证据——以新《刑事诉讼法》司法解释为中心"，载《法学论坛》2014 年第 1 期。

位及其意见的法律属性分歧较大，通过相关分析可以发现，职业的不同影响着他们对于这一问题的判断和选择。通过图4"专家辅助人诉讼地位"和图3"专家辅助人意见的法律属性"可见，更多的鉴定人认为专家辅助人的诉讼地位应该类似于证人，将专家辅助人意见仅作为一种质证意见，从鉴定人的角度出发，这样可以使自己的鉴定意见被专家辅助人意见所影响的概率变小，然而，在专家辅助人处于跟鉴定人完全不对等的状态下，专家辅助人尽管有机会跟鉴定人进行质证，但其意见却不能得到法庭的重视，不能对审判结果产生实质上的影响，势必使得整个质证过程流于形式化，直接言词原则也无从体现。

专家辅助人的诉讼地位、意见属性是明确专家辅助人的资格、启动程序和参与庭审过程的前提和基础，如果不能正确认识这一问题，势必会影响到专家辅助人制度的实施。

（三）专家辅助人参与诉讼的程序不完善

专家辅助人参与诉讼的程序不够完善，主要体现在以下几个方面：

1. 专家辅助人资格不清

英美法系没有明文规定专家证人的资格，而对于专家证人是否具备这样的资格，则要在法庭中审查，而在法庭辩论中，专家证人的资格问题往往会成为攻击的重点。[1]由于目前我国专家辅助人的资格具有不确定性，而从数据分析中可以看出，大多数的法律工作者都认为应当限制专家辅助人的资格，实践中法律工作者的这一看法使得当事人为了确保专家辅助人适格，往往多选择名气较大的教授、鉴定人等，从而导致提供专家辅助人服务的机构中的部分人员处于供不应求的地位，而他们受限于时间和精力也无法接下如此之多的委托，结果就是很多当事人只能抱憾而归。与此同时，很多同样具备专业知识的可以胜任专家辅助人工作的人却无法为当事人提供相应的帮助。

---

〔1〕《美国联邦刑事诉讼规则和证据规则》第702条规定：如果科学、技术或其他专业知识有助于事实审判者理解证据或者裁决争议事实，则凭借知识、技能、经验、训练或教育而够格成为专家的证人，可以以意见或其他形式就此作证。

2. 启动条件存疑

根据 2012 年《刑诉法》的规定，专家辅助人需要向法院申请，也就是说法院掌握着启动专家辅助人的权力，但应该基于何种因素考量却没有规定。英美法系中，由于专家证人由双方当事人自行聘请，其启动也由当事人决定，这也使得专家证人被大量使用，由此带来了诉讼迟延等诸多弊端，实践中由法官决定启动的事例逐渐增加，相关规定也有所变化。[1]如《美国联邦刑事诉讼规则和证据规则》第 706 条规定，法庭可以根据自己的选择指定专家证人，也可以指定由双方当事人同意的任何专家证人。[2]英国新《民事诉讼规则》中也规定了一系列"令状"来控制启动程序，如第 35.4 条第 1 款规定，未经法院许可任何当事人不得传唤专家证人作证，也不得将鉴定结论作为证据。[3]

法院缺乏合适的决定标准，可能会造成专家辅助人的滥用，带来诉讼的过分拖延，也不利于案件事实的查明，而如果标准过于严苛，也会导致专家辅助人使用的情况偏少，从而影响到专家辅助人制度的实施。

（四）质证规则不够完善

我国的《刑诉解释》中已经规定了一些专家辅助人质证的规则，如第 213 条规定了向专家辅助人发问应当遵循向证人发问的规则：①发问的内容应当与本案事实有关；②不得以诱导方式发问；③不得威胁证人；④不得损害证人的人格尊严。第 215 条规定了审判人员认为必要时，可以询问有专门知识的人。第 216 条规定了向证人、鉴定人、有专门知识的人发问应当分别进行，有专门知识的人经控辩双方发问或者审判人员询问后，审判长应当告知其退庭。其中规

---

〔1〕　一般认为，对专家证人的使用会从以下几个方面导致诉讼迟延：①准备专家报告的时间；②对专家证据进行开示的时间；③法庭询问的时间。相关讨论参见徐继军、谢文哲："英美法系专家证人制度弊端评析"，载《北京科技大学学报（社会科学版）》2004 年第 3 期。

〔2〕　参见司法部司法鉴定管理局编：《两大法系司法鉴定制度的观察与借鉴》，中国政法大学出版社 2008 年版，第 18 页。

〔3〕　司法部司法鉴定管理局编：《两大法系司法鉴定制度的观察与借鉴》，中国政法大学出版社 2008 年版，第 292 页。

定了专家辅助人的质询规则以及审判人员和控辩双方都可以询问专家辅助人，而对鉴定人和专家辅助人是否可以相互质询并未涉及。

专家辅助人和鉴定人同时出庭，通过对鉴定意见的相互质询，可以让法官更好地进行判断，一旦失去了这一过程，将不符合直接言词原则的要求，基于此，绝大多数的法律工作者认同鉴定人和专家辅助人可以相互质询，同时仍需注意，交互询问的顺序、要求也亟待细化。

（五）专家辅助人自身的阻力

通过数据可以发现，绝大部分的法律工作者认为专家辅助人制度实施的最大阻力是"专家辅助人不愿得罪同行，不愿出庭"，最大的阻力居然是来自专家辅助人自身，这点出乎笔者的预期，而专家辅助人不愿出庭，也就不能跟鉴定人进行质证，不利于法官对鉴定意见的判断，与直接言词原则的精神相悖。

究其原因，可以选择出庭的专家辅助人大多都是鉴定人，而鉴定人由于其职业具有准入门槛，彼此之间的联系比较紧密，也带来了专家辅助人会担心得罪同行的问题。除了相互之间的关系外，目前我国对专家辅助人还没有相应的法律保障措施，专家辅助人的权利义务处于不确定状态，而通过实证分析可以看出，对于专家辅助人能够拥有多大的权限，实践中认识并不统一，这无疑加剧了专家辅助人的担忧。

三、推行专家辅助人制度的必要性

通过调查问卷可知，有 77.5% 的被调查者认为专家辅助人可以提高鉴定意见质量。同时，对于"专家辅助人是否会影响鉴定人出庭"，有 286 人认为会"给出庭的鉴定人带来压力"，占 49%；有 222 人认为会"促使更多鉴定人出庭"，占 38%；认为"没有影响"的仅为 67 人，占 11.5%。而对于建立专家辅助人制度的最突出价值，因为存在部分缺失值，在有效的数据中，认为"实现司法公正"的比重最大，占 32.9%；认为"发现客观真实"次之，为 25.7%；认为"完善庭审制度"的占到了 15.9%，这些都反映出法律工作者认可专家辅助人制度实施的必要性。对于专家辅助人制度的重要意义，笔者认为有以下几点：

（一）提高鉴定意见质量，提升鉴定人出庭率

鉴定意见，即鉴定人就案件中的专门性问题所提供的意见，是我国《刑诉法》所规定的八种法定证据种类之一。[1]它具有科学性和专业性，可以弥补法官在相关专业问题上的欠缺，因此在案件裁判中占据着越来越重要的地位。但在实践中，司法鉴定存在重复鉴定、多头鉴定等问题，而相应的，鉴定意见的客观性和公正性也遭到了质疑。[2]

作为一种法定的证据种类，鉴定意见也要在证明力和证据能力方面经受法庭的审查过程。[3]然而，由于鉴定意见的科学性，使得并不具备相关知识的法官在审查时存在一定的困难，相应地，当事人以及律师也不能很好地对专业性极强的鉴定意见进行质证，这样一来，势必使得对鉴定意见的审查质证的效果大打折扣，不能保证鉴定意见的质量。而与鉴定人专业技术相当的专家辅助人，能够弥补诉讼参与一方的专业不足，对鉴定意见更好地进行质证，从而提高鉴定意见的质量。

同时，专家辅助人制度的实施对鉴定人出庭也有积极的影响。我国的新《刑诉法》第187条第3款规定："公诉人、当事人或者辩护人、诉讼代理人对鉴定意见有异议，人民法院认为鉴定人有必要出庭的，鉴定人应当出庭作证。经人民法院通知，鉴定人拒不出庭作证的，鉴定意见不得作为定案的根据。"但在实践中，鉴定人出庭的情况不容乐观，而一旦一方因对鉴定意见存在疑问进而申请专家辅助人出庭，相应地，鉴定人也必须出庭接受质证，因此专家辅助人制度的实施可以推动鉴定人出庭，提升鉴定人的出庭率。

---

〔1〕 樊崇义、吴光升："鉴定意见的审查与运用规则"，载《中国刑事法学杂志》2013年第5期。

〔2〕 多头鉴定，是指同一个专门性问题经过多个鉴定机构鉴定；重复鉴定，是指同一个专门性问题，对第一次鉴定结论有争议而又进行的第二次、第三次、第四次甚至更多的鉴定。多头鉴定是就其鉴定机构而言，重复鉴定是就其鉴定次数而言。参见郭金霞："'多头鉴定、重复鉴定'问题探析"，载《中国司法鉴定》2005年第5期。

〔3〕 陈瑞华："鉴定意见的审查判断问题"，载《中国司法鉴定》2011年第5期。

（二）有助于实现庭审的实质化

在刑事诉讼过程中，庭审本应是中心环节，因为确定被告人是否有罪的基本任务应该在庭审环节完成。但在当今的司法实践中，刑事庭审却被"虚化"了，即法官对证据和案件事实的认定是通过庭审之前或之后对案卷的审查来完成的，而不是通过法庭上的举证和质证来完成的，[1]即"以案卷笔录为中心"的审判方式。[2]庭审虚化的一个特点就是质证虚化。由于证人和鉴定人出庭的情况很少，质证的基本形式就是针对笔录以及鉴定意见发表不同意见，质证难免虚化为一种形式，这也违背了直接言词原则。直接言词原则是由"直接原则"和"言词原则"组合而成的基本原则。直接原则要求在法庭审判时，被告人、检察官以及其他诉讼参与人必须亲自到庭出席审判，法官必须亲自进行法庭调查和采纳证据，直接审查证据；只有经过法官以直接采证方式获取的证据才能作为定案的根据。[3]言词原则，指法院审理案件，特别是当事人及其他诉讼参与人对诉讼材料的提出和辩论，要在法官面前以言词及口语形式进行，这样取得的材料才可以作为法院裁判的依据。[4]

对提出鉴定意见的鉴定人进行质问是质证的一种基本形式，而通过专家辅助人制度的实施，专家辅助人可以更好地对鉴定人的鉴定意见提出质疑，达到质证的根本目的，帮助和影响法官的认证过程，有助于贯彻直接言词原则，从而实现庭审的实质化。

（三）推动证据制度的转变

2012 年《刑诉法》对我国刑事证据制度作了大幅修改，其中包括增加证据种类、确立非法证据排除制度及完善证人、鉴定人出庭制度等内容。以往的《刑诉法》将证据视为公安司法机关查明案件事实的手段，设置刑事证据制度也主要是为了满足公安司法机关查明案件事实的需要。然而，随着权利保障对司法公正的重要意义在

---

〔1〕 何家弘："刑事庭审虚化的实证研究"，载《法学家》2011 年第 6 期。

〔2〕 陈瑞华："案卷笔录中心主义——对中国刑事审判方式的重新考察"，载《法学研究》2006 年第 4 期。

〔3〕 滕彪："论直接原则和言词原则"，载《中国刑事法杂志》1998 年第 5 期。

〔4〕 滕彪："论直接原则和言词原则"，载《中国刑事法杂志》1998 年第 5 期。

2012 年《刑诉法》中被肯定，证据制度的重心开始从满足职权便利转变为重视权利保障。[1]控辩平等原则是现代刑事诉讼的核心机制，要求检察官和被告人双方在诉讼中都应该是平等的诉讼主体，享有平等的权利，实现所谓"平等武装"，[2]然而，目前我国刑事案件中的鉴定，绝大多数由公安、司法机关指定鉴定人进行。[3]因此，尽管根据 2012 年《刑诉法》的规定，公诉人、当事人和辩护人、诉讼代理人均可以申请专家辅助人，但就这项权利的实际价值来看，显然可以更好地保障当事人一方的权利。

四、完善专家辅助人制度的若干建议

基于上述的调研数据分析与结论，为了确保直接言词原则在专家辅助人制度中得到更好的贯彻，为了使专家辅助人制度的实施更为顺畅，除了要提升法律工作者的素质外，课题组试在现有的法律框架下提出一些完善我国专家辅助人制度的建议。

（一）提升法律工作者的素质

首先，要加强对法官的培训。尽管法官群体对专家辅助人制度的了解程度已经高于律师和鉴定人，但也只有过半数的法官表示对专家辅助人制度"清楚"或"非常清楚"，而法官不仅是案件的裁判者，同时也是专家辅助人启动的决定者，因此加强对法官的培训，使其对专家辅助人制度有更深入的了解，才能更好地保障专家辅助人制度的实施。

其次，提升鉴定人对专家辅助人制度的了解，且因为鉴定人需要出庭阐述鉴定意见并且跟专家辅助人进行质证，除了法律制度方面的培训，还应当对辩论技巧等进行培训，使他们能更好地表达自

---

〔1〕　参见王敏远："论我国刑事证据法的转变"，载《法学家》2012 年第 3 期。

〔2〕　陈卫东、郝银钟："被告人诉讼权利与程序救济论纲——基于国际标准的分析"，载《中外法学》1999 年第 3 期。

〔3〕　我国《刑法》第 146 条规定：侦查机关应当将用作证据的鉴定意见告知犯罪嫌疑人、被害人。如果犯罪嫌疑人、被害人提出申请，可以补充鉴定或者重新鉴定。我国刑事鉴定启动程序仍掌握在公安、司法机关手中，犯罪嫌疑人、被告人仅享有补充鉴定或重新鉴定的申请权。

己的意见。

最后，律师也应当注重对专家辅助人制度的学习，了解何时需要申请专家辅助人，同时，还要学会如何将自己的法律知识和专家辅助人的专业知识紧密地结合在一起，确保当事人的合法权益得到保护。

（二）赋予专家辅助人独立的诉讼参与人地位

众所周知，我国的专家辅助人制度与两大法系相类似的制度均有差异。英美法系采用专家证人制度，专家证人由当事人一方召集，其职责是运用自己领域的专业知识为当事人一方提供技术性的证据来对抗另一方的律师和证人。[1]跟事实证人不同，专家证人可以提出正在处理的案件中当事人行为以外的事项，并且可以对相关的证据、事实给出意见。[2]大陆法系的一些国家在诉讼制度改革中吸收了英美法系国家的对抗制因素，创造了与专家辅助人制度相类似的诉讼参与人制度，其中比较有特色的是意大利的技术顾问任命制度。《意大利刑事诉讼法典》第225条规定："在决定进行鉴定后，公诉人和当事人有权任命自己的技术顾问，各方任命的技术顾问数目不得超过鉴定人的数目。在国家救助法规定的情况和条件下，当事人有权获得由国家公费提供的技术顾问的协助。"[3]

专家辅助人与法律中原来规定的证人和鉴定人不同。证人是了解案件情况并能够提供证言的人，就自己耳闻目睹的有关事实向法庭作出陈述，具有不可替代性，有强制作证的义务。鉴定人是受公安司法机关或个人的指派或聘请，运用自己的专业知识或技能，来分析判断案件中的专门性问题并提出意见的人，鉴定人的意见是法定证据种类之一，经审查核实后可以作为定案的根据。[4]专家辅助人也与诉讼代理人有所不同，诉讼代理人是受公诉案件的被害人及

〔1〕 See Samuel R. Gross, "Expert Evidence", 1991 *Wis. L. Rev.*, 1113–1232 (1991).

〔2〕 See Neil Vidmart, "Shari Seidman Diamond, Juries and Expert Evidence", 66 *Brooklyn Law Review*, 1121 (2001).

〔3〕 《意大利刑事诉讼法典》，黄风译，中国政法大学出版社1994年版，第78页。

〔4〕 刘广三、汪枫："论我国刑事诉讼专家辅助人制度的完善"，载《中国司法鉴定》2013年第2期。

其法定代理人或者近亲属、自诉案件的自诉人及其法定代理人委托代为参加诉讼的人和附带民事诉讼的当事人及其法定代理人委托代为参加诉讼的人，不需要有专业知识。[1]

专家辅助人与上述所述的诉讼参与人均有不同，但因为可以参与庭审程序，应当属于诉讼参与人的范畴。而且，《刑诉解释》也有将有专门知识的人同证人、鉴定人并排列举的规定，如前文所述的第216条规定了向证人、鉴定人、有专门知识的人发问应当分别进行，且赋予专家辅助人独立的诉讼参与人地位，可以提高其参与诉讼的积极性、更好地为他们提供保障，从而保证直接言词原则得以贯彻实施，因此专家辅助人应当确定为独立的诉讼参与人。

（三）明确专家辅助人意见的属性

在英美法系中，专家证人所作的意见即为专家证据（expert evidence），或称 expert testimony，是一种由对专业问题熟悉的或者在特定领域受过训练的有资格作证的人在具有科学性、技术性、专业性或其他特定性问题上给出的证据。[2]而与之相似的意大利的技术顾问进行技术工作所得出的评论和意见却不是鉴定结论，他们可以就案件中的专门问题提出意见，并向法院提交备忘录。[3]

对于专家辅助人的意见属性，争议大多集中在是否应给予其法定证据的地位。根据我国的现状，如果将专家辅助人的意见视为鉴定意见将给鉴定工作的进行带来更大的困扰，专家辅助人意见应该作为一种质证方式，但这并不妨碍专家辅助人意见对法官产生影响，通过控辩双方的证明从而使法官决定是否采纳专家辅助人意见，这也是直接言词原则的应有之义。同时，专家辅助人的意见也可以成为重新启动鉴定的依据。在一次关于专家辅助人制度实施的座谈会上，到场的法官均表示专家辅助人的意见不能因其受当事人聘请而

---

〔1〕 左宁："我国刑事专家辅助人制度基本问题论略"，载《法学杂志》2012年第12期。

〔2〕 Bryan A. Garner ed. , *Black Law's Dictionary* (Eighth Edition), 9th ed. , West, A Thomson Business, 2004, p. 1681.

〔3〕 参见黄敏："我国应当建立'专家辅助人'制度——意大利'技术顾问'制度之借鉴"，载《中国司法鉴定》2003年第4期。

有所偏颇，因此专家辅助人的意见还应该符合科学、客观的规律，要基于事实而作出。

（四）由省级司法行政部门主管专家辅助人库

司法鉴定专家辅助人库的设立是完善我国专家辅助人制度十分重要且必需的管理环节之一。设立专家辅助人库方便专家辅助人的选任，起到了便于管理和监督的作用。专家辅助人具有科学性和法律性的双重属性，专家辅助人通过对专门性问题的说明而对法院的裁判带来一定的影响，所以立法上应当对司法鉴定专家辅助人的资格条件作出明确的规定，建立适格的中外专家辅助人库。

建立司法鉴定专家辅助人库有助于避免专家辅助人队伍混乱的现象，选出合格的中外专家辅助人，可以采用自行申报和主管部门遴选相结合的方法，依照省一级司法行政管理部门规定的基本资格条件，滚动式建库，公布名单，以利审判机关、仲裁机关或当事人选择。县市级的司法局可将本地区符合专家辅助人遴选条件的人员，经过初选程序，上报给省司法厅司法鉴定管理处，由该处负责统一汇总，编制名册，年审考察，监督管理，并上报司法部司法鉴定管理局备案。不依赖公检法机关，可以避免司法机关既是运动员又是裁判员的尴尬局面，也不会产生"库中库"的现象，从而确保司法公正。

1. 司法鉴定专家辅助人归类入库

随着市场经济和科学技术的不断发展，司法审判往往涉及许多冷僻的领域，如知识产权、食品安全、环境污染等领域。为了使司法裁判建立在可信的基础上，我国在诉讼中引入专家辅助人的角色以利法官审判。关于司法鉴定专家辅助人库的类别，笔者建议大致可分为以下几类，实行分类管理：

（1）法医类专家辅助人，包含法医临床、法医病理、法医毒物、法医精神病等方面的鉴定专家和人员。

（2）文书类专家辅助人，包含笔迹鉴定、印章印文、文书制作材料、文书制作时间等方面的鉴定专家和人员。

（3）物证类专家辅助人，包含指纹、足迹、枪弹痕迹、工具痕迹、车辆痕迹、微量物证、亲子鉴定等方面的鉴定专家和人员。

（4）知识产权类专家辅助人，包含专利鉴定、商标鉴定、版权鉴定等方面的鉴定专家和人员。

（5）建筑工程类专家辅助人，包含建筑工程质量、造价、建筑工程评估等方面的鉴定专家和人员。

（6）声像资料、电子数据类专家辅助人，包含录音录像、声纹、电脑数据、手机信息等方面的专家和鉴定人员。

（7）其他类专家辅助人，除上述六类之外领域内具备中级专业技术职称以上的人员或者具有 10 年以上工作经验的专家。

2. 入库专家辅助人的基本条件

入库的专家辅助人在政治、业务、身体等方面都必须符合法定条件。[1]对于建立专家辅助人库来说最关键的必然是人选问题。倘若遴选的资格标准过于宽松或者缺乏统一标准，那么专家辅助人库就无法发挥其应有的作用。为了防止不正当竞争、提高鉴定意见质量、降低审判错案率、维护司法公正，笔者建议可以优先考虑以下人员入选专家辅助人库：

（1）已通过司法行政管理部门注册登记的司法鉴定人员。已经备案在册的司法鉴定人员无论从政治、业务还是身体等方面都具备了专家辅助人所应当具有的基本条件；应当由省司法厅主管部门自然转换入库。

（2）符合规定的某领域从业经验、从业年限等基本条件的专家，在同行业中有一定权威或名声者。[2]这些人员包括中国公民，也包括外国公民。

（3）在省一级司法鉴定辅助人库建立之前，已经作为专家辅助人出庭两次以上者。随着司法改革进程的加快，司法鉴定人出庭已被纳入法律。我国新《刑诉法》和《民诉法》都对此作了规定，即《民诉法》第 79 条规定："当事人可以申请人民法院通知有专门知识的人出庭，就鉴定人作出的鉴定意见或者专业问题提出意见。"《刑诉法》第 192 条第 2 款规定："公诉人、当事人和辩护人、诉讼代理

---

〔1〕 参见翁里、吕易泽："专家辅助人刍议"，载《中国司法鉴定》2014 年第 5 期。

〔2〕 这些人员可以用该行业的奖状或证书来证明其能力专长。

人可以申请法庭通知有专门知识的人出庭，就鉴定人作出的鉴定意见提出意见。"同时也规定法庭对上述申请应当作出是否同意的决定。所以将那些已具备一定法庭质证经验的人员吸纳入库，可提高专家辅助人库的整体素质。

（4）其他经申请—公示—审批等程序的自荐者。为了使专家辅助人队伍能够更有效地服务于诉讼活动，可以让不同领域的专家自行向县市级司法行政管理部门提交申请，经过受理、审查、批准、公示等程序，由省一级司法行政管理部门建档入库。

此外，对于多次违法参与诉讼活动的司法鉴定辅助人，年审时省级司法行政管理部门有权作出将其从司法鉴定专家辅助人库中除名等处罚。

（五）规范专家辅助人出庭启动程序

在公诉人、当事人和辩护人、诉讼代理人申请法庭通知专家辅助人出庭的情况下，需要法庭来决定是否同意专家辅助人出庭，主要考察以下几个方面：

1. 专家辅助人是否适格

对于专家辅助人的资格，应当经过法定的职权部门依照法律法规规定的考试考核合格后取得相应的职业资格证（执业许可证），原则上必须从专家辅助人库中遴选适格人选出庭。为了顺应我国新《刑诉法》修改后刑事证据制度从注重职权便利向重视权利保障转变的趋势，被告人（犯罪嫌疑人）委托的专家辅助人也可以只需掌握一定程度的专门知识，而侦查机关、公诉机关和审判机关委托的专家辅助人则要遵循资格法定的原则。而鉴定人也应经过一定的资格认证后，才可以成为专家辅助人。

2. 申请人提出的理由是否具有合理性

因为专家辅助人主要针对的是鉴定意见，因此其应当向法院说明申请的理由，由法官初步判断，而因法官并不具有相关的专业知识，对于理由是否合理的要求不应过于严格，只要对鉴定意见有异议且有充分的证明时，即可以同意该申请。

3. 申请专家辅助人的阶段

根据《人民检察院刑事诉讼规则（试行）》第 209 条的相关规

定，检察机关可以指派有专门知识的人参与到审前阶段。〔1〕因此，为了控辩双方能做到平等对抗，笔者认为，应当在侦查阶段就允许申请专家辅助人。

除此之外，法庭认为确有必要时，也可以申请专家辅助人出庭。

（六）完善质证规则

在庭审过程中，控辩双方和审判人员均可以询问专家辅助人，同时，专家辅助人和鉴定人也可以相互质证，通过询问和质证来使法官更好地进行判断。在笔者与部分法律工作者进行交流时，大家纷纷表示，如果一个案件中双方均有专家辅助人及鉴定人，鉴定意见的认定将变得更加公正透明。因此，完善质证规则，是在专家辅助人制度中贯彻直接言词原则的重点。

如果公诉人或者当事人中只有一方申请专家辅助人出庭，那么在鉴定人出庭宣读完鉴定意见后，应当首先请专家辅助人出庭宣读专家辅助人意见。之后，专家辅助人可以就鉴定意见与鉴定人相互质询、辩论。审判人员认为必要时，可以询问专家辅助人。同时，公诉人、当事人和辩护人、诉讼代理人也可以对专家辅助人发问。

而在控辩双方都聘请专家辅助人出庭的情况下，法庭在鉴定人出庭宣读完鉴定意见后，应当按照申请专家辅助人出庭的先后顺序，由先申请一方的专家辅助人出庭宣读专家辅助人意见并进行质证，再由次申请一方的专家辅助人出庭完成质证。〔2〕

在法院认为确有必要而申请专家辅助人出庭的情况中，可以参照只有一方当事人申请时的相关质证规则。

（七）明确专家辅助人的权利和义务

针对专家辅助人怕得罪同行而不愿出庭的情况，要明确专家辅助人的权利和义务，使其能够规范地进行工作，进而避免不必要的纠纷。

---

〔1〕《人民检察院刑事诉讼规则（试行）》第209条："检察人员对于与犯罪有关的场所、物品、人身、尸体应当进行勘验或者检查，在必要的时候，可以指派检察技术人员或者聘请其他具有专门知识的人，在检察人员的主持下进行勘验、检查。"

〔2〕左宁："我国刑事专家辅助人制度基本问题论略"，载《法学杂志》2012年第12期。

对于专家辅助人的权利，大部分被调查者认同应该给予其了解案情和资料的权利，但不赞成赋予专家辅助人调查权。笔者认为，在专家辅助人了解案情和资料的基础上，尽管专家辅助人没有调查权，但鉴于许多法律工作者反映的如果专家辅助人只看过资料，出庭效果将大打折扣，因此专家辅助人可以拥有现场监督权，即对鉴定的过程进行监督。同时，因为专家辅助人参与庭审质证，理应还享有出庭质证权，可以出庭与鉴定人进行质证。专家辅助人还要有提供咨询和建议权，可以为当事人提供意见和建议，以便其参考。而在义务方面，专家辅助人有保密义务、科学客观义务、不得干扰鉴定人进行鉴定等义务。[1]

而从长远来看，专家辅助人制度势必要向着专业化和中立性的方向持续发展，而这些发展，有赖于鉴定人制度等相关制度的变革，如赋予当事人启动鉴定的权利等，这是一项长期的工程。

第二节　英国法和专家：刑讯逼供案件的证明 *

本节探讨的是，在英国刑事司法系统中，律师怎样利用专家证据尤其是医学专家的证据，来证明或者反驳被告人被刑讯逼供的主张。

在讨论英国法律怎样允许使用专家证据之前，笔者分析一下可能产生刑讯逼供或者虐待的案件类型，这将有助于接下来的讨论。

一、背景：和刑讯逼供有关的案件类型

本文仅讨论国家权力部门譬如警察实施的刑讯逼供。重要的是要了解有许多类型的诉讼都可能与刑讯逼供或者虐待有关，其中不少是民事诉讼。譬如：

（1）受警方虐待的人可以对警方提起民事诉讼，要求赔偿。

---

〔1〕　参见李雪蕾："刑事诉讼专家辅助人制度初探"，载《人民检察》2012 年第 24 期。

　*　本节撰稿人：戴维·麦克尼尔（David McNeill），英国出庭律师。祁建建翻译，徐卉审校。

（2）受到政府的行为或者决定的直接影响的任何人可以申请司法审查。如果某一地区的高级警官决定采纳一项政策，允许对犯罪嫌疑人实施虐待，那么这一决定就无法通过司法审查，高等法院有权宣布它无效。

（3）在警方羁押中出现死亡事件的，必然要引用来自医疗专家的专家证据来调查死亡事件。

（4）在移民案件中经常讨论的一个问题是，申请庇护的人在祖国曾经受到酷刑，如果被遣送回国，那么就容易再次受到酷刑。

在所有的这些案件中，法院需要权衡决定刑讯逼供或者酷刑虐待是否存在的可能性，譬如申请人曾受到酷刑的可能性是否大于没有受到酷刑的可能性？在此类案件中适用民事诉讼规则（民事证明标准）。

本节将主要关注刑事案件，这类案件中出现的刑讯逼供或者酷刑虐待问题通常有下述两种情况：一是警察因虐待或折磨嫌疑人而受审；二是被追诉的被告人声称警察折磨他，通常是为了获取口供。

在一名或者数名警员被起诉虐待嫌疑人的案件中，检察机关常常依靠专家医学证据来证明案件。警察工会——警察联合会将提供资金为他辩护，而且为了辩护他总能获得医学证据。在这种情况下，通常在陪审团前，公诉方将不得不为其案件举证从而使法庭"确定"或"排除合理怀疑"。

案件的第二种情况是酷刑被用来抗辩供述，这种更为复杂，对其背景也需进行解释。

二、背景：供述与《1984 年警察和刑事证据法》

英国法官一直不愿意允许公诉方过于依靠供述来获取对嫌疑人的有罪判决。一部分原因是依据供述定罪将鼓励警察对嫌疑人施加不公正的压力从而迫使其供述，另一部分原因是基于传统的本能，认为案件应通过证人和证据排除合理怀疑之后得以证明。因此即使是在《1984 年警察和刑事证据法》之前，对于供述何时能够被法庭采信以及何时不能就已有严格规定。

那么，依据《1984 年警察和刑事证据法》，什么才能算作供述？供述是被告人的所说所写，部分地或全部地认罪、归罪于自己。它包括被完整记录、签字并证明的承认犯罪的内容，解释被告人为何实施其行为，并进行彻底的悔罪。但它也可能是模糊不清的。例如，当警察阻止一个人逃离发生在红狮酒吧的严重袭击，并问他"你刚才是否参与过红狮酒吧的斗殴？"他回答："是，但对方先出手的。"这个陈述在一定程度上是无罪的辩解，因为被告人主张他是在自我防卫。同时，在一定程度上也是要自我归罪的，因为他承认参与斗殴。在英国法律中，这类表述也被视为"供述"。

在《1984 年警察和刑事证据法》之前，法庭倾向于排除审判中所有可能通过压迫手段或诱导方法得来的供述。压迫手段是警察采取的严重不公平行为。诱导方法可能程度较轻，但可能包含一些行为致使供述不可靠。在《1984 年警察和刑事证据法》实施前的一个案件中，嫌疑人在警局问警察如果他作犯罪陈述能否获得保释。警察表示肯定，嫌疑人就作出供述。上诉法院认为，警察的肯定表态诱导嫌疑人供述，撤销了对被告人的定罪。可见，《1984 年警察和刑事证据法》之前的法律对辩方太过慷慨。其背后的基本原理是什么也不甚清楚：是控制警察并且阻止警察利用压力获取有罪供述的限制措施？还是旨在确保陪审团听到的任何供述都是可信的，因为这个供述是在自由意志的情况下作出的。

《1984 年警察和刑事证据法》有一个特殊的条款——第 76 条，它决定了供述是否能在法庭上用来证明被告有罪。第 76 条规定了两种排除供述的方法。首先，第 76 条第 2 款第（a）项规定如果供述是由压迫手段得来的，正如旧法所规定的，它是不被认可的。"压迫手段"一直被视为严酷、残忍，且不正当、不公正的行为。辩护律师必须克服高标准，证明有压迫存在，特别是在警察知道面谈过程会被录音的情况下，一般不倾向于实施压迫行为。为取得嫌疑人供述，警察实施的任何身体暴力都将被认定为压迫行为。如果警察在面谈中喊叫或咒骂，可能不视为压迫手段，但这要取决于他的程度。在 1993 年的一个案件中，刑警就一桩谋杀案讯问一位有轻微学习困难的人。讯问持续了数个小时，被告人否认相同的控告超过三百次。

在这一过程中，他曾经喊叫、哭诉，明显已经精神失常。而刑警威胁、辱骂他，并不断问同样的问题。上诉法院发现这种类型的面谈非常不公平，显然是具有压制性的。如果警察谎报证据（譬如说："我们有目击你……的证人"，而其实他们并没有）或虚张证据多么强有力（譬如说："我们的指纹鉴定证据是无懈可击的"，事实上并不是），那么他的行为也将被视为压迫性的。美国许多州没有规定警察不应对被采访者说谎，这点看过美国警匪剧的人都知道。但在英国，任何存在这种不诚实的行为的供述，都有可能被立即排除出对被告的审判。

根据该法第76条第2款第（b）项的规定，排除供述的第二种方式即显示出该证据是通过实施"在当时情况下可能导致被告人的供述不可靠的任何语言或行为"而获得的。前文所指的压迫方式并不常见，所以对于大部分出庭律师来说，这是对于供述排除最重要的条款。正如条文语句所表述，法庭考虑警察的行为是否可能会使供述不可信。

起草《1984年警察和刑事证据法》的英国法律委员会也通过警察为被告人提供保释的情形来阐明供述的可靠性。在该法颁布之前，任何诸如此类的提议都会被视作引诱，供述将不能被采纳作为证据。在《1984年警察和刑事证据法》出台后，委员会比较了一个像谋杀案这样的严重犯罪和一个较轻微的犯罪如入店行窃案中的保释提议。因一场谋杀案而被审讯的嫌疑犯几乎不可能简单地为了获得保释而作出虚假供述，所以如果这样的嫌犯一旦供述，尽管警察提出了保释，供述也很有可能是可信的。然而，如果一个普通人因入店行窃而被捕，他可能会因为太害怕没有保释而入狱的前景，哪怕只是几天，进而准备对一个他明知只会导致罚款的罪行作出不实供述。此人的供述就很有可能不可信，根据第76条被排除。

《1984年警察和刑事证据法》还规定了完整的《执法守则》（又称《守则C》），来规定警察必须如何处理拘留、对待以及询问当事人。《执法守则》相当具体。再次以保释为例，《守则C》第11.5条规定：

"无论嫌疑人选择回答问题、作供述或两者都拒绝，任何警察人员不得向他暗示（回答直接问题时除外）警方将对他采取什么行动。如嫌疑人直接问警察人员将对他采取什么行动，只要行动本身适当且已被批准，询问人员可将警方提议的行动告知他。"

《守则C》中还包含管理细则，规制从嫌疑人到达警察局直至被移送到法院首次出庭的整体程序，其中包括一些更重要的规则：

（1）要求警察人员记录被拘留者羁押期间发生的重大情况。记录包括他们从监所被移送到的任何其他地方，任何人来访以及所有谈话，被拘留者来拘留场所时随身携带的物品，睡眠、膳食、饮水的时间等。所有事情的时间都必须被精确记录下来。

（2）指定一名拘留看管人员（调查嫌疑人的警官除外），其必须负责管理他在警察局时的所有被拘留者。

（3）对于被拘留者为未成年人的或是任何有心理健康问题或者学习障碍的人，必须有一名"适当成年人"在场代表其利益。此人可以是其家庭成员、社会工作者或是在警察局工作的志愿者。

（4）在任何讯问开始前单独会见律师，免费获得法律咨询建议的权利细则。

（5）通知被逮捕人的权利。

（6）对被拘留者的所有讯问进行录音（现多为录像）。

（7）进食、饮水、睡眠、医疗护理和"被拘留期间享有合理舒适度"的权利。

（8）若被拘留者不讲英语，有获得翻译人员帮助的权利。

特别重要的是，为了防止酷刑，《守则C》在第9.2条中规定：

"如被拘留人（或其他人为了他的利益替他）抱怨他被逮捕后被对待的方式，或任何警察人员注意到对被拘留者有不恰当的待遇，一旦情况允许，必须向一名与本案调查无关的、级别至少为警督的官员报告。如有关事件可能是对人身的侵犯，或者使用了不合理的武力，一旦可能，必须立即请职业医生到场。"

在实践中，拘留记录中包含一个被拘留人被羁押时必须回答的问题清单，其中包括被拘留人是否受伤或者生病。该问题清单必须由被拘留人本人签字。

如请来医生或护士（也称作"法医鉴定人"）对被拘留者进行

检查，他要写一份法医鉴定报告，详细说明被拘留者的任何受伤情况或是被虐待的痕迹。

这些规定的作用就是提供一份被拘留者被羁押时身体情况的记录。如果他开始来时没有受伤且身体健康，后来却受伤，就为其受伤必然发生在被拘留期间提供了可靠的证据。如果被拘留者已经受伤了（如因警察暴力逮捕），医学鉴定就能尽早做出一个准确的记录。

最后，如果《守则 C》中的任何一条规定被违反，在法庭上被告就能以此辩称讯问中的任何供述都应被排除在证据之外。如果被告提出这样的论点，检方就不得不以刑事证明标准反驳。

三、谁是专家？

在英国法中，专家意见证据被归入了一个特别的分类。一般规定是证人只能提供事实证据，如他们所亲耳听到或者亲眼看到的，不能给出带有他们观点的证据。专家们则是这条规则的例外，因为倘若他们符合专家标准，就可以给出带有他们个人观点的证据。

证人可以提供专家意见证据的问题清单可能是无尽的。专家意见证据有着非常完善的类别划分，涵盖司法鉴定、会计学、工程学和医学领域。还有一些更加具有争议性的领域，在刑事法庭通常包括笔迹分析、录音中的数字语音辨认、录像片段中的电子面部识别、动物行为（如在涉及危险犬类的案件中），或是某些罪犯如毒贩们使用的行话。法庭常常需要决定哪些是真正的专家证据而哪些不是。

以我经手的一个案件为例。一位非常有钱的被告人提供了多份不同的自称是专家的人出具的体检报告。他的目的是想要证明因为一些医学原因，自己在身体和精神上都不适宜受审。这些他所依赖的"专家"中有些是真正的专家，如执业精神病医生或心理学家；还有些则是非传统医学从业者，如一个给被告采用顺势疗法的人；另一些的确是真正的医生，但却提供了其专业领域之外的意见，如一个家庭医生试图给出的专家意见证据是关于脑部扫描的精神病学解释。

那么，英国法庭该怎样从这些轻易给出意见的人中区分不合格的人和真正的专家呢？这里并没有严格的规则，而是需要法庭根据个案作出考量。一个经常被英国法庭引用的澳大利亚法官总结分析认为，当法官试图确定某人是否给出适当的专家意见证据时，应该问这两个问题：[1]

第一个问题是意见的主要内容是否在允许使用专家证词的专业领域分类范围内。这可能分为两个部分：

（1）意见的主要内容是否如此，即一个没有受过培训或是在知识和人生阅历领域内没有经验的人，没有具备特殊知识或者经验的证人的帮助，能够对问题作出一个合理判断。

（2）意见的主要内容是否构成了一个被充分组织形成了或被承认为可靠的科学知识体系或经验系统的一部分，而证人对此有特别的了解，其意见将会对法庭提供帮助。

第二个问题是证人是否通过学习或者个人经验获得了充足完备的知识，能在法庭上为解决问题提出有价值的意见。在某些情况下，对证人得出其意见所采用的方法进行一个调查，可能和以上两个问题的答案有关。如果证人使用了新的或不熟悉的方法或技术，法庭也许需要被证实这样的方法或是技术存在充分的科学基础，因此能够得出结论，认定作为专家意见证据所阐释的问题是其所属专业知识领域的一部分。

在证人具有相关的正式资格而就专业问题表达意见的情况下，关于他的资格问题，对他解决方法的独立聆讯（法官解决特殊争议前一个特别的审前听证）的调查几乎不会被允许。这样的调查，在所谓的资格是依靠经验或非正式的学习时才会有较大的适用空间。

通常来讲，一旦资格被确认，方法论将与证据的证明价值而非证人表达意见的作证能力有关……如果证人给出专家意见证据的资格还有待商榷，也许需要在独立聆讯中听取证词来对

---

[1] R v. Bonython (1984) 38 SASR 45.

证人的资格进行审查。如果关于被征询的意见是否是专家意见证据的合适对象存在疑问，则任何有关该问题解决的争议事实都应在独立聆讯中，通过证据采纳而得到解决。

将这两个问题适用到我在上文案例中遇到的医生身上，顺势治疗师可能不会被视作"充分组织形成了或被承认为可靠的科学知识体系或经验系统的一部分"这一领域的专家。正常情况下，将不允许他就有关身体状况或是预后情况作出专家意见证据。

另一方面，一个就复杂的神经问题发表意见的家庭医生则不能通过对第二个问题的调查。神经学对于合格的精神病学家当然是一个合适的领域，但是家庭医生并没有"通过学习或者个人经验获得了充足完备的知识，能在法庭上为解决问题提出有价值的意见"。

在实践中，医生在法庭上几乎一直被认可为专家，只要他们在其意见证据的相关领域具备适当的资格。

几个知名的非政府组织如专家证人学会，为诸如医生之类的专家们组织了关于如何在法庭上给出意见证据的实践培训。他们也为律师和公众们提供数据库，以便其寻找所需领域的专家。然而，这些组织中没有一个能决定谁是专家——这是法庭要基于案件需自己面对并作出判断的问题。

四、专家证据规则

依靠专家证据的程序取决于案件的类型。刑事诉讼中，《1984年警察和刑事证据法》第 19 条规定了专家证据。

第 19 条第 2 款规定了专家证据的一项基本原则，即专家的独立性。专家首先对法院负责，而不是指派他的一方。规则规定：

（1）专家必须辅助法院实现如下主要目标：

①给出专家意见：

提出客观、公正的意见；

在专家的职权范围内或他所专长的领域内给出专家意见。

②依据第 3 条第 2 款，专家应积极协助法院完成相关案件

管理，特别是：

应遵从法院指导；

当采取指导意见所规定的任何步骤遇到重大故障时，应立即通知法院。

专家对法院所负职责优先于其对指派者或雇主的责任。

（2）这种职责包括如下义务：

①界定专家的专长或者专业领域；

将这些写入专家的意见；

当专家亲自给出证据时；

②当专家亲自给出证据时，应提醒法院注意超出专家的专业范围或他所专长的领域的证据；

③如果专家的意见发生变化，不再与其用作证据的报告或说明相同，应告知法庭及各方当事人。

在实践中，有一些激励机制能有效地促使专家给出客观、独立的证据。首先，鉴于专家的独立性，他可能在某个案件中受公诉方聘请，而在另一案件中却受雇于辩方。其次，如果某个医生希望未来能被委派为专家来提升其职业声望的话，他会有志于培养独立性和可靠性方面的名声。如果他在法庭上呈现的专家意见有失偏颇且不可靠，那么将承担法官不再信任他的风险，而且将来作为专家证人时对其他人的作用会越来越小。

刑事诉讼规则还规定了所有专家报告的要求。譬如，专家需要详细说明他们的任职资格和相关经历。作为独立专家，他们还需签署自己明白对法庭所负职责的声明。他们还得说明他们观点所基于的事实来源，如有任何检验、检测，他们还需说明是谁在何时做出的。如果他方要求查阅检验、检测的记录，专家也要向他们提供。

一如经常发生的，如果检方和辩方各有一位专家，法院可以召集两方专家在庭审前见面并讨论案件，通常会要求专家们列出他们同意的观点，并指出他们存在分歧、不同意的观点。这有助于法官专注于有待决定的真正重要的问题。

如专家们不同意会面，法院将会举行听证。作为审判的一部分，通常两方专家都会提供各自的证据，陪审团将会决定他们相信哪位专家。减少复杂的或科学的专家证据直至完全没有经验的 12 名陪审团成员能够容易地理解相关内容，这是一个艰难的挑战。但是，一些刑事律师发现给陪审团解释专家证据的过程也经常能够有助于他们自身更好地理解证据。

在刑事案件中，陪审团是如何在两方专家之间抉择的？当然，每个案子都是不同的。有时，专家有说服力的解释和表现力很重要——自信、口才伶俐和有魄力的专家往往会成功。有时候也是显而易见的，一个专家就是比另一位专家更为经验丰富、更为合格。有时，法庭上律师的水平将会是决定性的，因为每位专家都会被对方的律师反复询问，如果反复询问特别有效的话将会使其颜面扫地。

然而，必须明白，在大部分案件中专家们将会以同意大部分争议点而告终。如果双方专家都在专业上有所建树的话，他们多半会知道彼此并且在某种程度上信任彼此。在一些案件中，某些特定领域的专家数量会比较少。比如，偶尔在有些悲惨的刑事案件中，指控母亲因过度用力摇晃孩子而致死。在英国，只有极少数医生是该类伤害的专家，这些专家彼此都很了解，因为他们发现他们总是在不同的案件里相互争论。

在这种案件里，专家之间的纠纷是相对明确且很好理解的，争论实际上往往取决于刑事证明标准。换句话说，关于被告有罪是否存在合理怀疑？以摇晃婴儿案为例，通常会有一位检方专家医生说婴儿所遭受的伤害肯定是其母亲摇晃所致。辩方专家认为这是很有可能的，但也认为存在这样一种可能——婴儿患有一种骨头特别脆弱且容易受损的疾病。专家们或许都认为存在辩方所说的这种可能性，但是他们可能会在法庭上花大部分时间争论这样一种可能性是不是小到可以忽略不计，或者是不是一个现实的可能性。如果是属于现实可能性，辩方会认为存在一个合理怀疑且母亲不应被定罪。

在民事诉讼中，民事诉讼规则在承认专家证据方面也设立了相似条款。然而，在民事案件中，法官通常希望双方多进行协商并在审判前得以解决。因为当事人的自由不受威胁，民事法官也更倾向于缩减当事人在调取所需证据方面的自由权，从而防止司法成本上升过高。

民事专家证据的一个特征就是单一的联合专家，这在刑事案件中是不常见的。双方都有各自专家的支出将会和整个案件成本不成比例，在这种情况下，民事案件法官将会决定采用联合专家。这种情况下，法官要求双方指定一个联合专家。通常地，法官会要求一方提供 3 名或者 5 名候选的专家名字（连同资格和经验）给另一方。另一方将会被要求选取其中一名专家。双方将要提供他们期望专家看到的证据，然后专家将会出示一份报告。在双方都阅读完报告后，他们会有一段时间（如两个星期）向专家发送书面问题。专家将在进一步的书面报告中回答该问题。通常在单一联合专家的情况下，书面报告将会在证据中使用，专家不用亲自参加庭审接受反复询问，但如果法官允许的话这也是可能的。

无需花费双方指定专家的成本，单一的联合专家倾向于解决专家证据的问题。它们可以是有效的，但是它们完全依赖于专家的质量。当案件严重、复杂或昂贵时，通常民事法庭还是允许双方拥有自己的专家的。虽然刑事诉讼规则最近已允许单一联合专家在刑事案件中使用，但当专家证据存在一个真实且重要的问题时，单一联合专家却很罕见并且几乎没有使用过。

五、法律适用——刑讯逼供如何在案件中得以证明

如果在我辩护的案件中出现刑讯逼供问题，我如何运用专家证据来保护我的当事人的利益？让我们以简单的、假设的案件为例：我的当事人因毒品交易已经被警方逮捕，在警察询问中他承认他参与了贩卖毒品。这时他告诉我，在他被捕的时候警察反复地殴打他，询问前在警局被棍棒殴打，并且威胁要继续伤害他，除非他供述。他的讯问口供是他案件中唯一的不利证据。

第一步就是从检察机关获取一份羁押记录的副本以及我的当事人到达警局的法医鉴定报告。我理所当然地有权获取这两份材料。法医鉴定报告应当记录他到达警局时所有的伤病，这让我们展示当他被捕时警察做了什么。然而，它也能证明当他到达警局时他的手

臂并没有被打断。羁押记录有助于我确定我的当事人声称在警局被打的时间段，它也能告诉我哪个警察将对那个时段负责，这也能让我及时地从警局获取那个时段的任何录像。

接下来我想要知道他是何时第一次去医院检查他骨折的胳膊，以及当他去看医生时他是否被关押在监所里。我会要求得到这些医生的记录，如果不让我起诉的话我会申请法庭向我披露这些资料，法官将会要求检方向我提供这些记录。

当我拥有了这些基本信息，让我们假设，警方说我的当事人被捕后在监所里和其他人打架导致胳膊骨折了两周。然后我会向法律援助机构（它支付我的费用）申请允许指定一名有在法庭上出示证据经验的专门研究骨科的医生。我会要求该专家查看羁押记录、法医鉴定报告、狱医记录，并且对我的当事人进行检查。如果他能给出意见，我会问他是否相信伤势是形成于：①我的当事人被捕时或之后不久；②在监狱里两星期之后。

当我的专家给了我一个报告，该报告说在他看来伤势形成于在警察局被捕时，审判前我将该报告发给了检方和法庭。假设检方获得了另外一份骨科专家的报告，报告称伤势形成的时间更晚。当法官收到两份报告，他会要求专家通过电话讨论案件并且得出一份同意点和不同意点的列表。两方专家列出列表，他们同意：①我的当事人因被殴打而导致胳膊骨折；②用重金属棒殴打；③其他伤痕表明不止一人攻击了我的当事人。他们不同意的点在于伤害的时机，关于时机他们都坚持各自最开始的观点。

最后，在主要的审判程序之前，会有一个听审程序。由于这是关于我委托人的会见是否可以作为证据予以采纳的辩论，因此陪审团不参与，而由法官作出决定。由于专家的一致意见，我能够主张伤害一定是发生在警局期间，因为监所没有沉重的金属棍棒，还因为现在专家一致认为我委托人被一人以上群殴。然后，两位专家在法官面前出示证据，并接受交叉询问。法官的决定是，他深受辩方专家的影响，裁决伤害一定是在我委托人被捕时造成的。

因此，法官断定警方必定是对我委托人予以强制，警方的讯问必须依据《1984年警察和刑事证据法》第76条的规定予以排除。

如此一来，现在就没有其他证据指控我的委托人，必须判他无罪。

像本案这样极端的案件，可能警方和检察官早在审判之前很久就已经认识到案件的弱点，避免将案件被告人送上审判席。之后，我鼓励我的委托人诉警方伤害以及在办公场所行为违法。尽管这些是民事案件，我仍然能够依赖这些相同的专家证据来证明我的案件，为委托人赢得赔偿。

像这个案件这样的刑讯逼供情况，尽管不同寻常，但直到80年代的英国，其发生确实呈现出一定的规律性。庆幸的是，现在这种案件确实是非常少了，主要是由于《1984年警察和刑事证据法》引入了改革措施。如果不是建立在准确、可靠、同时记录的证据尤其是医疗记录和观察的基础上，专家证人就不能给出可靠的意见。可靠的记录，譬如羁押记录、法医鉴定报告和准确的医院记录至关重要。这些记录是专家证人得出结论的必要组成部分。

第三节　法医对酷刑的医学-法律鉴定意见
——以难民案件为例 *

医学鉴定证据在英国用于各种不同类型的案件中，如刑事案件、民事案件、难民申请等。本节的内容聚焦于关于难民申请中伤害情况的文件记录，特别是关于刑讯的主张，但是这些通用的鉴定原则也适用于更广范围的鉴定工作。

一、专家的资格

作为其工作内容的一部分，医师和其他临床医生可以为警方出具鉴定报告，或者应代表受害方律师的指示出具报告。这些医师的背景大部分是初级医疗中的全科医生，但是也可以是有关领域中的专科医生如在事故或者急诊、儿科、精神病学领域等。当前在英国，鉴定医学培训是一个专业领域，皇家医学院的鉴定和法医学学院制

＊　本节撰稿人：朱丽叶·科恩（Juliet Cohen），英国及国际著名法医专家，在一千多个个人遭受酷刑的案件中提供法医学书面证据。本节由祁建建翻译，徐卉审校。

定其标准和进行审核。鉴定报告可以由任何医生来出具，但是所有的医生都被建议在其经验和专业领域内进行鉴定工作，不要对超出个人经验和专业领域的问题提供鉴定意见。

在难民工作中，《实务指引》对专家证据作出指导，强调专家的职责，包括保持客观、无偏见，不受对专家意见作出指示或者付款的人所承担的义务的影响。《实务指引》也对报告的内容罗列了基本的要求：

第 10.9 段 一份专家意见必须：

（a）详细说明专家的资格；

（b）详细说明专家制作报告中依据的任何文献或者其他资料；

（c）包含一份陈述，列明交给专家的所有事实和指示，这些事实和指示对于专家报告中的意见至关重要，是报告中意见的基础；

（d）写清楚报告中提到的哪些事实是属于专家自己知识领域内的；

（e）写明谁进行了哪些检查、测量或者其他程序，如果专家在报告中用到这些资料，要写明谁授予该人资格，并写明该程序是否是在专家的监督下进行的；

（f）如果报告中涉及一系列的专家意见：

（1）只要可行，总结专家意见的范围；

（2）说明专家得出意见的理由。

（g）包含对所达成的结论的总结；

（h）如果专家没有相应的资格、不能给出专家意见，那么要说明这一资格；

（i）包含一份陈述，专家理解其对法庭的义务，遵守并将继续遵守该义务。

在难民案件中，专家常常被要求评估与刑讯事件有关的精神和身体证据，被作为人们不能返回到原籍国的主张的组成部分。在英国，我们也看到因卖淫或者奴役而偷渡到英国的人，他们也受到殴打或者遭受精神伤害，并把这些作为其庇护申请的一部分证明文件。其他案件可能涉及来自社区或者家庭的暴力，或者是由于恐同的，或者与巫术有关的主张，或者亲密关系中的家庭暴力、基于荣誉的暴力等。报告聚焦于评估伤害的证据，是否属于身体的、性的或者精神的伤害，以及其对受害人的影响。

二、《伊斯坦布尔议定书》

《联合国关于酷刑和其他残忍、不人道和有辱人格的待遇或处罚的有效调查和文件资料（1999）》[1]，这份文件制定了这项取证工作的关键标准和原则，现已被英国政府和法院的决策者、裁决者所接受。在医疗章节里，规定了虐待所造成的身体和心理后果，该章节还总结了关键的司法原则以及对刑讯逼供的影响提供了专家信息。还有关于以下方面的重要组成部分，即与刑讯受害人进行访谈、遵守伦理原则、使用翻译人员、关于同意和保密性的考虑、相关国际法律标准概要和临床医生的替代性精神创伤问题思考。它已成为一个重要的培训资源和医生在这一领域执业的参考工具。

（一）伦理

医生有仅从病人最大利益考虑的道德责任，既要举报刑讯和虐待，也要避免参与任何这类行为。这些义务在联合国文件、世界医学会以及很多国际医学组织里都有规定。对于为拘留所工作的医生来讲，对待病人和雇主的双重职责问题可能导致潜在的冲突。《伊斯坦布尔议定书》第66~73段就医生的职责给予了明确的指导，即把照顾关心病人置于对雇主的任何职责之上。

（二）检查的注意事项

必须为访谈和检查留出充足的时间，如果人在高度紧张或苦恼的情况下，2~4个小时的访谈时间是不够的，数个较短时间的访谈或许是可取的。达成信任和融洽的关系对于促使受害人披露他们的

---

[1] http://www.ohchr.org/Documents/Publications/training8Rev1en.pdf, last visited on May 23, 2017.

经历是非常重要的，而这些经历或许会涉及他们巨大的耻辱和羞耻，这就需要有良好的沟通技巧，需要留意问题的措辞以及灵活运用检查技巧。受害人的隐私需要得到保障，需要了解他们所透露的信息将会被如何使用以及谁有权利知道这些信息。他们会担心他们所逃离的国家政府会发现他们所说的，抑或是他们的配偶、家庭或社区会发现他们的性暴力经历，从而会对他们不友好。小心地解释这些秘密问题会是个很好的做法，然后在发送报告之前需要就怎样分享这些消息征得受害人的同意。

（三）翻译人员

在英国和其他地区的庇护案件中，译员往往是需要的。确定专业的译员应优先考虑检查者的亲属或者朋友，从而确保准确地翻译并保守秘密。尽管通过译员交流，但还是需要额外注意：保持句子相对简短和结构简单，直接对人进行评论并确保译员是以第一人称而非第三人称翻译回去。如果不理解问题，译员应该与医生商量而不是自行和受检查者交谈。和译员共事的进一步说明参见《伊斯坦布尔议定书》第 98 段以及第 150~153 段。

（四）性别问题

译员和医生的性别在促进受害人充分披露信息上可能是重要的，特别是在性暴力方面。理论上来讲，在涉及其性别的选择时，应当询问受害人他们的偏好是什么。有些男人可能会倾向于都是男性，而其他则倾向于女性译员、医生。许多女人会觉得所有的人员配置都是女性的情况下才能披露性暴力的细节（《伊斯坦布尔议定书》第 154~155 段）。

（五）虐待及其他伤害史

对于记录虐待或伤害的历史来讲，背景信息是非常重要的。同时还允许比照检查结果和其他可能的原因，这些原因是基于对这个人过去历史的了解。这些信息应包括：既往病史、社会经济背景、在家或学校所受的体罚、家庭暴力、运动或其他活动导致的损伤、教育程度、职业、实战经验以及任何伤害或心理困境的经历。

一个详细的虐待或伤害历史的采集包括拘留的条件以及那时或之后所接受的药物治疗。已有伤口的性质，例如，如果他们擦伤了，伤口流血或烧伤，任何的伤口感染以及愈合方式等都应该被描述记录下来。

开放式的问题鼓励自由回忆是最好的开始方式，但有些人可能难以表达自己的经历，特别是最令人痛心的部分，所以更为封闭式的问题可能会有所帮助。在《伊斯坦布尔议定书》的第142段对披露的困难进行了概括。报告里的不一致或差异可能会起因于这些因素。《伊斯坦布尔议定书》第143段表述道："虽然个体可能无法提供调查人员所需的细节，如日期、时间、频率和加害人的确切身份，创伤性事件和虐待事件的大致轮廓会随着时间的推移而出现并确立下来。"

虐待本身的性质可能会削弱回忆，作为拘留的条件，虐待所诱发的痛苦和恐惧会导致被害人混乱和衰弱的加剧。有些刑讯逼供的方式可能直接影响记忆，例如，头部伤害或窒息折磨，如将人淹没在水中或用塑料袋使人窒息。认知访谈技术可以帮助提高回忆，例如通过询问受害人他们记得听到、闻到或感觉到什么；或如果有一个记忆缺口的话，问他们的下一个记忆是什么，然后再要求他们试图回忆从那个点往后的事情。

慢性症状也要记录下来。头痛和慢性躯体疼痛，包括背部疼痛和腹部疼痛是常见的。焦虑症状如心悸、呼吸短促和胸部疼痛也应被报告，以及其他各种心理症状包括失眠、做噩梦、病理性重现和记忆困难。目前用药也应注明。

（六）体检

应对受害人进行一个完整的体检，体检时必须注意受害人曾经可能受到的折磨方式，应注意减少他们的痛苦。例如，在强迫裸体和性暴力构成其所受折磨的一部分的情况下，受害人可能会发现完全脱掉衣服是很困难的。检查可以分阶段交替进行，每次暴露身体的一部分。虐待或殴打损伤应以其大小、形状、颜色、外观和位置来描述。检查应关注依据损伤史而确立的特殊系统，如在吊刑（巴勒斯坦悬挂）案中应关注肩关节和臂丛神经。身体图是用来表示损伤的，如果可能的话还需拍照。和非刑讯损伤进行比对也是有帮助的，如接种疤痕或意外伤害属于非刑讯损伤。检查员最终要对每一个归因于被攻击或折磨的损伤的起源发表意见：无论是别人造成的、自我伤害的、意外的还是由于疾病导致的。

如果需要的话，在光线好的地方和在放大镜下进行仔细检查是必要的，因为许多虐待方法很少或根本没有留下持久的物理证据，即便是在事件发生后数周内。钝性创伤往往会造成瘀伤和擦伤，愈合后通常不留疤痕，其他形式的折磨如电击、敲打脚心、性暴力和窒息都不会留下任何迹象，即便是在虐待后也不会立马显现。《伊斯坦布尔议定书》第 161 段提到，"在某种程度上，刑讯逼供存在的物理证据，为此人受过虐待提供了重要的确凿的证据。然而，没有这样的身体证据不应被解释为虐待没有发生，因为这种频繁的遭受这种暴力行径的人没有留下痕迹或永久性的疤痕。"

瘀伤、擦伤和局部的烧伤愈合后可能留下高或低色素性损伤。钝力外伤可能只是擦伤，撕裂伤会留下伤疤，但是也取决于所使用的力度、工具、打击的身体部位（是骨头还是软组织）以及是否有衣服的保护。对具体的虐待方式或攻击的性质以及使用的武器了解得越详细，就越容易解释所发现的身体损伤。《伊斯坦布尔议定书》第 192 段指出，"不对称的伤痕、不寻常部位的伤疤以及扩散蔓延的疤痕都能说明故意伤害的存在。"

不同形式的虐待细节以及预期的检查结果在《伊斯坦布尔议定书》第 176~233 段都有描述。报告中，对每一个损伤和总体损伤都进行记录，并评估损伤和归因间的一致性程度。对此，《伊斯坦布尔议定书》第 187 段有以下表述：

（1）不一致的：损害不是由所描述的创伤导致的。

（2）一致的：损害是由所描述的创伤导致的，但是还不够明确，并且还存在许多其他可能的原因。

（3）高度一致：损害是由所描述的创伤导致的，而其他原因的可能性则是小之又小。

（4）典型的：外观上来看属于通常被发现的创伤类型，但也有其他可能的原因。

（5）诊断的：这种外观不可能由所描述的方式以外的方式导致。

第 188 段表明：最终，对于评估整个虐待事件重要的是损伤的全面评估，而不是特定虐待形式所造成的每一处损伤的一致性。

英国的判例法符合司法实践指南——《实务指引》，其认为，医生应该指出只有少数其他可能的原因引起的损伤是什么。相比于已有的归因，医生应就相关可能性给出他们的意见。要做到这一点，医生认为，从所采集的这个人的生活经历中所了解的历史要优先于所声称的虐待或攻击，以及他们在意外伤害的性质和位置、职业伤害、皮肤疾病和自我伤害的行为上的经验和知识。

很少有虐待损伤能够达到诊断类别。这是不足为奇的，因为虐待和攻击往往涉及钝性创伤，而外观上往往又是相对非特异性的，特别是在遭受伤痛数周或数月之后才接受检查的情况下。然而，在某些情况下，一些损伤却被认为达到诊断水平，如烟头烫伤、被加热金属物体烫伤和捆绑损伤（如用紧手铐或脚镣进行悬挂）。医生对因果关系不确定，特别是对于一个孤立的损伤。考虑总体损伤中一组归于类似原因的损伤，或遭受该类损伤的总人数以及在身体上的分布将是非常重要的。重要的是要注意，损伤的"前后一致"的程度仍然是虐待的证据。当作为一组或者整体伤害来考虑时，一致性的损伤数量将会变得"高度一致"，当数量越来越多时，其他原因的可能性也就会相应地减少。

（七）性暴力

性虐待始于强迫裸露，这么做的效果在于强化对种种虐待的心理恐惧，这样的话性暴力恐吓总会隐藏其后。性暴力的历史很难被追溯，因为受害人所遭受的羞愧和耻辱使得他们难以开口揭露。如强迫裸露或者在家人面前实施性行为，或是有宗教、文化所谴责的同性恋行为，那么强大的文化禁忌将被打破，在这些情况下想要受害人开口将会更为困难。要想获得一段明确的过去发生的事情的历史，获得受害人同意对其实施查问，那么检查者和受害人之间的信任和关系是至关重要的。保密工作一定要做好，不能让家庭成员发现发生在受害人身上的事，这对于受害人来讲是非常重要的。检查需征得被害人同意，因为受害人仍然处在减少脆弱感的过程中。

当一个人在描述性暴力的具体细节方面存在困难时，她们有时会给予更详细的她们所遭受的症状，这可以为检查者就发生的事提供一些迹象，从而提出更具有针对性的问题。例如，如果她们回忆到肛门流血了，这将意味着发生了肛交，受害人也将能够进一步回答肛交是否是阴茎所为抑或是其他物品所为。就强奸所带来的心理上以及行为上的影响发问也是有益的，如性功能障碍、信任困难、社交孤立、自尊心极低、强迫性清洗或自我忽视。

必须对性暴力的临床后果进行调查，对受害人的健康也需要予以关注。特别地，她们如果是第一次披露她们的经历，那么她们将可能需要紧急治疗，也即膀胱和肠功能紊乱、怀孕以及性传播的感染。

在侵犯和虐待案发生后的 48 小时内，有关性暴力的物证很少或者根本没有，在案件发生后的相当长一段时间内检查通常都是不可能的。需要注意的是，证据的缺失并不意味着性暴力没有发生。即便是处女，强奸后也很少或者压根没有物证。《伊斯坦布尔议定书》第 221 段指出，"即便是强奸后立即检查女性生殖器，能够识别的损伤也不到 50%。肛交后对男性和女性的肛门进行检查显示，损伤只有不到 30%。"身体伤害或许能证实指控，检查员应该检查在大腿或者背部是否存在烟头烫，是否存在臀部和下背部的擦伤。

（八）心理检查

心理检查和体检一样重要，但是虐待的影响却体现在个人的"归属感，个性发展以及社会、政治和文化因素"（《伊斯坦布尔议定书》第 234 段），对每个人的影响也因人而异。《伊斯坦布尔议定书》第 236 段也尖锐地指出，"不是每个人都有可诊断的精神疾病，但是创伤后精神紧张性精神障碍以及抑郁症在这样一个群体里发生的概率很高。"由于很多的虐待形式并不会留下痕迹，因此心理评估可能会就其影响提供重要证据。某一特定精神状态不符合诊断标准并不意味着此人没有被虐待。就像物证一样，其总的目标就是评估个人遭受的虐待和心理调查结果一致性程度（这里"一致性"的意思不适用于《伊斯坦布尔议定书》第 187 段所述的身体损伤）。

就采集详细的背景信息以及了解创伤性经历的全部过程来讲，心理检查同样也适用于身体检查前的详细描述的部分。

检查也包含观察受检查者在检查过程中所涉及的以下种种情况，

因为这关系到他们的叙述以及对于问题的反应：身体语言、表情、情感和姿态表露。对他们当前的心理状态进行主观评价，对日常生活中的症状和功能水平进行评估，并对其心理状态进行客观检查。这必须包括一个风险评估，即评估任何自我伤害或自杀行为。《伊斯坦布尔议定书》第287段规定了评估的内容，然后从伤前生活考虑其他可能的影响因素，受害人之前的功能水平和现有的并存压力，如强迫迁居、丧亲之痛和其他损失。然后，临床医生应就心理发现和所描述的虐待间的一致性进行评论，并将此放在已知的其他可能原因中考虑。

（九）对于捏造的考虑

当在报告里汇总证据时，对身体上和心理上调查结果的一致性考虑既包含其他可能原因的评价，不论该原因是替代性的还是贡献者，也包含了捏造的可能性抑或是夸大了所声称的虐待。《伊斯坦布尔议定书》第105段和第287段都提出了这样的要求。这样的捏造需要创伤相关症状的详细知识，而这种症状个人很少具备。医生应该评估其他导致细节轻微差异的可能原因，尤其要考虑这样一个病人群体的记忆问题。他们应该评估全部历史、检查结果和时间安排在临床上是否是合理的。医生担心的地方在于，或许会存在捏造、额外会谈或者是寻求第二意见（《伊斯坦布尔议定书》第290段）。

（十）精神反复创伤的风险

虐待的幸存者可能遭受强烈的入侵感，痛苦地回忆起他们的创伤经历，这些都可因采访的问题而触发。或者即便是一个闪回，对于他们来讲都将重新经历一次虐待，从而使得他们无视周围的一切。害怕这些的发生可能会抑制他们完全披露事情原委。情感障碍会使得他们变得沉默寡言，不能就他们的历史进行沟通或跳过关键因素（《伊斯坦布尔议定书》第271段）。在接受采访或者体检之后，一些人描述道这些症状都增加了，严重干扰了睡眠，而且噩梦也日渐增多。检查人应该意识到检查过程中人们痛苦程度的变化，并且告知他们日后增加这些症状的可能性。作为自我伤害风险评估的一部分，检查人应该检查哪些支持和管理计划能够适当地最小化自杀或严重的自我伤害风险，如有必要应进行适当的转诊。在检查过程中，或许需要使用相应技术来使人平静下来。因此，在检查过程中应评估对细节迫切要求的程度，这也是报告有效性的要求，权衡因精神反复创伤所造成的潜在伤害（《伊斯坦布尔议定书》第 146~149 段）。

（十一）二次创伤、倦怠和反移情

在听取关于虐待的报告时有感觉是可以预期的，但是如果这些情感变得固执，并且在其他时间或生活的其他方面影响了临床医生，那么就应该引起注意了。从超负荷的案件中倦怠下来可能会导致玩世不恭和多疑，这些变化会显著地限制临床医生评估和记录虐待的后果的能力，同时也会对其自身心理健康产生影响。有效的记录文件需要了解从事该领域工作的动机。这些有监管能力的人应就这份工作对其员工的影响保持警惕，应对其提供专业支持。

（十二）报告的格式

下列内容的细节或者顺序在不同的司法辖区有所区别，但基本要素是相同的：

- 生理数据检查；
- 临床医生的资格或者简历；
- 代理律师的特殊要求或者指示；
- 提供的文件，譬如会见记录、陈述、医疗记录；
- 背景信息；
- 关于刑讯或者虐待的主张；
- 现在的症状和待遇——身体的和精神的；
- 精神检查；
- 身体检查；
- 身体的照片；
- 调查发现的解释——身体的和精神的；
- 结论和建议；
- 关于事实真相的陈述；
- 签字，日期；
- 附件——参考资料、心理状况的诊断标准。

第四节　庇护案件中针对酷刑的专家证据 *

引　言

1951 年《关于难民地位的公约》（通常称为《日内瓦公约》）确立了近六十年来给予寻求庇护的人的法律保护。1951 年 7 月，联合国大会在关于难民和无国籍人的日内瓦会议上通过此公约，《关于难民地位的公约》于 1964 年 4 月 22 日生效。

依据《欧共体条约》第 78 条，《关于难民地位的公约》在欧盟法上有其法律地位。它是难民保护的基石，是庇护法律领域的裁判的主要法律渊源。

庇护申请需要裁判者决定申请人是否能够证明其对《关于难民地位的公约》所规定的迫害或者虐待的恐惧是真实的，即其恐惧乃是由于其所属种族、宗教、国籍、特定社会组织成员或者政治意见等原因。难民还必须表明其国家并未提供通常应向国民提供的某种程度的保护。

本节讨论政府或者非政府人员长久以来常用的一种迫害方式，即酷刑，以及法庭如何评估它。在庇护案件中，由专家证人作出的酷刑证据通常由主张自己遭受酷刑的人提供，或者由庇护申请在初步评估时被内政部内政大臣驳回的人提供。初审法庭（移民庇护法庭）审理针对这些裁决的上诉，听取上诉人/庇护申请人的口头陈述证据，通常将会基于医生或者专家的证据作出裁决。

笔者将研究三个匿名案例，分析庇护程序中提出的证据的类型以及对其证明力的判断。确实，专家证据几乎总是会帮助裁决者更全面地了解关于申请人精神、心理或者身体健康状况以及精神创伤的成因。但专家证据并不总是决定性的因素，在下文的总结中也可以看出这点。专家并不是由法庭聘任的，通常接受代理律师帮助下的申请人的指派和指示。专家有义务在其专业领域范围内帮助法庭。

---

* 本节撰稿人：菲利普·詹姆斯·罗宾逊（Philip James Robinson），布里斯托皇家医院医学专家。本节由祁建建翻译，徐卉审校。

这个义务超出了对其发出指示的人的义务。正如在案例研究中所体现出来的那样，专家能够获知关于申请人的所有信息是很重要的——包括他的会见记录资料、拒绝其申请的理由和其他相关的报告材料等。

一、个案 1：酷刑的证据——诉讼请求人的故事（Ⅰ）

（一）创伤后应激障碍的个案

下文摘录于上诉法院的判决，描述了一个诉讼请求人在其原籍国因示威游行而受到的对待。本案例或其他案例研究中所提到的国家与本文无关故此省略。

> 他说，他与警察的问题开始于 2008 年 3 月 21 日，他在一次［示威游行］中被逮捕。他说，他被拘留三天并被详细地审讯。在被释放前，他被脱去衣服并遭受其他酷刑。
>
> 他说，后来他又两次被逮捕。2009 年 2 月 15 日，他在［一个主要城市］的一次游行示威中被逮捕。他再次受到了漫长的审讯和高压水冲。另外，他的右手腕骨折了。后来他去医院时，他告诉医护人员他在踢球时摔坏了手腕。
>
> 第三次被逮捕是在 2010 年 8 月 15 日，他去参加另一次游行示威，遇到了麻烦他就逃跑了。他回到家里，但是警察当晚来把他和他的一个姐姐抓走了。他又一次受到审讯并被殴打。他又遭受高压水冲并且受到电击。释放他时，警察告知他要每周签到一次，他的姐姐已经被释放了。在和他的父亲商量后，他作出一个决定，他应该离开［他的原籍国］。

（二）专家证据

诉讼请求人的庇护申请被国务卿拒绝了。依据 1983 年《精神卫生法》第 12 章，在诉讼听证会中法庭要审议一项来自精神病顾问医生的报告。这个专家证人已经制作了超过 250 份针对寻求庇护者精神状况的医学报告。

他在他的报告引言中写道：

本报告中的信息基于［诉讼请求人］直接提供给我的历史记录。除了特别陈述外，报告没有使用其他来源的资料。缺少的事件不意味着诉讼请求人没有向我陈述，诉讼请求人的任何陈述不应当被作为与诉讼主张有关的事实认定。

报告的撰写人经评估认为诉讼请求人有轻度抑郁症状。用标准的心理评定量表对诉讼请求人进行评估，他的分数表明他有严重的创伤相关症状。对其精神状态的评估证实了对他的临床印象达到了创伤后应激障碍（PTSD）的标准。基于诉讼请求人向专家的陈述而得出的意见，专家说：

> 本人对创伤后应激障碍的诊断基于以下特点：
> i. 他受到了极度创伤（反复的拘留和酷刑）。
> ii. 他重复经历侵入性思想或噩梦带来的创伤。
> i. 他试图避免思考自己的创伤经历的确切时间细节。
> ii. 他避免提醒自己的创伤性经历。
> i. 他很难记住他的创伤经历的确切时间细节。
> ii. 他很容易受到惊吓：［他说］如果他听到敲门声，"我觉得他们是来抓我的。"

详细分析患者的症状后，专家得出以下结论：

> 本人认为其复杂创伤后应激障碍是由他在［原籍国］遭受的创伤经历造成的。我已经考虑了其他的可能性，这也可能是由其他因素，如移民的不确定性、离开他的祖国、他的家庭成员和女朋友。我认为这些因素可能会加重他的抑郁症状，但是不大可能是造成他出现创伤后应激障碍症状的主要原因。

（三）法庭和上诉法院的决定

本案中，一审法院在其裁判中陈述了详细理由，认为有一些原因使他们并未得出与专家相同的结论。上诉被驳回，上诉法院被邀请探讨一审法院是否有权作出其所得出的结论。关于事实认定相关规则所规定的在案件中可供使用的医学专家证据，上诉法院重申如下：

> 这些案件中确认了一些基本问题：上诉人陈述的事实是否可信可靠的问题从根本上是司法鉴定的问题，法庭在得出裁判结论之前首先要评估证据的整体性的问题。医生必须评估症状，并且这种情况要临床评估，利用他们的经验以及上诉人在会见中向他们提供的与这些症状有关的陈述。如果专家得出的结论，比如在本案例中，上诉人患有创伤后应激障碍，也就是说一个有重大影响的因素（有时可能被证明是决定性因素）在法庭对上诉人陈述的声称受到折磨、虐待的事实的可靠性进行全部的评估中被采用。但是决定权仍然在法庭，对证据总体性的考虑可能会得出结果，就是上诉人的基本陈述实际上被拒绝。如果是这样，那么给专家的陈述（专家可能完全有理由相信的陈述）可能是伪造的。确实，［那位专家］自己在其公开的第一份报告中十分恰当地说过，他的报告中的任何陈述不应当被作为与庇护请求有关的事实认定。

值得注意的是，上诉法院没有对作出深入而专业的报告的专家表示不满，但法院强调，倘若法庭适当注意并有正当理由，则可以不考虑专家的意见。

下一个案例中，医学专家出具的鉴定意见证据与身体伤害有关。该医学专家出具的证据翔实确定，帮助上诉人证明了过去的迫害。如果没有医学专门知识，这些迫害本来无法得以证明。

二、个案2：酷刑的证据——诉讼请求人的故事（Ⅱ）

（一）身体伤害和伤痕

法院是否应该自行检查伤痕并自行得出结论？毫无疑问，法院或法庭自行对伤痕实行详细的创伤性检查是非常不可取的。配有图表或照片的医学检查有利于确定伤痕的程度，在一些案件中，专家证人有时候可能会估算造成伤痕的原因和时间点。接下来的陈述具有代表性，该案是由南亚政府势力与叛乱集团的冲突引起的。判决中概述了该案事实：

> 抵达机场时他被逮捕并拘留。他在［拘留所］被延期拘留一年。在此期间，他被用不同的方式折磨：他被捆绑、脚踢、殴打，他的后背被一个加热的铁棍灼伤，他被袋子蒙上头浸泡在汽油中并被殴打，他被枪托击中，他还受到性虐待，大腿和生殖器被烟烫。

（二）专家证人及《伊斯坦布尔议定书》

本案中专家证人的报告包含身体结构图和详细展示伤疤的照片。专家对可见的伤疤都已进行了编号、测量和分析。比如，在鉴定一个眼睛上方的伤疤时，专家写道：

> 在经历任何伤害和事故之后，这种类型的伤疤是常见的。也正是基于这个原因，在此我只能说，依据《伊斯坦布尔议定书》，这类伤疤和病人所描述的创伤是一致的。

病人背上的伤疤以特写镜头呈现。病人说这些伤疤是被加热的铁棒灼伤的。报告这样描述这些伤疤：

> 清楚呈现在照片上的那些伤疤，可以断定病人的伤疤只可能是由加热金属棒烫伤的。伤疤的外观清楚地呈现在照片上，除了病人所描述的用加热金属棒灼烧这种方法外，这些伤疤不可能是由其他方法造成的。因为每一个伤疤都明显具有烧伤的典型临床特点。
>
> 所有的伤疤都有烧伤的典型临床特点——灼烧使黑色素细胞死亡而导致非常显著的色素减退，灼烧的疼痛使黑色素细胞繁殖导致超色素沉淀——这些都是深度烧伤的特有表现。

报告详细地描述了医生观察到的损害，并提供了可能导致伤疤出现的专家意见证据。该报告参考了联合国文件——《伊斯坦布尔议定书》，它为此类报告如何描述酷刑所造成的伤害提供指导。

在涉及身体和心理伤害的专家报告中，《伊斯坦布尔议定书》经常被提及。以下摘录的内容有助于报告的作者建立报告的客观性和公正性，也有助于决策者评估报告的客观性和公正性。

186.……对于每一处损伤及整体的损伤模式，医生应能指出它和归因之间的一致性程度。

（a）不一致的：损伤不可能是由所描述的创伤造成的。

（b）一致的：损伤可能是由所描述的创伤导致的，但具有非特定性，还有许多其他可能的原因。

（c）高度一致的：损伤可能是由所描述的创伤导致的，几乎没有其他可能的原因。

（d）典型一致的：从伤疤的外观来看，这种损伤通常是由所描述的创伤导致的，但也有其他可能的原因。

（e）诊断一致的：除了所描述的原因，伤疤的外观不可能是由其他任何方式导致的。

187. 归根结底，它是对所有损伤的总括分析，而不是将每一处损伤与每种特定形式的酷刑一一对照，虽然每种特定形式的酷刑在评估酷刑的过程中是非常重要的。

法院还强调，法医报告有其局限性，因为医生完全从伤疤表面来判断情况，获取证据。另一方面，医学证据有其内在价值，因为它说明患者具有某些明显的特征，这些特征可以为过去发生的事情提供证据。因此，在可能的情况下，医学专家应该在发表自己的观点之前，确保已经研究了移民局或法庭法官对原告可信度的所有评估。

案件的结果是对拒绝庇护的行为提起的上诉获得许可。医学证据充分证明了他对酷刑的描述。客观证据表明，如果被送回他的原籍国，他将因种族问题受到进一步迫害。

【附注】2015 年 7 月 23 日，针对这个国家开展的国际真相和正义项目给出的一份报告包括以下研究结果："有 115 个战后的酷刑受害者记录在案，其中的幸存者跨越 5 个不同的国家，而且（他们提供的）证据已被政府官员和法医专家证实。病人身体的伤情和残疾证实了其描述。"

三、个案 3：酷刑的证据——原告的故事

（一）身体、心理和性虐待

这一案件的主要事实如下：原告从海外回到她的原籍国，开始与她所遇到的一个男人交往。他们在一起几个月后，他消失了。一些不知名的男人来到她的公寓，找她的男友。（后来）她意识到这些人是政府官员。当他们发现一张她和男友的照片时，他们逮捕了她。她被拘留了 3 个月，在此期间，她几次因受虐待和强奸而试图自杀。她的父母设法找到了她，贿赂了那些负责拘留她的人。因此，她被释放。在逃到英国之前，她在医院待了 6~7 个月。她声称她被拘留是因为政府怀疑她与一个间谍意图诋毁她的国家。

她对英国内政部拒绝自己庇护申请的行为提起上诉。在上诉听证会上，她没有提供证据，因为专家证人认为她的精神状况不适合提供证据。初级法院对该上诉案件进行了审理。

（二）专家证据/专家证人

法医报告为上诉听证会提供了她在原籍国医院的住院记录的附件。法官听取了专家的口头证据，专家详细描述了上诉人身体上的伤疤和损伤，认为她有创伤后应激障碍的一系列症状。还有证据表明自从抵达英国以来，上诉人与一个男人有交往。他们的交往关系持续了 2 年，在此期间，她怀孕后流产，而他开始对她实施身体上的暴力。

专家表示，上诉人的损伤、症状与她在原籍国的个人经历密切相关，她在那里的住院记录反映了损伤和症状与她所遭受的酷刑和虐待相关。从临床的角度来看，根据《伊斯坦布尔议定书》，没有理由怀疑上诉人曾遭受她所描述的虐待。

初级法院法官认为上诉人的可信度不足而驳回了上诉。上级法院审议案件中的医疗证据后推翻了初级法院的裁判。

上诉法院强调了两个主要原因：首先，在最初的听证会上，法

官没有充分考虑初审法院的"院长指南"中涉及儿童以及脆弱、敏感的成人人群的相关内容。其次，法官错误地认为，不允许医疗报告在任何方面评估上诉人叙述的真实性。

如果法官在案件中应用"院长指南"，那么法官就要问问他/她自己，是否上诉人的叙述中有任何的不一致都可以用她是一个脆弱的人来解释。然而，法官一直没有这样做。

重要的是，上诉法院裁决，这种观点——认为一个医学专家去评估可信度是错误的——本身是错误的。人们没有意识到，一个医疗报告，即使它可能被认为价值有限，但却是独立于上诉人请求的证据。

【附注】本案的专家证人是在海伦·巴默基金会（Helen Bammer Foundation）工作的一位医生，他是酷刑案件方面公认的专家。显然，海伦·巴默基金会要求该医生根据《伊斯坦布尔议定书》的明确要求来起草他们的报告。该医生也接受过寻求庇护者的临床专业训练、更多技术方面的伤情文件记录以及法医报告写作方法的专业训练。报告起草者的经验显然是查找事实的法院或法庭应该考虑的一个问题。

四、结论性意见

一篇简短的文字想要触及这一主题，需要集中关注酷刑案件中专家证据在评估时所涉及的重要问题。这些简短的案例研究表明，当法院和法庭需要了解事实、寻找例证以及评估受害人返回原籍国的危险性时，法医证据显得十分重要。

国别报告一致表明，酷刑是一种世界性的现象。它是政府和非政府人员在每一个大陆犯下的邪恶罪行。人权组织如国际特赦组织、人权观察、国际危机组织和免于酷刑组织不断报告虐待，并提高对这一历史悠久的问题的认识。国家和医学专家提供了宝贵的援助，以确保在庇护程序中识别在其原籍国遭受酷刑的人，并能够获得他们所需要的保护。

鲁滨逊·詹姆斯（Robinson James）是一名初级律师兼（移民和庇护）初审法院的法官。

解释： 当某人在英国申请庇护时，由内政部的公务员作出首个决定。如果内政部驳回庇护申请，申请人有权向初审法院上诉。如果在初审法院败诉，可以进一步向上级（移民和庇护）法院上诉，还可继续向上诉法院上诉，最终向最高法院上诉。

初审法院对诉讼双方（庇护申请人和内政部）提交给法庭的所有事实作出裁决。这些事实中通常都会有专家证据。初审法院院长有时会向法官发布书面指导，被称之为"院长指南"。其副本在网上公开发布，可无偿获取。

庇护申请人有权利获得事务律师和出庭律师的法律援助，但是由于政府削减开支，比起10年前或者20年前，申请人更不容易获得法律援助。申请人经常从非政府组织如海伦·巴默基金会获得咨询建议和帮助。

如果初审法庭适用法律错误或者程序错误，或者初审法庭对事实的认定相当不合理、立不住脚，申请人可以向上级法院上诉，并可由上诉法院或者最高法院继续审理案件。

移民法庭的法官必须考虑《欧洲人权公约》，尤其是第3条关于禁止酷刑或者不人道的或者有辱尊严的待遇。法官也重视《联合国反酷刑公约》，虽然《欧洲人权公约》对酷刑受害人在英国法上的保护有时强于《联合国反酷刑公约》。英国签署的所有的国际条约在确保保护难民申请人方面、在法官裁判其是否在其国籍国受到酷刑时，都起着重要的作用。

第五节　司法鉴定意见争议评价机制研究

——以浙江省司法鉴定管理模式为视角 *

司法鉴定争议是指一方当事人对司法鉴定机构出具的司法鉴定意见存在争议和双方当事人对同一专门性问题存在数个不同司法鉴定意见的情况而引起的鉴定委托机构与鉴定机构之间的纠纷，或者

＊ 本节撰稿人：潘广俊，浙江省司法厅司法鉴定管理处处长。本节主要内容首次发表于《证据科学》2012年第5期。

当事人与鉴定机构之间的纠纷。建立一套科学、客观、可操作的司法鉴定意见争议评价机制，有助于提高司法鉴定的社会公信力，减少或避免当前重复鉴定、多头鉴定偏多的现象，也是当前完善司法鉴定管理制度的课题。笔者立足于浙江省司法鉴定管理实践，就完善司法鉴定意见争议评价机制进行研究，旨在抛砖引玉。

一、浙江省司法鉴定管理工作情况简介

2001 年以来，浙江省司法厅认真履行司法鉴定管理职责，以提高司法鉴定机构社会公信力为目标，强化司法鉴定机构的科技能力、执业水平、行政管理能力，完善司法鉴定质量管理体系、培育品牌司法鉴定机构，着力形成"实验室建设、品牌化培育、规范化运行"的司法鉴定管理工作格局，最大限度地发挥司法鉴定的功能作用，积极参与社会管理创新活动。下面通过具体数据予以说明。

浙江省全省现有"三大类"司法鉴定机构 55 家，司法鉴定人607 人，与全国相比，司法鉴定业务发展态势良好（见表 10）。[1]为了提高浙江省司法鉴定的质量，近年来，浙江省积极探索建立司法鉴定意见争议评价机制，司法鉴定质量不断提高，在司法部组织的司法鉴定能力验证活动中，浙江省司法鉴定机构综合成绩连续 5年名列前茅；2011 年，获得"通过"以上的项目达 95%，其中获得"满意"的占 80%，高出全国平均数 30 个百分点（见图 6）。

表 10　浙江省司法鉴定与全国情况比较表

项目 名称	司法鉴定机构	通过认证认可的司法鉴定机构	司法鉴定人	司法鉴定年检案量（万件）
全国	5014	354	52 812	136.6
浙江省	55	30	607	6.5
占全国的百分比	1.09%	8.47%	1.15%	4.76%

〔1〕 潘广俊："司法鉴定机构认证认可实践与探索——以浙江省为视角"，载《现代测量与实验室管理》2012 年第 5 期。

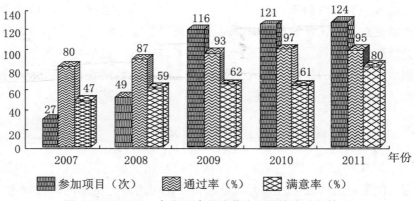

图6　2007—2011年浙江省司法鉴定机构能力验证情况

二、浙江省司法鉴定意见争议评价模式

（一）完善司法鉴定投诉处理工作机制，减少司法鉴定意见争议现象

当事人对司法鉴定投诉，是司法鉴定意见争议的重要来源，也是评价司法鉴定质量的一项指标。2009年是浙江省司法鉴定投诉激增的一年，浙江省司法厅全年收到司法鉴定投诉信访100件/次（初次司法鉴定投诉61件）。[1] 为此，司法厅专门召开全省司法鉴定投诉处理工作，并分析了2009年司法鉴定投诉案件特点（见图7、图8），认为司法鉴定执业不规范、司法鉴定主管部门监管不到位、投诉人维权意识提高和司法鉴定固有特点是司法鉴定投诉的重要原因。及时下发《关于加强司法鉴定投诉处理工作的通知》，落实责任，完善司法鉴定投诉处理考核制度和责任追究制度。要求司法鉴定主管部门和司法鉴定机构认真细致地做好投诉接待工作，让当事人正确理解司法鉴定意见，消除误解，有效化解争议和纠纷。将司法鉴定投诉处理工作纳入司法行政业务考核和依法行政考核的重要内容。对不认真处理司法鉴定投诉，导致司法鉴定投诉事项复杂化的，要

---

〔1〕 朱淳良、潘广俊、张叶蓬："浙江省多措并举抓好司法鉴定投诉处理工作"，载《中国司法鉴定》2011年第2期。

求相关司法局领导带队，向省司法厅信访协调小组汇报，共同研究解决办法。

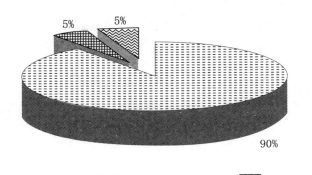

图7 2009年浙江省司法鉴定投诉业务类别分析图

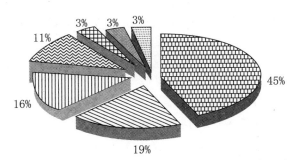

图8 2009年浙江省司法鉴定投诉事由分析图

　　根据司法部《司法鉴定执业活动投诉处理办法》（司法部令第123号）和《条例》的精神，建立"分级受理、依法查处"的司法鉴定投诉处理工作机制：一是对司法鉴定机构和司法鉴定人执业活动中有违法违规的投诉，由市司法局负责处理；二是明确投诉事项已经司法行政机关处理、仅对司法鉴定意见有异议等情形，省厅不予受理；三是有反映司法行政机关工作人员在投诉处理中有滥用职权、玩忽职守等违法行为的，由厅信访室牵头，司法鉴定管理、监察部门配合，按照《信访条例》处理；四是有反映市司法局处理司法鉴定投诉过程中存在不作为行为的，当事人通过行政诉讼和行政复议途径解决；五是认为司法鉴定机构出具司法鉴定意见损害其利益的，可通过民事诉讼渠道主张权益。通过努力，近年来浙江省司法鉴定业务量持续增长，司法鉴定投诉量不断下降（见图9）。[1]

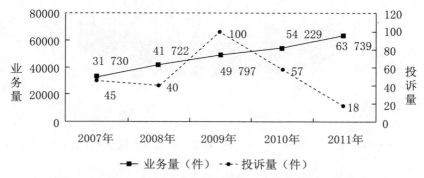

图9 2007—2011年浙江省司法鉴定业务量和投诉量分析图

（二）建立司法鉴定机构受理司法鉴定委托、重大事项报告机制，降低司法鉴定意见争议风险

第一，建立受理司法鉴定委托制度，确保司法鉴定材料完整、真实，降低司法鉴定机构承担司法鉴定意见争议风险。2010年底出台的《浙江省司法鉴定机构受理司法鉴定委托规则》规定，司法鉴定机构受理当事人委托时，应当告知当事人确认司法鉴定所涉案件是否进入诉讼程序、委托司法鉴定事项是否曾经进行司法鉴定、提醒当事人对提供司法鉴定材料的真实性负责。司法鉴定所涉案件已进入诉讼程序的，应当提供办案机关同意司法鉴定的文书；属于重新司法鉴定的，应当提供原司法鉴定文书。为避免因司法鉴定信息不对称，导致出具错误司法鉴定意见，要求司法鉴定机构受理委托时，应当告知委托人通知或直接通知对方当事人在进行司法鉴定时到场。对委托人作虚假确认、承诺或提供虚假司法鉴定材料的，司

---

〔1〕 潘广俊："司法鉴定机构认证认可实践与探索——以浙江省为视角"，载《现代测量与实验室管理》2012年第5期。

法鉴定机构可以撤销已出具的司法鉴定意见。

第二，建立《司法鉴定重大事项报告制度》，提高防范执业风险意识。2011年浙江省司法厅出台了《司法鉴定重大事项报告制度》。《司法鉴定重大事项报告制度》要求司法鉴定机构在执业过程中遇到重新司法鉴定意见与原司法鉴定意见差异较大等九种情形时，应当在知晓重大事项24小时内填写报告单报市司法局。涉及跨地区的重大事项，由市司法局上报省司法厅。重大事项报告制度实施以来，司法鉴定主管部门共收到五十多起司法鉴定重大事项报告，相关部门对这些问题分门别类进行处理，对减少重复司法鉴定、多头司法鉴定现象起到良好作用：一是通过重新司法鉴定，对初次司法鉴定起到监督作用，预防个别司法鉴定机构为迎合当事人意图，违规出具司法鉴定意见的不良情况发生；二是受理重新司法鉴定时，了解掌握初次司法鉴定的依据、技术规范，在司法鉴定技术方式上可以起到比对效果，同时可避免重新司法鉴定在司法鉴定材料收集、标准适用、司法鉴定方式等方面出现差错，减少多次司法鉴定意见不一致的情形。

第三，推进司法鉴定信息化建设，及时掌握初次司法鉴定情况。开发完成了浙江省司法鉴定管理平台和司法鉴定机构管理软件，建成覆盖全省的司法鉴定行政管理、执业监督、质量管理和统计系统的司法鉴定综合管理平台和内部管理系统。开发了专门提醒功能，司法鉴定机构受理重新司法鉴定时，管理软件会自动提醒此司法鉴定事项已由某机构出具，并告知具体的司法鉴定意见。

（三）建立司法鉴定专家咨询机制，为处理司法鉴定意见争议提供技术支持

司法鉴定主管部门在处理当事人投诉和司法鉴定机构重大报告涉及司法鉴定争议时，由于目前多数司法鉴定管理干部缺乏司法鉴定专业背景，对特别复杂、疑难、特殊技术问题的判别能力不强，需要借助专家论证方式弥补司法鉴定监管能力的不足。2010年成立了浙江省法医临床司法鉴定咨询委员会，聘请省委政法委、省法院、省检察院、省公安厅和医院等单位29位司法鉴定领域的专家为委员，加强对司法鉴定业务的研究和指导，为解决司法鉴定技术问题

提供专业支持。探索建立专家对司法鉴定争议的评价机制，对重新司法鉴定意见与原司法鉴定意见差异二个等级以上的，司法鉴定咨询委员会举行听证会，听取双方司法鉴定人意见后作出判断，为司法鉴定管理工作提供依据。

2012年5月，衢州市法院、检察院、公安局、司法局联合设立衢州市司法鉴定专家委员会，由全市公安、检察、医院和各司法鉴定机构资深司法鉴定专家组成，为解决群众对司法鉴定意见投诉、重复司法鉴定、多头司法鉴定、法官在诉讼审理中对不同司法鉴定意见的正确性甄别难度大等问题提供专业支持。确立了启动条件：一是相关部门在处理重大涉法信访或群体性事件时，有涉及司法鉴定意见争议的；二是政法部门正在审理或调研涉及司法鉴定意见争议的案件；三是因违规出具司法鉴定意见需要追究相关司法鉴定机构及其鉴定人的责任，而司法鉴定机构有争议的。

司法鉴定专家咨询机制不仅为司法鉴定主管部门提供技术支持，有时还能对诉讼活动中的疑难司法鉴定意见争议进行评价并统一规范。例如，2012年2月16日，省高级人民法院、省公安厅、省检察院和省司法厅的司法鉴定专家联合召开会议，讨论了对诉讼活动中遇到的颅脑损伤后所致的嗅神经损伤情形如何进行伤残评定。通过讨论不仅解决了个案争议，还专门以浙江省司法厅名义下发《嗅觉损伤评定伤残评定业务研讨会会议纪要》，规范全省对嗅觉损伤鉴定的理解与执行。

（四）推进司法鉴定人出庭作证机制，减少当事人对司法鉴定意见的异议

司法鉴定争议无法及时解决，导致出现多头司法鉴定、多次司法鉴定的情况，不仅使案件的当事人和其他诉讼参与人对司法鉴定意见如同雾里看花，就是司法机关的办案人员面对同一司法鉴定客体、同一司法鉴定要求形成多种不同司法鉴定意见也无所适从。推进司法鉴定人出庭作证制度，可以实现对司法鉴定意见去伪存真的改造，揭示司法鉴定意见的真实性、客观性。《条例》规定，[1]司法

---

〔1〕 2009年10月1日起施行的《条例》第40条规定。

鉴定人经人民法院依法通知，拒绝出庭作证的，给予停止从事司法鉴定业务 3 个月以上 1 年以下的处罚；情节严重的，撤销登记。在全国首创司法鉴定管理与采信部门协作机制，规定法院要定期将司法鉴定人出庭、违规违纪行为等情形及时向同级司法行政部门通报。

新《刑诉法》[1]强化了司法鉴定人出庭作证义务和要求：鉴定人无正当理由不出庭作证的，鉴定意见不得作为定案的根据；另一方当事人可邀请专业人员以证人名义出庭对鉴定意见进行质询。这对司法鉴定人实施鉴定活动和出庭作证能力有更高要求。浙江省注重司法鉴定人出庭作证能力培训，在 2012 年举办的七期司法鉴定人继续教育培训班课程中，均安排了新《刑诉法》和证据法学的内容。通过培训，提高了司法鉴定人四个意识：一是中立意识。司法鉴定人是独立的诉讼参与人，司法鉴定行为是独立的，不受委托方意志所支配，在法庭上不受任何一方的意志左右。二是忠于事实意识。司法鉴定人要忠于委托方送来检材的事实、忠于司法鉴定要求、忠于科学数据、忠于司法鉴定真实结果。三是忠于法律意识。司法鉴定人必须严格依照相关法律的规范，从司法鉴定受理、司法鉴定过程，到司法鉴定的结果，都必须遵循相关法律法规的制约。四是忠于科学意识。司法鉴定人在法庭上回答质疑、询问，大多涉及科学技术内容，要求司法鉴定人严格遵循科学原理、技术标准回答相关问题，特别要说清运用标准的合理性、方法的科学性。

三、对司法鉴定意见争议评价的思考

（一）司法鉴定意见争议的评价维度[2]

司法鉴定是一项科学实证行为，主要服务于司法诉讼活动，具有专业化程度高、跨学科、跨专业、跨领域的特点。建立有效的司法鉴定意见争议机制，有利于提高鉴定质量，确保司法公正。浙江省从以下四个维度来对司法鉴定意见争议进行评价：

---

〔1〕　2013 年 1 月 1 日起施行的《刑诉法》第 187 条。

〔2〕　参见郑毅："司法鉴定结论评价制度研究"，载《郑州航空工业管理学院学报（社会科学版）》2010 年第 5 期。

1. 科学性

司法鉴定是在诉讼活动中运用科学技术或者专门知识来解决专业问题的行为，其出具的司法鉴定意见必须是科学的。司法鉴定人是该学科领域的专业人士，具备相关司法鉴定执业资格；司法鉴定意见依据的原理、标准和司法鉴定手段是科学的；司法鉴定判断推理过程科学、合理；司法鉴定过程符合科学规范；司法鉴定意见书用语要准确、科学、规范。2009 年以来，浙江省司法鉴定机构共投入资金 2148 万元用于新购仪器设备；建立 DNA、毒物、病理、听觉、视觉、文检等多个司法鉴定实验室，制定了实验室配置和操作规范，提高了司法鉴定科技能力。

2. 客观性

司法鉴定意见是鉴别、印证、强化直接证据的重要手段，在诉讼中兼具辅助证明作用和独立证明作用。司法鉴定意见的客观性，取决于它所产生的过程和科学原理、技术方法、技术标准的统一性。总体而言，不同司法鉴定机构对同一司法鉴定事项，出具的司法鉴定意见应当具有相对的统一性。高质量的司法鉴定意见是司法鉴定人发挥主观能动性，发现、认识并展现某种现象与案件事实之间的内在客观联系。为了提高鉴定能力，浙江省司法厅积极采取"外部引进、内部培养"等措施，先后聘请公安部首席大法医陈世贤、指纹学奠基人之一的赵向欣、中国刑事警察学院文检学教授陈明春和华中科技大学同济医学院终身教授黄光照等国家知名专家来浙江省执业。为了减轻鉴定人的事务性工作负担，专心于技术鉴定工作，浙江省司法鉴定机构还建立了鉴定人助理制度，现在全省司法鉴定机构共有一百九十多名鉴定人助理。

3. 相关性

司法鉴定意见要符合法定证据的相关性要求，与案件事实有证明关系。司法鉴定意见作为案情判断的依据，要反映与案件事实有联系的、能够证明案件真实情况的事实，是对委托司法鉴定事项作出的直接回应。近年来浙江省通过继续教育培训和专项检查活动，要求司法鉴定人严格依照相关法律的规范，做到鉴定意见与证据之间有互相验证关系，以鉴别证据的真假，不能人为地把无关联的事实联系在一起并形成司法鉴定意见。

4. 合法性

司法鉴定机构和司法鉴定人必须经省级司法行政部门审核登记，具有法定的执业资格。浙江省按照"统筹规划、合理布局、优化结构、有序发展"原则，认真开展司法鉴定审核登记工作。目前已初步形成"数量规模适度、地域布局合理"，以较大市为中心、以省辖市为重点、辐射周边县（市）、覆盖全省的鉴定机构网络。要求司法鉴定执业应符合法律性要求，鉴定检材、样本等的收集和运用都应当按司法部《司法鉴定程序通则》要求和法定程序取得，依据的事实必须具有法律所要求的特定形式。

（二）司法鉴定争议评价的方式〔1〕

解决司法鉴定意见争议，既要充分考虑到司法鉴定人负责制的特性，又要立足于化解社会矛盾、促进司法公正、保障司法鉴定意见的客观性和公正性来确立司法鉴定意见争议评价方式。具体而言，主要有以下几种方式：

1. 通过重新司法鉴定方式，修正原司法鉴定意见缺陷

当事人（控辩）双方对影响自己利益的司法鉴定意见，特别是不利于自己的司法鉴定意见往往会提出异议。法官因自己专门知识的缺乏，可能无法对司法鉴定意见争议进行判断，需要借助重新司法鉴定手段，提高司法鉴定意见的采信能力。〔2〕司法鉴定意见是否客观、准确，取决于司法鉴定人的科学技术水平和判断能力，司法行政部门作为司法鉴定主管部门，也不能对司法鉴定意见争议进行判断。司法部《司法鉴定执业活动投诉处理办法》第12条第3项规定，仅对鉴定意见有异议的，不属于司法行政部门受理范围。

重新司法鉴定是解决司法鉴定意见争议的途径之一。司法部《司法鉴定程序通则》第31条规定了重新司法鉴定的情形：①原司法鉴定人不具有从事委托鉴定事项执业资格的；②原司法鉴定机构超出登记的业务范围组织鉴定的；③原司法鉴定人应当回避没有回

---

〔1〕 霍宪丹主编：《司法鉴定学》，中国政法大学出版社2010年版，第166页。

〔2〕 霍宪丹、郭华：《中国司法鉴定制度改革与发展范式研究》，法律出版社2011年版，第206页。

避的；④办案机关认为需要重新鉴定的；⑤法律规定的其他情形。针对司法鉴定意见争议中遇到的问题，2009年底浙江省司法厅专门召开全省鉴定投诉处理工作会议，并下发文件要求司法行政部门高度重视鉴定意见争议投诉处理工作，依法引导当事人启动重新鉴定，把化解矛盾作为处理司法鉴定争议的工作目的。

2. 推行司法鉴定人出庭作证，甄别司法鉴定意见争议分歧

我国刑事、民事、行政三大诉讼法均明确规定，证据必须查证属实，才能作为认定事实的根据。司法鉴定人出庭作证，接受当事人双方对争议司法鉴定意见的质疑、诘问，有利于在法庭上解决当事人之间的司法鉴定意见争议。这是诉讼法学理论界的基本观点，也是最为理想的解决机制。出庭作证也是司法鉴定人的义务，《决定》第11条规定："在诉讼中，当事人对鉴定意见有异议的，经人民法院依法通知，鉴定人应当出庭作证。"但是长期以来，司法鉴定人出庭率偏低。由于司法鉴定专业性强，司法鉴定人出庭作证也只是围绕司法鉴定程序等表面问题，法庭无法确信谁是谁非，从而使得法庭审判十分被动。据有关资料显示，全国司法鉴定人出庭率仅为5%左右，这极易影响庭审案件的质量，从而造成冤假错案，如湖南的女教师黄静案、河北孟存明案、湖北的佘祥林案等冤假错案皆是由于司法鉴定意见错误而导致的。

2013年1月1日实施的新《刑诉法》强化了司法鉴定人出庭作证义务，赋予当事人对司法鉴定意见的质证权，可以防止可能发生的司法鉴定暗箱操作，减少对司法鉴定意见的争议。它还明确规定司法鉴定人拒不出庭作证的法律后果，第187条第3款规定："经人民法院通知，鉴定人拒不出庭作证的，鉴定意见不得作为定案的根据。"第192条增加了有专门知识的人出庭协助质证的内容作为该条第2款，"公诉人、当事人和辩护人、诉讼代理人可以申请法庭通知有专门知识的人出庭，就鉴定人作出的鉴定意见提出意见。"有专门知识的人参与法庭质证活动，给予辩护人专业帮助，增强辩护方的质证能力，无疑对司法鉴定人能力及司法鉴定意见客观性提出新要求。浙江省司法厅针对新《刑诉法》对鉴定制度的调整，部署研究应对措施，要求司法鉴定人认真学习，努力实现从"技术专家"向"法

律人"转变。同时争取省物价局支持，已联合发文调整司法鉴定人出庭作证补偿标准：在本地区司法鉴定人出庭作证补贴 500 元/人·次，去外地区司法鉴定人出庭作证补贴 700 元/人·次，出庭作证发生的交通费、住宿费另行支付。并规定司法鉴定人无理由不出庭作证的，退还全部鉴定费。这将减轻司法鉴定人出庭作证给司法鉴定机构带来的经济负担，有利于司法鉴定人出庭作证制度的落实。

3. 依靠司法鉴定专家评价，为解决司法鉴定意见争议提供专业支持

司法鉴定作为科学实证活动，受客观条件限制，存在一种猜想或者假设，其中可能潜存着错误。司法鉴定意见争议在诉讼中的存在是必然的，也是合理的，彻底根绝是不现实的。但司法鉴定主管部门应当直面司法鉴定意见争议，及时处理，化解社会矛盾。涉及不同司法鉴定机构对同一司法鉴定事项出具不同司法鉴定意见时，可采取司法鉴定专家咨询的方式，对有争议的司法鉴定意见进行评价，为化解司法鉴定争议引起的矛盾纠纷提供依据。按照司法部的相关规定，对于涉及重大案件或者遇有特别复杂、疑难的技术问题的司法鉴定事项，根据司法机关的委托或者经其同意，司法鉴定主管部门或者司法鉴定行业组织可以组织多个司法鉴定机构进行司法鉴定。

错误司法鉴定意见分为虚假司法鉴定意见和非主观故意错误司法鉴定意见。虚假司法鉴定意见的认定标准：虚假司法鉴定结论常伴有司法鉴定程序违法行为，司法鉴定人指定或参与常伴有反常迹象，司法鉴定中的技术性错误系统而明显。非主观故意错误司法鉴定意见的认定标准：司法鉴定材料的司法鉴定条件是否充分，司法鉴定步骤、方法是否规范，司法鉴定原理是否科学，司法鉴定意见依据是否科学，司法鉴定人对司法鉴定意见分析判断是否科学。2011 年以来，浙江省已举行了六次专家咨询会，对有争议的司法鉴定意见进行评价，为司法鉴定管理部门加强鉴定管理提供业务支持，均取得良好的效果，逐渐减少了不同司法鉴定机构对同一司法鉴定事项出具司法鉴定意见差异较大的现象。

结　语

　　建立有效的司法鉴定意见争议评价机制，有利于鉴定质量的提高。浙江省在司法鉴定意见争议评价机制中的探索和实践，仅是取得初步成效，对规范鉴定执业活动、提高鉴定社会公信力、强化司法鉴定管理能力起到了积极作用。司法鉴定具有主观性与客观性、独立性与依附性、科学性与程序性相统一的特性，司法鉴定意见争议评价难度大，涉及鉴定权启动、执业过程、执业监管、法庭采信四个环节，需要依靠行政管理部门、行业协会、法院的共同协作才能达到良好的效果。证据必须经过查证属实，才能作为定案的根据，是否采信的决定权在于庭审法官。这不仅是我国司法鉴定管理体制中遇到的新问题，在国外诉讼活动中，也是鉴定同行、法律人士关注的重点问题之一。随着新《刑诉法》的实施及法庭对鉴定意见质证制度的落实，多数司法鉴定意见争议应当通过法庭质证甄别争议分歧。

第四章

对策与构建：司法鉴定管理体制改革

第一节　司法鉴定的历史演变：从神权走向民权*

司法鉴定制度的兴起与社会制度的发展具有密切的关联。人类对自然、社会认识的历史发展经历过从无知愚昧到科学探索、科学认识的过程。同样，在人类社会扬善惩恶、妥善解决生活纠纷的裁判活动中，对于证据的获取和认定经历过神明裁判时代、人证裁判时代和物证裁判时代。司法鉴定就是伴随着这种如何发现证据、如何认定证据、如何确保证据科学性与客观性的要求而产生、发展的。神明裁判是证据制度发展史上最原始的一种证据制度，它是在人类对社会、自然还缺乏认识的原始社会及奴隶社会时期，采用一定形式和现象作为神灵旨意帮助裁断案情，对争议事件的鉴定也是由"神意"控制，从而衍生出如"水审法""火审法""热油审""尸体裁判法"等鉴定手段。那时候，法庭不是为查明案件事实而设立的机构，而是为获得"神灵指示"设置的场所。司法裁判和司法鉴定的控制权实际上被"神"所掌握，法官的任务只不过是对神灵显现的答案予以宣示。当时国家政权的统治者不但自身为神的崇拜者，同时利用人们的愚昧无知和宗教迷信，用这种证据制度来断狱决讼，以达到维护和巩固自己统治地位的目的。

随着人类理性的觉醒，司法者和社会民众深刻认识到必须将司

---

* 本节撰稿人：何颂跃，北京法源司法科学证据鉴定中心主任，原最高人民法院法医处处长。本节内容首次发表于《中国司法鉴定》2006年第5期。

法审判和司法鉴定的控制权从"神"的手中夺回来，人们只有自己查明事实真相进行裁判才能树立如"神"一样的信服力——司法权威，因而逐步推动了法定证据的出现，人类社会的司法活动进入了一个新的证据时代。在这个证据时代早期，人证（证人证词、口供）是唯一的证据，因此口供的获取成为执法的主要任务。为获取口供、查明事实真相，执法者可以不惜一切代价、不惮采取任何手段。我国古代种种令人发指的刑讯、西方中世纪黑暗的纠问式审判，都是"但求真相，不问代价"的典型。

人证裁判时代是人类对"神"的直接否定，确定了统治者至高无上的权威，但也直接导致了刑罚的滥用和随意性，司法本身的权威性、公正性受到了严重的质疑。因此，人们在确定口供、证人证词在司法审判上的证据作用的同时，也开始探讨采用其他方法作为证据帮助审判。此时，发现物证、研究物证引起了审判者的关注。而科学的兴起和发展，不但为物证的证据价值提供了依据，并且也对司法审判的证据制度起到了实质性改变作用。人类证据制度进入了物证时代。可以说，从"神证"时代进入"人证"时代的第一次转变标志着人类的司法审判走出了愚昧时期，而从"人证"时代进入"物证"时代的第二次转变则标志着司法审判真正开始走向了科学的历程。

在科学技术方法进入司法审判领域的过程中，法医学起到了先驱者的作用。无论是东西方，在刑事和民事案件中，运用医学来解决法律问题成为人们的共识，但法医学的运用主要局限在刑事领域，以致形成了刑事侦查的特权和专利。在这个方面，法医学不仅是最早出现、最为重要的学科，而且对其他刑事侦查证据学科的兴起和发展起到了直接的推动作用，如痕迹学、指纹学、文检学等，因此法医学又称为"科学证据之母"。而现代 DNA 技术的发展和运用，使得人身识别技术进入到一个新的时代。

在人类司法审判的历史上，我国古人不但独树一帜，发展出著名的"五听"断狱的审判方法，[1]而且也首创了法医学科，宋朝提

---

〔1〕《周礼·秋官·小司寇》所载："五声听狱讼，求民情：一曰辞听（观其出言，不直则烦），二曰色听（观其颜色，不直则赧然），三曰气听（观其气息，不直则喘），四曰耳听（观其听聆，不直则惑），五曰目听（观其眸子，不直则眊然）。"

刑官宋慈编著的《洗冤集录》是世界上最早的法医学著作，宋末元初赵逸斋编著了《平冤录》，元朝时期王与编著了《无冤录》。可以说，《洗冤集录》《平冤录》《无冤录》构成了我国古代法医学科的完整体系。

在我国现代法医学的发展中，法院和早期留学国外的学生起到了重要的作用。1899年，中国留日学生将日本的《实用法医学》专著翻译介绍到国内，这是我国最早介绍国外法医学的专著。1914年北京地方法院检察厅首设法医，由留日医学博士江尔鄂担任，他也成为我国现代史上的第一位法医。1928年留学德国的医学博士林几在北京大学医学部首设国内第一个法医学教研室。到1935年，各省高级法院均设立了法医学检验室，由医学毕业生经过法医学专业培训后担任检验人员，而在各警察局设立现场检验员，这样就在国内形成了以法院为主体的司法鉴定网络。而且这种模式至今仍具有影响力。如果仔细研究中国古代法医学的发展史，我们会惊奇地发现是古代司法行政官创设了法医学，法院则是我国现代法医学和司法鉴定体制形成的起源地。不过，我们也惊奇地发现，司法鉴定在经历神明裁判、法医学鉴定、刑事司法鉴定、司法鉴定的历程中，从"神坛"上走下之后，又被推上了"官位"，司法鉴定不但被披上神秘的外衣，而且成为司法官员的专有权力。

由于司法鉴定具有的权力属性，司法机关和学者对其的认识和定义均不相同，但都未能脱离职权主义思想，即是以侦查为中心还是以审判为中心之争。不过，全国人大常委会通过的《决定》第1条对司法鉴定进行了明确界定："司法鉴定是指在诉讼活动中鉴定人运用科学技术或者专门知识对诉讼涉及的专门性问题进行鉴别和判断并提供鉴定意见的活动。"该法定概念明确了司法鉴定不再是侦查行为的一种类型，也不再是司法机关的专属权利，而是控辩双方都有权提起、为自己主张提供科学依据的诉讼活动。

根据我国三大诉讼法的规定，鉴定意见是证据种类之一。刑事诉讼中侦查机关为了发现犯罪、查证犯罪而进行的刑事侦查鉴定，犯罪嫌疑人、被告人、辩护人申请进行的鉴定，民事诉讼、行政诉讼中当事人委托进行的鉴定，其目的都是为了获取相关证据，都是鉴定人运用科学技术或者专门知识对某一专门性问题进行检验、鉴别和判断的活动。这一活动既不是行政行为，也不属于侦查、检察和审判专有职权的范畴。因此，从我国最新立法对司法鉴定的界定，可以认为，这是我国在法律上首次将司法鉴定从"官位"上拉下来了，将司法鉴定决定、启动的权力赋予参加诉讼活动的当事人，从立法精神上充分体现了民权思想。

全国人大常委会在司法鉴定立法上的新规定，对我国司法鉴定体制改革起到了决定性作用。长期存在于法院之内的司法鉴定机构被依法撤销，公安机关、检察机关保留的鉴定机构明确仅为本系统侦检工作需要而开展。同时，司法行政部门依法审批、监督面向社会服务的中立性司法鉴定机构。司法鉴定终于揭开了神秘的面纱，展示在社会大众的面前。人们在发生诉争时，可以方便、自由地借助科学手段推进事件的认识、解决。随着社会化鉴定机构的建立、规范和发展，司法鉴定必将向科学技术鉴定方向发展，鉴定不再专属于某些领域或部门，而将渗透到人们生活的各个领域如仲裁、人民调解、单位内部处理、民众协商解决等方面，真正步入民众充分认识科学、运用科学解决纠纷的新时代。

司法鉴定从神权走向民权，并不意味着司法鉴定从此依靠自律而发展，而是提出更加严峻的问题：社会化的司法鉴定将如何发展？如何避免成为滥用民权者的工具？

对此，从积极探讨落实《决定》的贯彻执行，建立一个中立、科学、公开、公正解决社会与司法诉争的科学体系、促进司法体制合理改革、实现构建和谐社会目标等方面考虑，有下列构想：

一、确定司法行政和行业协会双重管理模式

毫不过分地说，司法鉴定意见在民事方面直接涉及企业、个人事业的发展存亡，在刑事方面直接决定个人的生杀予夺，在行政方面直接涉及政府的形象维护。因此，司法鉴定作为一个涉及国家、集体、公民切身利益的特殊职业行为必须具有严格的行政和行业协会的双重机制。

1. 司法行政管理：司法行政部门依据《决定》《行政许可法》《行政复议法》以及司法部颁布的有关行政法规性文件，依法履行对全国司法鉴定工作的管理职能，制定全国司法鉴定发展纲要和规划，协助和指导司法鉴定行业协会的建立和工作开展，审查司法鉴定机构的设立、司法鉴定人资格以及司法鉴定机构的运行情况，组织评定司法鉴定机构社会公认度和专业水平等级度，组织进行鉴定人职称评定工作；与相关部门协调司法鉴定收费标准、建立司法鉴定救济制度，处理和监督对司法鉴定机构的投诉情况。

2. 司法鉴定行业协会管理：司法鉴定行业协会主要通过专业技术标准的制定、专业人才的教育培训等，协助司法行政部门管理司法鉴定机构与人员工作。司法鉴定协会内部可以设立各个专业领域鉴定委员会，如法医学鉴定专业委员会、文痕检验专业委员会、司法会计鉴定专业委员会等，协会的主要职能如下：

（1）组织各专业委员会起草、修改有关技术标准：《人体损伤程度鉴定标准》《人体损伤残疾程度鉴定标准》《人体损伤程度鉴定标准》《文件检验技术方法与标准》等；

（2）开展建立鉴定人准入制度和职称评定工作：司法鉴定意见的证据作用及特性要求从事各专业领域的鉴定人更加专业化、专家化，建立起更加细化的准入制度和标准已经是国际上法庭科学发展的重要趋势。我们可以先逐步建立起法医学专业领域从业准入标准，如《法医病理学鉴定人准入标准》《法医物证学鉴定人准入标准》《法医临床鉴定人准入标准》《司法会计鉴定人准入标准》《司法文书检验鉴定人准入标准》等，也就是说，从医学专业、法医学专业毕业只是从事法医学鉴定工作的基本要求，但一名合格、称职的法医学相关领域鉴定人必须获得相关领域的从业准入资格。

在鉴定人专业准入制度的基础上，开展职称评定的统一性工作，使鉴定人在专业方面能不断得到正常的、制度化的进步。

（3）开展司法鉴定实验室标准化认证工作：实验室标准化认证是国际法庭科学协会一直推荐的工作，既是保证鉴定意见客观、科学的技术规范依据，也是法庭评价鉴定意见科学有效性的法律依据（技术法规）。应当逐步开展《DNA 实验室评定标准》《毒物分析实验室评定标准》《法医病理学实验室评定标准》《文书、理化分析实验室评定标准》等的制定工作。此外，应当积极开展法定及推荐鉴定方法、DNA 鉴定位点的研究和确定工作；确定推荐定性方法和定量方法以及法定筛选预实验方法和确证方法；制定、推荐各专业领域鉴定文书规范性格式等。

（4）开展继续教育培训和专业学术会议工作：结合从业准入制度和鉴定人职称评定建立继续教育机制。组织人员进行继续教育教材的编写工作，每年开展各个专业新技术、新进展以及标准适用研讨会、专题讨论会等学术活动，根据国情，建议每位鉴定人每五年必须有一次接受专业培训的教育经历，并且与职称评定相结合。

开展全国性司法鉴定学术会议活动，建议按照国际会议的惯例，每两年举办一次全国性的学术会议，入选及优秀论文汇编成专著或在指定杂志发表，从而促进全国司法鉴定工作的凝集力和学术性。

（5）积极主动地组织重大疑难案件的司法鉴定工作：针对社会、司法审判涉及的重大疑难案件司法鉴定工作，省、中央司法鉴定行业协会可以积极主动地介入，依法接受委托，组织由司法鉴定机构及专家组成的联合鉴定。对于涉及多学科、跨领域的司法鉴定工作，可以组织不同学科、领域的鉴定机构和专家进行综合鉴定。

随着社会科技、经济发展的复杂性，综合鉴定和联合鉴定已经是高效、科学的鉴定活动的必然产物。在《俄罗斯刑法典》《法国刑法典》以及我国《澳门刑法典》中已经有明确的规定，通过协会的组织活动，为我国刑法典、民法典有关司法鉴定立法规定的完善提出有益经验。

二、建立司法鉴定的科学体系

《决定》实施后，我国司法鉴定机构的格局发生重大变化，根据改革后的国情，我们可以将现有司法鉴定机构分为三大类：

1. 附属于院校、医院的兼职鉴定机构

这类鉴定机构在仪器设备、专家实力等方面具有明显优势，在解决地域性疑难案件方面发挥了重要作用，也成为地域性的司法鉴定主要力量。这类鉴定机构并不依靠鉴定费用而生存，鉴定人具有固定的职业收入，鉴定机构无需承担鉴定设备、场所、电话费用和其他水电费用等，因此其鉴定成本相对较低。

但这类鉴定机构只是将司法鉴定活动作为兼职工作，专家教授的主要精力用来应付日常的教学、科研、指导研究生、临床医疗活动、本职专业工作以及所在单位其他事务性工作。因此，这类鉴定机构不能完全适应社会纠纷事件处理的需要；甚至对于一些缠诉、复杂案件，出于自我保护的需要而拒绝受理。

2. 附属于公、检、安内部系统的专职鉴定机构

根据《决定》，公检机关因侦检工作需要开展鉴定工作。在以往以及今后一段时间内，这类鉴定机构可能介入非诉讼案件的司法鉴定活动之中，但因与《决定》规定的原则和前提条件相冲突，我们可以预测，将来可能出现就其鉴定行为是否有效的诉讼纠纷。作为一般原则，国家行政机关是在法律规定的范围内工作，法律无明确规定则不能纳入其职责范围。这与公民"法无明确限制则可行之"的法律行为准则恰恰相反。因此，这类鉴定机构在面向社会进行司法鉴定活动方面必然受到限制。

3. 依法在司法行政部门登记注册，具有独立法人资格的职业化司法鉴定机构

这类鉴定机构是依法登记注册成立、面向社会开展司法鉴定的专职鉴定机构，也是国家司法鉴定体制改革出现的新生事物。鉴定人以鉴定活动为专门职业，目前以退休人员为主要力量组成，他们具有丰富的鉴定经验，但在仪器设备以及实验室方面必然要经历一个发展的过程。这类机构必须以鉴定费用支付工作人员工资、福利保障、场所、仪器设备的添置及维持费用、水电费用等，因此在生存与发展方面还需要国家政策的扶持。

笔者认为，我国现在应当大力扶持和发展职业化司法鉴定机构和鉴定人，促成这些机构完成第一次转变，即以退休鉴定人员为主体的传统模式转变为以中青年鉴定人员为骨干主体、退休鉴定人员为指导的现代模式，有计划、有步骤地培植起中央、省级、地区级骨干鉴定机构，使每个地区、省、中央形成较为权威的 1~2 个专职

化鉴定机构，并在此基础上建立起国家三级鉴定体系，确定各大区复核鉴定机构，以完全适应社会各界及司法机关对司法鉴定工作的需要，从而形成以专职化鉴定机构体系为主要队伍、院校兼职化鉴定机构体系作为重要辅助力量的司法鉴定体制，使专职化和兼职化鉴定机构在专业、学术上能相互促进、相互监督，在制度上保证鉴定意见的科学、客观。

三、建立专家辅助人法律服务体系

促进鉴定意见更加科学、客观、公正的有效措施，除实行鉴定人出庭制度之外，就是应当建立起鉴定人与专家证人法庭对抗制度。

专家证人，在我国司法解释中又称为"专家辅助人"，他们并不从事具体的鉴定活动，但接受当事人的委托或聘请，依据自己的专业经验、知识，在鉴定的方法学、科学原理、检验鉴定标准化方面以及某些专门经验等对鉴定人出具的鉴定书进行评价和质疑，从而在科学层面上维护当事人的合法权益。因此可以形象地说：如果鉴定人是小说家，则专家证人就是小说评论家。

实行专家辅助人法律服务制度可以达到及时、客观有效地保护当事人权益的目的，"迟到的公正"实际上就是不公正。目前一个比较普遍的现象是，在法庭上宣读完鉴定意见后，法庭往往鸦雀无声，律师即使进行质疑也显得苍白无力。因此，法庭上进行鉴定专家之间的对抗，可以有效地监督鉴定人的鉴定行为，法官可以辨明鉴定意见的缺陷、失误，甚至虚假鉴定之情形。

目前英美法系国家普遍实行的是鉴定人＋专家证人的鉴定制度，而大部分大陆法系国家实行的是单纯鉴定人制度。但《意大利刑法典》明确规定被告可以聘请1~2名技术顾问，介入始于侦察阶段的司法鉴定活动，起到监督、专业建议的作用。

我国最高人民法院在2001年公布的《关于民事诉讼证据的若干规定》第61条明确规定：当事人可以向人民法院申请由1~2名具有专门知识的人员出庭，就案件的专门性问题进行说明。经人民法院准许，可以由当事人各自申请的具有专门知识的人员就有关案件中的问题进行对质。具有专门知识的人员可以对鉴定人进行询问。《关于民事诉讼证据的若干规定》这一司法解释表明，在我国民事审判中认可实行专家证人制度。我们应当积极适应法律发展的要求，建立起专家证人法律服务制度，探讨专家证人法律服务的准入标准，逐步审批一些高质量的专家证人法律服务机构（技术专家法律服务事务所），在民事、仲裁、人民调解等领域发挥作用，并切实推进在刑事、行政诉讼领域中技术专家法律服务的进程。

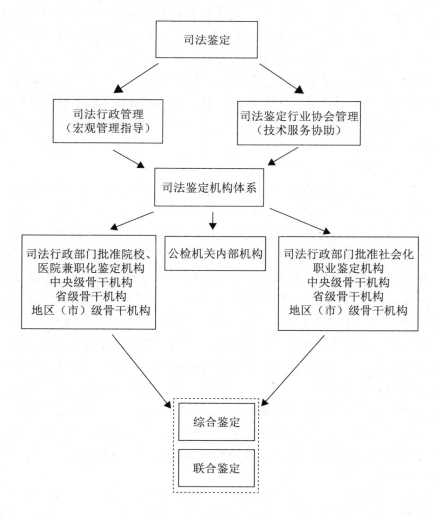

第二节　司法鉴定管理体制改革分析[*]

在当今的诉讼中，证据已经成为发现事实、认定事实的基本依据，以至于人们对今天的司法可以简单概括为"打官司就是打证据"。而在众多的证据方法中，鉴定作为最具科学性的手段，被视为可靠的证明方式，因为其所具有的重要价值，甚至于有人戏称"打官司就是打鉴定"。然而，鉴定作为最具科学性的证据，并不等于其具有不可质疑性。现实表明，鉴定可能因为种种原因而产生各种不同类型的问题。例如，鉴定人的资格、水平、鉴定方法和技术、鉴定材料和设备、鉴定人与案件的关系等方面的问题，就可能影响鉴定的科学性和可靠性。不仅如此，由于现代证据制度除了对司法的实体公正提供保障外，还强调对司法的程序公正予以保障，因此，以往司法鉴定实践中存在的自侦自鉴、自诉自鉴、自审自鉴等现象，对程序公正的影响也受到了社会的普遍关注。

鉴于司法鉴定的重要性及其在现实中存在的问题，鉴定制度改革迫在眉睫。关于司法鉴定制度的改革，涉及面比较广，既有与刑事诉讼、民事诉讼及行政诉讼相关的制度和程序方面的改革，也有鉴定管理制度方面的改革。事实上，司法鉴定管理体制所存在的严重弊病早已成为理论界和实务界批判的焦点问题之一，并有许多学者在理论上对司法鉴定管理体制改革展开了比较深入的研究。我们认为，司法鉴定管理体制对鉴定的科学性和可靠性、对诉讼的公正性有着重要影响，改革司法鉴定管理体制，目标和价值就在于保障诉讼的公正。因为设计良好的鉴定管理体制，不仅是司法鉴定科学性和可靠性的保障，而且有助于提高鉴定意见的可信度，对于当事人而言，诉讼过程和结局的可接受性也将更强。为了改革对鉴定人和鉴定机构的管理，以有助于实现诉讼的实体公正和程序公正，第十届全国人民代表大会常务委员会于 2005 年 2 月 28 日通过了《决

---

[*] 本节撰稿人：王敏远，浙江大学光华法学院教授；祁建建，中国社会科学院法学研究所副研究员。本节主要内容首次发表于《中国司法鉴定》2005 年第 5 期。

定》，并自 2005 年 10 月 1 日起施行。这既是我国司法鉴定管理体制改革的成果，也是改革进一步发展的新起点。《决定》甫出，相关各国家机构纷纷按照立法原意准备相应的落实措施，使中国司法鉴定管理体制进入了全面发展、变革的时期。

笔者主要以《决定》的司法鉴定管理体制改革为背景，分析各相关具体规范在保障诉讼公正方面的意义，并对管理体制的进一步改革试作探讨，以期有助于改革深入持久地开展下去。

一、关于《决定》的内容分析

我们对于《决定》内容的分析将从两个方面入手：一是《决定》的主要内容，即从结构分析其内容；二是《决定》的特点，将从横向和纵向比较的角度对《决定》作相应的特点分析。

（一）结构分析

《决定》共十八条，根据其规范的调整对象，可以分为对机构的管理规范和对人员的管理规范；根据管理的方式，可以分为有关登记管理的规范和有关鉴定人权利义务、法律责任的规范。为了论述的方便，笔者将其简单化，划分为登记管理规范和权利义务规范。

就鉴定人和鉴定机构的管理，《决定》第 2、3、6 条作了相应规定，"国家对从事下列司法鉴定业务的鉴定人和鉴定机构实行登记管理制度：①法医类鉴定；②物证类鉴定；③声像资料鉴定；④根据诉讼需要由国务院司法行政部门商最高人民法院、最高人民检察院确定的其他应当对鉴定人和鉴定机构实行登记管理的鉴定事项。法律对前款规定事项的鉴定人和鉴定机构的管理另有规定的，从其规定。""国务院司法行政部门主管全国鉴定人和鉴定机构的登记管理工作。省级人民政府司法行政部门依照本决定的规定，负责对鉴定人和鉴定机构的登记、名册编制和公告。""申请从事司法鉴定业务的个人、法人或者其他组织，由省级人民政府司法行政部门审核，对符合条件的予以登记，编入鉴定人和鉴定机构名册并公告。省级人民政府司法行政部门应当根据鉴定人或者鉴定机构的增加和撤销登记情况，定期更新所编制的鉴定人和鉴定机构名册并公告。"

根据这些规定，法律如未作其他规定，则从事法医类、物证类、声像资料鉴定以及其他事项的司法鉴定业务的鉴定人和鉴定机构必须进行登记，接受司法部的统一管理，并由省司法行政机关负责对鉴定人和鉴定机构的登记、名册编制和公告。省级人民政府司法行政部门审核申请从事司法鉴定业务的个人、法人或者其他组织，对符合条件的予以登记，编入鉴定人和鉴定机构名册并公告。省级人民政府司法行政部门根据鉴定人或者鉴定机构的增加和撤销登记情况，定期更新所编制的鉴定人和鉴定机构名册并公告。登记应当写明鉴定机构的业务范围，以便鉴定人和鉴定机构在鉴定人和鉴定机构名册注明的业务范围内从事司法鉴定业务。实际上，在 2005 年以前，并无法律就鉴定机构和鉴定人的登记管理作出其他规定，所以，所有从事法定鉴定事项的鉴定机构和鉴定人都必须纳入司法部的统一管理体制，司法鉴定管理体制改革的目标也由此可以推断为"构建统一的司法鉴定管理体制"，统一于司法行政机关的登记管理制度。

《决定》也规定了鉴定人的从业条件：①具有与所申请从事的司法鉴定业务相关的高级专业技术职称；②具有与所申请从事的司法鉴定业务相关的专业执业资格或者高等院校相关专业本科以上学历，从事相关工作 5 年以上；③具有与所申请从事的司法鉴定业务相关工作 10 年以上经历，具有较强的专业技能。但是，因故意犯罪或者职务过失犯罪受过刑事处罚的，受过开除公职处分的，以及被撤销鉴定人登记的人员，不得从事司法鉴定业务。《决定》第 8 条第 2 款规定鉴定人应当在一个鉴定机构中从事司法鉴定业务。第 9 条规定了鉴定应当委托列入鉴定人名册的鉴定人进行鉴定，由鉴定人所在的鉴定机构统一接受委托。

鉴定机构是法人或者其他组织，其条件是：①有明确的业务范围；②有在业务范围内进行司法鉴定所必需的仪器、设备；③有在业务范围内进行司法鉴定所必需的依法通过计量认证或者实验室认可的检测实验室；④每项司法鉴定业务有 3 名以上鉴定人。

针对此前公、检、法、司分别设立内部鉴定机构的做法，《决定》第 7 条第 2 款明文规定：人民法院和司法行政部门不得设立鉴定机构。而侦查机关根据侦查工作的需要虽然设立了鉴定机构，但不得面向社会接受委托从事司法鉴定业务。

《决定》第8条规定了鉴定机构的关系，各鉴定机构之间没有隶属关系；鉴定机构接受委托从事司法鉴定业务，不受地域范围的限制。

根据《决定》第10条的规定，司法鉴定实行独立鉴定、个人负责的鉴定人负责制度。鉴定人应当独立进行鉴定，对鉴定意见负责并在鉴定书上签名或者盖章。多人参加的鉴定，对鉴定意见有不同意见的，应当注明。第11条则规定了鉴定人的出庭义务。

《决定》第13条规定了违规鉴定的法律责任，鉴定机构和鉴定人的法律责任是指司法鉴定机构和鉴定人在履行职责过程中因违反法定义务所应承担的法律后果（摘自《中华人民共和国司法鉴定法专家论证稿》课题组：《中华人民共和国司法鉴定法——立法建议稿及论证》）。对鉴定机构和鉴定人的违法行为进行处罚，是确保司法鉴定公正性的重要手段。《决定》对司法鉴定机构和鉴定人的法律责任作了概括规定，具有重要意义。《决定》规定，鉴定人或者鉴定机构有违反《决定》规定行为的，由省级人民政府司法行政部门予以警告，责令改正。鉴定人或者鉴定机构有下列情形之一的，由省级人民政府司法行政部门给予停止从事司法鉴定业务3个月以上1年以下的处罚；情节严重的，撤销登记：①因严重不负责任给当事人合法权益造成重大损失的；②提供虚假证明文件或者采取其他欺诈手段，骗取登记的；③经人民法院依法通知，拒绝出庭作证的；④法律、行政法规规定的其他情形。鉴定人故意作虚假鉴定，构成犯罪的，依法追究刑事责任；尚不构成犯罪的，依照前款规定处罚。

《决定》着重于分配对鉴定机构的登记管理权和监督惩罚权，同时对于鉴定机构的设立条件、鉴定人的从业条件、法律责任等作了规定，填补了此前的立法空白。准确理解《决定》的精神，正确解释《决定》的有关规定，是在实践中贯彻《决定》的前提。为此，我们将在下文中总结《决定》的特点。

（二）特点分析

对《决定》的特点可以从纵向和横向两个方面进行分析，纵向方面的分析是相对于国内相关法律法规的发展而言的，横向方面的分析则是与国外相关法律的对比。

从历史发展的角度来看，《决定》有如下特点：

第一，对司法鉴定机构和鉴定人的管理和机构设置由分散走向统一。在我国，公检法内部鉴定机构的设立可以追溯到 20 世纪 80 年代。在十一届三中全会之后，这些机构在行使侦查、检察、审判权的公检法内部设立并得到发展。在《决定》生效之前，公、检、法、司四家部门分别设立自己的鉴定机构并由设立鉴定机构的机关对其进行管理。此外，还有面向社会服务的司法鉴定机构。所谓面向社会服务的司法鉴定机构，根据司法部于 2001 年 10 月 1 日起施行的《司法鉴定机构登记管理办法》所示，是指接受司法机关、仲裁机构和其他组织或当事人的委托，有偿提供司法鉴定服务的组织。

在公安机关方面，1980 年 5 月 7 日施行的《公安部刑事技术鉴定规则》第 3 条规定，刑事技术鉴定由县以上公安机关的刑事技术部门负责进行。公安机关的刑事技术部门属于公安机关，其人员是公安机关工作人员。公安机关所属鉴定资源占全国的 80%，承担的鉴定工作量占全国的 95%，[1]是我国鉴定体制的重要组成部分。《公安部刑事技术鉴定规则》第 7 条规定，"刑事技术部门，只承担办案单位有关犯罪案件的鉴定任务。"理论上公安机关的鉴定机构只面向侦查机关服务，但是根据公安部有关文件的内容，如"自 2005 年 10 月 1 日起，公安机关鉴定机构将不再受理公民个人委托的与诉讼有关的鉴定"，[2]这表明公安机关的鉴定机构在实践中也曾从事面向社会服务的鉴定业务。

检察机关也设立了司法鉴定机构。检察机关内部的鉴定机构，其经费由国家财政拨付，其人员属于检察院工作人员。最高人民检察院检察技术信息中心有关人员认为，检察机关鉴定工作在性质上的特点来源于《宪法》。根据"宪法规定，检察机关依法独立行使

---

〔1〕 公安部《关于贯彻落实〈全国人民代表大会常务委员会关于司法鉴定管理问题的决定〉进一步加强公安机关刑事科学技术工作的通知》，2005 年 4 月 12 日。

〔2〕 上引公安部《关于贯彻落实〈全国人民代表大会常务委员会关于司法鉴定管理问题的决定〉进一步加强公安机关刑事科学技术工作的通知》。

检察权，不受行政机关、社会团体和个人的干涉。检察机关的鉴定机构和人员是为履行检察机关侦查职能而设置的，同时还肩负有法律监督的职能，即对检察机关批捕和起诉中相关的鉴定意见进行审查，完全不同于社会上的鉴定机构和个人"。[1]

在法院方面，仅就法医鉴定而言，1986 年《最高人民法院关于加强法院法医工作的通知》指出，"已有 28 个高级人民法院、198 个中级人民法院、570 个基层人民法院配备了法医技术人员，总数达 1032 名"，并提出"建立和健全法医机构，是搞好法医鉴定工作的关键。各高、中级人民法院要建立法医技术室（应与本院庭、室同级）。基层人民法院配备法医专职技术人员，具体要求如下：①高级人民法院已建立法医技术室的，要积极开展各项业务工作，根据需要与可能逐步设物证组、病理组、活体检查组、毒物化验组；尚未建立机构和配备人员的，应积极选调法医技术人员和建立法医技术室。高级人民法院技术室人员应配备 8～12 名。②中级人民法院已建立法医技术室的，要逐步开展活体检查、物证、书证检验、尸体剖验等各项工作；尚未建立机构的，要努力创造条件，逐步建立起法医技术室。③基层人民法院中没有法医技术人员的，要逐步配备法医技术人员 1～3 名。工作需要、条件具备的，可以建立法医技术室"。最高人民法院在该文件中明确："今后准备以技术力量强、设备比较齐全、法医技术工作开展好的法医技术室为基础，筹建法院系统法医技术鉴定中心，为全国法院系统司法鉴定工作服务。"据此建立的最高人民法院的人民法院司法鉴定中心是经中编委批准，并实施了"国家事业单位法人登记"的独立机构。2001 年《人民法院司法鉴定工作暂行规定》承继了之前相关法律的规定，其第 6 条规定："最高人民法院、各高级人民法院和有条件的中级人民法院设立独立的司法鉴定机构。新建司法鉴定机构须报最高人民法院批准。最高人民法院的司法鉴定机构为人民法院司法鉴定中心，根据工作需要可设立分支机构。"法院除自己建立的鉴定机构可以进行鉴定之

---

〔1〕 肖玮："贯彻全国人大常委会有关决定，自 10 月 1 日起检察机关不得面向社会提供司法鉴定服务"，载《检察日报》2005 年 10 月 9 日，第 4 版。

外，也可以委托社会鉴定机构进行鉴定。最高人民法院《关于人民法院对外委托司法鉴定管理规定》第 3 条规定："人民法院司法鉴定机构建立社会鉴定机构和鉴定人名册，根据鉴定对象对专业技术的要求，随机选择和委托鉴定人进行司法鉴定。"

除以上国家机关可以设立司法鉴定机构之外，还有面向社会服务的司法鉴定机构。司法部于 2005 年 9 月 30 日起施行的《司法鉴定机构登记管理办法》第 4 条规定了"司法行政机关对司法鉴定机构及其司法鉴定活动依法进行指导、管理和监督、检查"。第 10 条规定了"省级司法行政机关负责本行政区域内司法鉴定机构的登记管理工作"。第 14 条规定了该类鉴定机构的成立条件，法人或者其他组织具备下列条件的，可以申请从事司法鉴定业务：①有自己的名称、住所；②有在业务范围内进行司法鉴定必需的仪器、设备与依法通过计量认证或者实验室认可的检测实验室；③有不少于 20 万至 100 万元人民币的资金；④每项司法鉴定业务有 3 名以上司法鉴定人；等等。

关于所谓面向社会服务的鉴定机构与国家机关设立的鉴定机构之间的区别，仅举检察院一家的意见说明。据最高人民检察院检察技术信息中心有关人员解释，检察机关的鉴定机构和鉴定人与面向社会服务的司法鉴定机构和鉴定人是有区别的，"至少有以下不同：其一，设置的目的不同：前者是为履行检察职能需要而设置的，后者是面向社会服务的，包括为当事人服务；其二，主体资格不同：前者是检察机关的内设机构，鉴定人是检察机关工作人员，后者则属于独立经营、自负盈亏的经营实体；其三，管理体制不同：前者由检察机关实行内部管理，后者实行登记、收费的行业管理；其四，保障机制不同：前者办案经费是由国家保障的，后者是靠取得执业报酬，其鉴定活动直接与经济利益挂钩；其五，承担的法律后果不同：前者为追诉犯罪，其鉴定意见导致错案的，检察机关需承担国家赔偿责任，而社会鉴定服务机构承担的只是民事赔偿。"[1]

---

〔1〕 肖玮："贯彻全国人大常委会有关决定，自 10 月 1 日起检察机关不得面向社会提供司法鉴定服务"，载《检察日报》2005 年 10 月 9 日，第 4 版。

第二，明确了鉴定人和鉴定机构的法律责任。此前，我国的司法鉴定活动基本上处于一种缺乏监督的无序状态，对于因疏忽大意或主观故意而作出错误鉴定意见的鉴定人并无监督机构对其进行处罚，责任无从落实。《决定》填补了这一立法上的空白，尤其需要注意的是，《决定》规定鉴定人经人民法院依法通知，拒绝出庭作证的，由省级人民政府司法行政部门给予停止从事司法鉴定业务 3 个月以上 1 年以下的处罚；情节严重的，撤销登记。由于它明文规定了鉴定人不出庭作证的消极法律后果，体现了鉴定人作证行为的义务特征，意义重大。总之，明确鉴定人和鉴定机构的法律责任，明确监督、处罚鉴定人和鉴定机构的主体，是《决定》较之以前旧的司法鉴定管理制度的突出特色。

从横向比较的角度来看，《决定》的内容也很有特点。它规定的鉴定管理体制，既不同于美、英，也有别于德、法。

从《决定》强调鉴定管理体制的统一性，将鉴定机构与鉴定人予以登记管理、建立名册的角度看，与法国的模式更为相近。

英美法系国家遵循鉴定人主义原则，即立法上不确定鉴定人资格，也不将鉴定权固定授予特定的人或机构。任何人都可能成为案件的鉴定人，只要参与审理有关案件的法官认为其具备鉴定人资格即可。如《美国联邦刑事诉讼规则和证据规则》第 702 条规定："凭其知识、技能、经验、训练或教育够格为专家的证人可以用意见或其他方式作证。"[1]

美国的司法鉴定机构设置呈分散型，其司法鉴定机构多称之为"犯罪侦查实验室"或者"司法科学实验室"。主要有两种：一种是由政府投资设置的官方实验室，为执法机关提供司法鉴定服务；另一种是私人的司法科学实验室，完全由个人投资设立或在大学内设立，与官方实验室相比较而言，前者规模较小，鉴定人员较少，但在美国司法鉴定活动中也发挥着重要作用。[2]

美国司法鉴定机构严格的中立性。所有的实验室都是中立的，

---

〔1〕《美国联邦刑事诉讼规则和证据规则》，卞建林译，中国政法大学出版社 1996 年版，第 117 页。

〔2〕李禹、王羚："赴美司法鉴定考察印象综览"，载《中国司法》2001 年第 3 期。

与各司法机关包括警察局在内不存在任何隶属关系，而是以委托关系的形式为司法服务，且机构负责指派技术人员作为专家证人出庭作证。无论是联邦调查局的犯罪侦查实验室，还是州、县、市的法庭科学实验室均是独立设置。美国的公立实验室分别由联邦、州政府直接投资，而不是投资给某个部门，再由部门划拨给实验室。由政府直接划拨的方式有利于集中财力、物力、人力。[1]集中的投资形式避免了资源的浪费，减少了对司法部门的依赖性。

在美国，所有实验室的科学家如果接受委托承担司法鉴定工作，就要以专家证人的身份出庭作证，向法官、陪审团就自己所鉴定的问题作出明确的解释。专家意见的审查通过庭审交叉质证确认，专家则与普通证人一样，接受传票、出庭、承担后果、对法庭负责，提供真实的、独立的、不偏袒某一方的证据，否则信誉会受到影响。[2]

在美国，无论是搜集证据还是在实验室做样品检测，均有严格的法定程序和统一的标准。涉及程序的法律由联邦制定，而鉴定标准有的是由国家制定，有的是由行业协会制定。一旦出现程序违法，证据就失去效力。[3]

以法国、德国为代表的大陆法系国家的司法鉴定制度主要包括以下几方面内容：首先，遵循鉴定权主义原则，即国家明确规定哪些人具有鉴定人资格或哪些机构具有鉴定权，只有具有鉴定人资格的人或具有鉴定权的机构才能向司法机关提供鉴定意见，并非任何具有专门知识的人都可成为鉴定人。例如法国实行鉴定人名册制度，将鉴定人严格限制在鉴定人名册或政府指定范围内。其次，为使有关当事人享有对鉴定意见提出质疑的机会，一般允许当事人及其诉讼代理人要求鉴定人出庭作证，或由法官依职权决定鉴定人出庭作证。[4]

---

〔1〕 李禹、王羚："赴美司法鉴定考察印象综览"，载《中国司法》2001 年第 3 期。

〔2〕 李禹、王羚："赴美司法鉴定考察印象综览"，载《中国司法》2001 年第 3 期。

〔3〕 李禹、王羚："赴美司法鉴定考察印象综览"，载《中国司法》2001 年第 3 期。

〔4〕 卞建林、郭志媛："两大法系司法鉴定制度比较"，载《检察日报》2001 年 4 月 9 日，第 3 版。

"两大法系国家的司法鉴定制度之所以存在差异，除了法律传统、诉讼模式等方面的差距外，深层次的原因在于两大法系对鉴定制度性质的理解不同：大陆法系将鉴定人视为法官的助手，居于中立地位，运用法官所不具备的专门知识对专门性问题进行鉴别和评定，补充法官专业知识之不足。鉴定被视为一种证据调查方法，其任务是协助法官查明事实真相。而英美法系则将鉴定人视为一种具有专门知识的证人，其鉴定意见与普通证人的证言在法律效力上是等同的。鉴定被作为当事人的一种证据方法，同样需要经过陪审团的审查判断。"[1]

二、关于《决定》的价值分析

在一定意义上，《决定》的出台是必然的，司法鉴定管理体制改革也是不可避免的。是什么问题迫使我国司法鉴定管理体制走上改革的道路？改革措施在怎样的程度上有助于解决现实中的问题？这便是本部分要分析的问题。

（一）背景分析

司法鉴定管理体制改革的呼声由来已久，其动力源于现实中的各种不同类型的问题。由于多头鉴定、重复鉴定、虚假鉴定等问题层出不穷，使我国的司法经常陷入极端被动的局面，甚至出现了由于不同的鉴定意见导致案件处理结果多次反复的令人难以接受的事件。[2]这与我国司法鉴定多年来沿袭的多头管理体制有着密切关系，因为这种管理体制对各部门、主体之间的利益冲突不能提供有效的、合理的解决方案。

根据我国法律的相关规定，公、检、法在诉讼中都有权独立决定司法鉴定的有关事项。在侦查阶段，《刑诉法》将鉴定作为一种侦查手段，其第144条规定"为了查明案情，需要解决案件中某些专门性问题的时候，应当指派、聘请有专门知识的人进行鉴定"。并

---

〔1〕　卞建林、郭志媛："两大法系司法鉴定制度比较"，载《检察日报》2001年4月9日，第3版。

〔2〕　祁建建："五次鉴定一波三折，黄静命案扑朔迷离"，载夏勇等主编：《中国法治发展报告》，社会科学文献出版社2005年版。

且，第146条规定，"侦查机关应当将用作证据的鉴定意见告知犯罪嫌疑人、被害人。如果犯罪嫌疑人、被害人提出申请，可以补充鉴定或者重新鉴定。"这一规定表明，在侦查阶段，侦查机关享有启动鉴定以及进行其他鉴定事项的决定权。根据《人民检察院刑事诉讼规则》的规定，人民检察院在侦查和起诉程序中也享有决定鉴定事项的权利，有审查鉴定意见的权利。根据《刑诉法》以及最高人民法院司法解释的规定，人民法院有权自行决定鉴定，有权审查鉴定意见，有权对当事人要求重新鉴定的申请作出决定。在由司法机关内部设立的鉴定机构进行鉴定时，就出现了所谓的"自侦自鉴""自诉自鉴""自审自鉴"现象，鉴定工作中的暗箱操作严重，鉴定工作不够规范，损害了司法鉴定的严肃性和公正性，影响了对案件的及时处理，是滋生司法腐败不可忽视的领域。尤其是在法院决定鉴定的案件中，由于法院同时也要对鉴定意见进行认定，不但产生了所谓的"自审自鉴"的问题，而且使人怀疑鉴定的中立性，也影响了裁判的中立性，从而使鉴定的公信力与审判的公正性受到负面影响。同时，这种鉴定管理体制，还产生了加大当事人的诉讼投入的弊病。

在1998年的国务院"三定方案"中，"面向社会服务的司法鉴定的行业主管机关"成为司法部的职能之一。2001年，司法部公布施行《司法鉴定机构登记管理办法》和《司法鉴定人管理办法》，对有偿向司法机关、仲裁机构和其他组织或当事人提供司法鉴定服务的组织进行登记管理。在此背景下，一些高校和科研机构也经登记设立了承担鉴定业务的机构，除承担教学、科研任务之外，接受公检法等机构委托从事司法鉴定，也接受当事人委托进行某些鉴定事项。高校和科研机构所设立的鉴定机构本身是独立于国家机关的，其接受公检法委托进行刑事鉴定，虽然无损于其独立性，但显然由于业务来源受到公检法影响，因而易于损害其中立性。

《决定》正是在这种背景之下应运而生的，当前所进行的司法鉴定管理体制改革也是为改变这种混乱状态、建立有序的司法鉴定管理体制、保障当事人诉讼权利、维护司法公正而展开的。

（二）价值分析

司法鉴定是发现真相、解决纠纷的重要诉讼手段，司法鉴定与司法的根本任务应是一致的。因此，司法鉴定管理体制改革应当与司法改革的方向一致，应当符合人类对司法价值的一般追求，也即公正，并为诉讼公正服务。同时，司法鉴定管理体制改革也应当与司法鉴定的本质特征相吻合。由于司法鉴定实质上是一种服务于诉讼活动的技术性活动，其功能是从科学的角度帮助法官确认证据、认定案件事实，这就要求司法鉴定机构必须居于中立的地位，从公正的角度提出符合客观规律和科学知识的鉴定意见。要实现司法鉴定的公正，必须保障司法鉴定中立，而司法鉴定中立的前提是司法鉴定机构和鉴定人的独立。鉴定机构和鉴定人是否独立，则取决于司法鉴定管理体制。在改革之前，在我国原有的司法鉴定管理体制中，鉴定机构和鉴定人所欠缺的正是独立要素和中立要素。

司法鉴定的独立包括多方面内容。简而言之，一方面是鉴定人的独立、鉴定机构的独立；另一方面，在具体制度的设计上，要与诉讼制度的改革以及司法体制改革相一致，突出控辩双方的对抗与裁判方的中立。唯其如此，才能更好地发挥司法鉴定保证诉讼公正的功能。

如前文所述，多头管理造成我国司法鉴定的现实困境，客观上要求规范鉴定机构的设置，确保司法鉴定机构和鉴定人的独立地位，为保证鉴定意见的中立、公正提供良好的前提条件。对此，《决定》作出了取消人民法院和司法行政机关设立的鉴定机构并禁止侦查机关设立的鉴定机构面向社会接受委托从事司法鉴定业务的规定。

人民法院在诉讼中执行审判职能，应处于诉讼的中立地位，对诉讼证据进行审查判断是人民法院审判活动的重要内容，而诉讼证据的最终采信权也属于审判机关。如果人民法院既充当司法鉴定的主体，又行使对该司法鉴定意见的审查判断权和采信权，就会有损司法鉴定的公正性，所以取消人民法院的鉴定机构是必然的。公安机关和人民检察院作为刑事诉讼中执行控诉职能的一方诉讼主体，对其控诉主张承担举证责任。虽然法律明确要求其既要收集对犯罪嫌疑人不利的事实和证据，也要收集对犯罪嫌疑人有利的事实和证据，但特定的诉讼地位决定了这些机关更注意收集对犯罪嫌疑人不利的事实和证据，而疏于收集对犯罪嫌疑人有利的事实和证据。鉴定人与侦查人员同处一个单位，甚至共同承担侦查任务，难免受到侦查人员追诉倾向的影响，在鉴定过程中也更注意对犯罪嫌疑人不利的事实和证据。这样用自己制造的证据证明自己的诉讼主张，难以保证鉴定意见的客观公正。但侦查活动往往非常紧急，随时会遇到有关问题的鉴定，侦查机关内部设置鉴定机构确实有利于侦查的及时性。侦查活动的这一特征决定了侦查机关内部可仍保留一部分鉴定机构和鉴定人，为侦查工作的顺利开展提供科学支持。总之，人民法院的鉴定机构自 2005 年 10 月 1 日起被取消，人民检察院、公安机关鉴定机构的职能已经在转变，所有的鉴定机构由司法部统一管理，基本符合鉴定机构独立性的要求。

此外，还必须指出《决定》在鉴定人出庭作证制度方面所作出的努力。由于我国《刑诉法》对于鉴定人出庭的要求并不严格，因此在传统的司法鉴定管理体制下，鉴定人的出庭率很低，对鉴定人的质证制度流于形式。对于鉴定人经人民法院依法通知，拒绝出庭作证的，《决定》规定予其停业 3 个月以上 1 年以下或者撤销登记的处罚。当鉴定人出庭作证成为更有现实意义的制度，必然会对保证诉讼公正起到良好的作用，并增强程序及其结果在当事人、公众心理上的可接受性。

由此可见，《决定》对于我国司法鉴定管理体制的改革力度是比较大的，其价值取向以保障公正作为优先考虑的内容。

那么，《决定》所发动的这场改革的前景究竟如何呢？以下作进一步分析。

三、前景分析

《决定》对我国司法鉴定管理体制的改革效果显著，各有关机关纷纷表态，坚决贯彻执行《决定》的规定。2005 年 4 月 12 日，公安部宣称，"公安机关不再面向社会提供涉及诉讼的鉴定服务。"最高人民法院明确了"坚决贯彻执行《决定》第 7 条关于'人民法院不得设立鉴定机构'的规定。……2005 年 10 月 1 日起，各级人民法院一律不得受理各种类型的鉴定业务。……各级人民法院如有事业单位性质的鉴定机构，应当于 2005 年 9 月 30 日前停止进行鉴定工作；如继续从事司法鉴定工作的，应当同人民法院脱钩"。[1]最高人民检察院表示，"自［2005 年］10 月 1 日起，检察机关的鉴定机构和鉴定人一律不得面向社会接受委托提供司法鉴定服务。"[2]此外，司法部也指出，"司法行政机关已经设立的司法鉴定机构应当于［2005 年］9 月 30 日前按照《决定》要求及新的管理体制完成调整工作。"

　　尽管成果卓著，但司法鉴定管理体制改革远非十全十美。这既表现在仍有许多配套制度尚未完善，也表现在有一些保守观念仍需转变。具体而言，既包括各机关出于对《决定》的曲解所采取的对抗改革的姿态和行动，也包括由于条件限制或者因时间紧迫尚未建立的各种制度和规范。因此，为进一步推动改革，还需要做许多方面的工作，大致有如下几方面内容：

　　（一）理解《决定》精神，贯彻《决定》的规定

　　在这一方面，主要问题是在对《决定》的解释上出现了一些不应有的曲解。这主要表现在各机关对于"面向社会服务的鉴定机构"一语的理解不同，导致对"统一的司法鉴定管理体制"这一改革目标产生分歧。

　　最高人民检察院技术信息中心有关人员认为，建立统一的司法鉴定管理体制的含义有二："一是面向社会服务的司法鉴定机构，实行行政管理和行业管理相结合的制度；二是公安机关、国家安全机关、检察机关根据侦查工作需要保留的司法鉴定机构，不得面向社会接受委托提供鉴定服务。"[3]《决定》第 7 条规定，侦查机关根据侦查工作的需要设立的鉴定机构，不得面向社会接受委托从事司法鉴定业务。检察机关为贯彻这一规定，"自 2005 年 10 月 1 日起，检

---

　　〔1〕　最高人民法院《关于贯彻落实〈全国人民代表大会常务委员会最高人民法院关于司法鉴定管理问题的决定〉做好过渡期相关工作的通知》，2005 年 7 月 14 日。

　　〔2〕　肖玮："贯彻全国人大常委会有关决定，自 10 月 1 日起检察机关不得面向社会提供司法鉴定服务"，载《检察日报》2005 年 10 月 9 日，第 4 版。

　　〔3〕　肖玮："贯彻全国人大常委会有关决定，自 10 月 1 日起检察机关不得面向社会提供司法鉴定服务"，载《检察日报》2005 年 10 月 9 日，第 4 版。

察机关的鉴定机构和鉴定人一律不得面向社会接受委托提供司法鉴定服务；检察机关的鉴定机构和鉴定人不得在司法行政机关登记注册从事面向社会服务的鉴定业务。"[1]最高人民检察院将根据《决定》对鉴定机构和鉴定人条件的要求，建立检察机关鉴定机构和鉴定人资格认证制度，陆续制定和修改《人民检察院鉴定工作规则》、《人民检察院鉴定机构登记管理办法》《人民检察院鉴定人登记管理办法》《人民检察院文证审查规则》和各专业门类的工作规范等。[2]

根据《公安部关于贯彻落实〈决定〉进一步加强公安机关刑事科学技术工作的通知》，《决定》所指的司法鉴定机构和司法鉴定人，是指在诉讼中面向社会提供司法鉴定服务的鉴定人和鉴定机构。公安机关所属的鉴定机构和鉴定人不属于《决定》规定的"司法鉴定机构"和"司法鉴定人"的范畴，不在司法行政机关登记之列。公安机关鉴定机构和鉴定人一律不准到司法行政机关登记注册。自2005年10月1日起，已在司法行政机关进行的登记注册将自动失效。并规定五种对象委托的鉴定不在《决定》限制之列，公安机关鉴定机构应予受理：①公安机关内部委托的鉴定；②人民法院、人民检察院、司法行政机关、国家安全机关、军队保卫部门、其他行政执法机关、仲裁机构委托的鉴定；③纪律监察机关委托的鉴定；④公证机关和公民个人委托的非诉讼鉴定；⑤通过指纹、DNA等数据库进行人体生物特征检索，提供有无犯罪记录查询等非诉讼鉴定。公安部将进一步加强和规范公安机关鉴定机构和鉴定人登记管理工作，并出台相关管理办法。相应地，《公安机关鉴定工作规则》《公安机关鉴定机构登记管理办法》和《公安机关鉴定人登记管理办法》已列入公安部2005年度立法计划，并于2005年11月7日通过，于2006年3月1日起施行。各级公安机关要根据已经出台的《公安机关鉴定机构登记管理办法》和《公安机关鉴定人登记管理办法》对所属鉴定机构和鉴定人的资格进行登记管理。公安机关将

---

[1] 肖玮："贯彻全国人大常委会有关决定，自10月1日起检察机关不得面向社会提供司法鉴定服务"，载《检察日报》2005年10月9日，第4版。

[2] 肖玮："贯彻全国人大常委会有关决定，自10月1日起检察机关不得面向社会提供司法鉴定服务"，载《检察日报》2005年10月9日，第4版。

实行统一的鉴定机构和鉴定人名册制度，准予登记的鉴定机构和鉴定人，将统一编入公安机关鉴定机构和鉴定人名册。公安机关鉴定机构和鉴定人名册抄送审判机关和检察机关。[1]

根据《决定》的有关规定，以上两机关的理解显然存在分歧。首先，《决定》第3条采取列举式立法例以鉴定事项划定调整对象的范围从而涵盖了所有的司法鉴定机构，规定其必须接受司法部的统一登记管理。相对于此前的有关规定，《决定》已经不再以是否面向社会服务来区分鉴定机构的登记管理制度。有关鉴定机构即使不再面向社会服务，仍然需要在司法行政机关登记注册。所以，认为不再面向社会提供鉴定服务就可以不纳入司法部统一登记管理的解释是与此完全不符的。其次，《决定》只在第7条提到了"面向社会"一词，也即"侦查机关根据侦查工作的需要设立的鉴定机构，不得面向社会接受委托从事司法鉴定业务"。很明显，此项规定旨在限制侦查机关所设立鉴定机构的业务范围。所谓"不得面向社会接受委托从事司法鉴定业务"，是由于其鉴定机构是基于侦查工作的需要而设立的，其设立鉴定机构的目的是为侦查工作服务，所以只能将这一规定解释为禁止其从事基于侦查工作需要之外的鉴定业务，超出该范围的解释是不符合立法原意的。再次，司法鉴定管理体制改革的目标是建立统一的管理体制，且如前所述统一于司法部的登记管理制度，而最高人民检察院宣称其所设立的司法鉴定机构"不得在司法行政机关登记注册从事面向社会服务的鉴定业务"，公安部认为"公安机关所属的鉴定机构和鉴定人不属于《决定》规定的'司法鉴定机构'和'司法鉴定人'的范畴，不在司法行政机关登记之列。公安机关鉴定机构和鉴定人一律不准到司法行政机关登记注册"。这些规定无疑是破坏了司法鉴定管理的统一性，阻碍司法鉴定管理体制改革达到其目标。它既与《决定》不符，也不利于司法鉴定管理体制改革，是不足取的。

因此，我们认为，人民检察院和公安机关内部设立的鉴定机构

---

〔1〕 肖玮："贯彻全国人大常委会有关决定，自10月1日起检察机关不得面向社会提供司法鉴定服务"，载《检察日报》2005年10月9日，第4版；李禹、王羚："赴美司法鉴定考察印象综览"，载《中国司法》2001年第3期。

及其鉴定人，也要受司法行政机关的统一管理，必须向司法行政机关进行登记管理并纳入名册进行公告。

当然，仅有统一的机构管理不足以保证司法鉴定实现其保证诉讼公正的作用，登记管理、审查登记申请等活动涉及大量的专业评估工作，只有鉴定事项的内行专家方可作出权威的决定。此外，《决定》在其第 12 条规定了鉴定业务规则，要求鉴定人和鉴定机构不但要遵守法律法规，而且要遵守职业道德、职业纪律。因此，建立完善的鉴定行业管理体制，是进一步构建完善的司法鉴定管理体制必不可少的一个组成部分。

（二）建立和完善行业管理

建立和完善司法鉴定行业管理大致包括以下内容：

首先，建立司法鉴定人协会。这一建议是基于以下两个理由：其一，由于司法鉴定活动具有专业性强的特点，仅由国家司法行政部门进行登记管理是不够的，如在司法鉴定人、鉴定机构申请的审查、司法鉴定行业标准的制定等方面，只有相关行业专家才能作出正确的决定。在对司法鉴定人及司法鉴定机构进行管理方面，应当发挥行业协会的作用，以弥补登记管理的缺陷；其二，不同的鉴定机构就同一鉴定项目作出不同的鉴定意见时，缺乏独立、公正的评审机构以科学的原理和方法，综合考虑不同鉴定机构的设备状况和鉴定人的实际业务水平，对鉴定意见的可靠性进行评估，导致法院面对几份不同的鉴定意见无所适从，而建立司法鉴定人协会可以从行业管理的角度来解决这些问题。

有学者作出如下设计："司法鉴定人协会分为中华全国司法鉴定人协会和地方司法鉴定人协会。加入地方司法鉴定人协会的司法鉴定人，同时是中华全国司法鉴定人协会的会员。司法鉴定人协会根据国家司法鉴定执业分类设立专业委员会。在司法鉴定的行业管理中，专业委员会的作用至关重要。如在司法鉴定人职业资格考试与考核、司法鉴定人执业证书颁发等方面，需要专业委员会从行业角度进行把关；在司法鉴定机构设备检测、资质审查方面，离不开专业委员会的参与；当不同鉴定机构对同一鉴定项目作出不同鉴定意见，法院结合案中其他证据也难以对其进行审查判断时，可借助专业委员会进行评断；专业委员会可以制定各专业领域的具体鉴定标准、鉴定程序，以使司法鉴定制度更加完善；处理鉴定人违纪、违法问题，有时需要由专业委员会对鉴定人是否故意或过失作出虚假鉴定意见进行鉴别。总之，由于司法鉴定行业分支领域众多，且各领域均专业性较强，所以需要在司法鉴定人协会之下设立专业委员会，来处理司法鉴定管理中专业性较强的问题。

司法鉴定人协会作为一个行业协会应当承担其例行职责，如总结、交流司法鉴定工作经验，组织司法鉴定人业务培训，组织司法鉴定人开展对外交流等，此外，还包括司法鉴定行业管理、行业监督方面的职责，如制定司法监督专业标准和行业规范，对司法鉴定机构和司法鉴定人进行评估、考核，进行司法鉴定人职业道德和执业纪律的教育、检查和监督，调解司法鉴定人执业活动中发生的纠纷，保障司法鉴定人依法执业，维护司法鉴定人的合法权益等。通过司法鉴定人协会的工作，加强司法鉴定人自我教育、自我约束和自我管理，可以大大减轻国家司法行政部门的工作负担，同时也可减轻法院的工作负担。"[1]。

其次，建立和完善司法鉴定行业规则。《决定》第12条被称之为鉴定业务规则，规定了鉴定人和鉴定机构从事司法鉴定业务，应当遵守法律、法规，遵守职业道德和职业纪律，尊重科学，遵守技术操作规范。所谓职业道德和职业纪律、技术操作规范，都应当属于行业规则，由司法鉴定协会予以保障。

最后，协助建设司法鉴定标准体系。目前，司法鉴定的标准体系建设迫在眉睫，包括鉴定的技术标准、鉴定程序标准、鉴定管理标准等。司法鉴定行业在确立这一系列标准过程中应当配合司法行政机关和其他有关机关的工作，对涉及专业技术领域的问题予以规范、整合，以建立统一、科学的鉴定标准技术体系。

（三）完善责任制度

《决定》规定了鉴定机构和鉴定人在司法鉴定中的两种法律责

---

〔1〕《中华人民共和国司法鉴定法专家论证证稿》课题组：《中华人民共和国司法鉴定法——立法建议稿及论证》。

任，即行政责任与刑事责任。事实上，根据违法程度的不同，司法鉴定机构和鉴定人的法律责任可分为行政责任、民事责任和刑事责任三种。行政责任与刑事责任前文已有，不再赘述。此处需要特别强调的是《决定》中缺失的民事责任。鉴定机构和鉴定人接受委托后提供司法鉴定服务，由委托人给付报酬，二者之间形成相应的民事权利和义务关系。如果司法鉴定人因违法执业或者因过错给委托人造成损失，理应承担民事赔偿责任。承担损害赔偿责任的方式与其他具体内容，我们认为下面这一主张是有道理的："由于司法鉴定人承办业务，由司法鉴定机构统一接受委托，与委托人签订书面委托合同，因此发生损害赔偿时，由司法鉴定人所在的司法鉴定机构首先承担赔偿责任。司法鉴定机构赔偿后，可以向有故意或者重大过失行为的司法鉴定人追偿。特聘鉴定人因故意或重大过失行为给委托人造成损失的，也应承担民事赔偿责任。由于特聘鉴定人直接接受委托，因此发生损害赔偿时，由该鉴定人直接承担赔偿责任。鉴于司法鉴定工作存在较大的职业风险，因此在承担责任方面，宜采取比较严格的过错责任制度，鉴定人因故意或重大过失行为给委托人造成损失，方承担赔偿责任。鉴定人在工作中的一般性过失，即使给委托人造成损失，也不承担赔偿责任。"[1]

综上所述，我们认为，司法鉴定管理体制改革是一个以建立统一的管理体制为目标、以保障诉讼公正为目的、以鉴定机构中立为基本特征的长期、艰巨、排除各种困难的过程。《决定》是司法鉴定改革实践中的阶段性成果，要确保《决定》的贯彻执行，达到改革的目标、实现保障诉讼公正的目的，不仅需要更多的理论研究和大胆实践，而且需要有关机关转变观念，能够以开阔的胸襟、开放的眼光看待改革过程中权力与利益的重新配置。

---

〔1〕《中华人民共和国司法鉴定法专家论证稿》课题组：《中华人民共和国司法鉴定法——立法建议稿及论证》。

第三节 完善统一司法鉴定管理体制的两个维度 *

自 2005 年司法鉴定管理体制改革以来，司法鉴定处在整个行业初步市场化、社会化的过程中。在实行改革的最初两年间，2007 年的司法鉴定数据统计表明，2007 年度，公、检、法部门委托 380 780 件，律师事务所委托 77 831 件，企事业单位委托 26 989 件，个人委托 124 441 件，分别占鉴定业务总数的 59.5%、12.2%、4.2%、19.4%。其中公、检、法部门委托比 2006 年增加 76 440 件，增长率 25.1%，个人委托比 2006 年增加 32 786 件，增长率 35.8%；律师事务所委托比 2006 年增加 15 603 件，增长率 25.1%。[1] 个人、律所和单位委托鉴定占 41.5%，所占比例比 2006 年明显增加，且个人委托鉴定的增长比例高于公、检、法部门委托。改革伊始，司法鉴定市场化、社会化增长的趋势已十分明显。在行业规则尚未健全的当下，在培植其建立行之有效的行业管理之前，完善作为过渡的、现有的行政管理包括技术管理非常必要。这成为当前司法鉴定管理体制改革的重要问题。所谓统一司法鉴定管理体制，并无明确的界定，至少在几个关键的结构性要素上，应具备统一管理的各种基本要件。在司法鉴定管理体制问题上这些关键的要素包括管理主体、客体、主客体关系，其中主体是指因法律规定而获得管理权力或者授权的机构，可能包括某些政府机关、行业协会或者授权的组织，也指虽然法律并无明确规定但由于行业惯例而实际上发挥着管理作用的组织；客体是指接受管理的被管理对象，一般而言有以下几种：一是受管理的鉴定机构，无论鉴定机构的设立者为何者，二是鉴定人，三是鉴定行为及其相关过程；主客体关系是指主体和客体之间的管理与规范关系，主要体现为法律规范以及技术规则两个方面的规范关系。管理机构和质量管理体系的统一，是当前完善统一司法鉴定

---

* 本节撰稿人：祁建建，中国社会科学院法学研究所副研究员。本节内容首次发表于《中国司法鉴定》2009 年第 4 期。

[1] 李禹、罗萍："2007 年度全国法医类、物证类、声像资料类司法鉴定情况统计分析"，载《中国司法鉴定》2008 年第 4 期。

管理体制的两个重要维度。

一、管理机构的统一与登记名册制度

所谓管理机构的统一，顾名思义是指对鉴定机构和鉴定人的管理主体是统一的、唯一的。我国以登记注册为主要管理方式，登记注册是行业准入的强制性管理方式，是鉴定人和鉴定机构执业的前提条件。根据《决定》第 3 条的规定，国务院司法行政部门主管全国鉴定人和鉴定机构的登记管理工作。该条规定所确定的一个重要原则就是司法鉴定行业的统一管理机构为司法行政部门。据此，司法部先后制定了《司法鉴定机构登记管理办法》和《司法鉴定人登记管理办法》，然而现实并非如此。在统一的管理机构方面，出现了很多意料之外的问题，亟待解决的有以下几个问题：一是管理机构的多元；二是多元的名册管理制度；三是法医、物证、声像资料这三大类之外其他类别司法鉴定的管理问题。这三个问题是相互联系的。

（一）管理机构的多元

侦查机关根据《决定》第 7 条第 1 款"侦查机关根据侦查工作的需要设立的鉴定机构，不得面向社会接受委托从事司法鉴定业务"之规定，保留了自己的鉴定机构。公安部于 2005 年 12 月 29 日发布了《公安机关鉴定人管理办法》和《公安机关鉴定机构管理办法》，于 2006 年 3 月 1 日起施行，对公安机关内部的鉴定人和鉴定机构实行自我管理。2006 年底最高人民检察院发布了《人民检察院鉴定机构登记管理办法》《人民检察院鉴定人登记管理办法》和《人民检察院鉴定规则（试行）》，于 2007 年 1 月 1 日起施行，对检察机关内部的鉴定机构和鉴定人实行自我管理。国家安全机关也对所属鉴定机构实行自我管理。可见，我国司法鉴定管理机构事实上呈分立状态，司法部对面向社会接受委托从事司法鉴定的鉴定机构和鉴定人进行登记注册管理；公安机关、检察机关、国家安全机关对内部设立的不面向社会接受委托从事司法鉴定的鉴定机构和鉴定人实行自我管理。据《公安部关于贯彻落实〈决定〉进一步加强公安机关刑事科学技术工作的通知》称："公安机关所属鉴定资源占全国的 80%，承担的鉴定工作量占全国的 95%，是我国鉴定工作的重要组成部分，是推进司法鉴定事业进步和发展，维护司法公正，为公安机关履行职责提供鉴定技术支撑的重要力量。在国家司法鉴定工作改革过程中，公安机关刑事科学技术工作不能削弱，必须得到进一步规范和加强。"并对公安机关所辖鉴定机构和鉴定人"实行统一的鉴定机构和鉴定人名册制度"。这种所谓的统一乃是局部的统一。占据如此庞大比例、如此重要地位的公安机关所属鉴定机构和鉴定人没有纳入到统一司法鉴定管理体制中来，使管理体制的统一性在改革之初就遭遇到重大的挑战，其基本架构被颠覆。立法的模糊不明确、条文的内部冲突是这一问题发生的表面原因，背后深层次的原因则是部门利益的冲突。

2009 年 1 月，中央政法委出台了《关于进一步完善司法鉴定管理体制，遴选国家级司法鉴定机构的意见》（政法〔2008〕2 号）。这一文件规定："检察、公安和国家安全机关所属鉴定机构和鉴定人实行所属部门直接管理体制和司法行政部门备案登记相结合的管理模式。""检察、公安、国家安全机关管理本系统所属鉴定机构和鉴定人。""对经审查合格的鉴定机构和鉴定人，由最高人民检察院、公安部、国家安全部和省级检察、公安、国家安全机关分别向同级司法行政部门免费备案登记。"司法行政部门"应及时备案登记，编制和更新国家鉴定人和鉴定机构名册并公告（具体公告范围由司法部商最高人民检察院、公安部、国家安全部确定）"。"检察、公安、国家安全机关内设鉴定机构经司法行政部门备案登记并公告后，依法接受司法机关委托开展非营业性的司法鉴定服务。"虽然三侦查机关并未放弃自行管理的体制，但在外在形式上终于也采取了向司法行政部门备案登记的管理制度。这意味着司法行政部门仅就登记名册管理制度而言，成为唯一的管理主体。需要注意的是，这一文件未禁止侦查机关自行进行内部的名册管理，为其现行的独立于司法行政机关的名册管理制度预留了空间。

令人担忧的是有法不依。某些公安机关仍向社会开展有偿司法鉴定服务。公安、检察机关的鉴定机构虽然不再面向个人、单位，但对律师、纪检监察、保险公司等部门送检的鉴定照收不误，而且都是收取鉴定费的有偿服务。如2006年浙江省公安系统接受委托办理非刑事案件鉴定46 178件。一些地方由公安部门聘请的医生对当事人进行伤情鉴定，并出具验伤证明书，加盖公安部门、鉴定人的鉴定章后用于派出所、交警支队的调解。每件鉴定收费300元，有的以医院名义出具鉴定发票，医生只得10元劳务费，剩下的290元都属公安部门的收入。[1]这就不难理解由于利益驱动，为了对鉴定资源进行垄断，公安部门会对社会鉴定机构的鉴定意见普遍不予采纳。这种有法不依的情况，使本来就混乱的状况雪上加霜。

（二）多元的名册管理制度

《决定》实施后，公安机关、检察机关相继建立了鉴定名册。而且，由于诉讼法规定法院为查明案情之目的，对专门性问题认为需要鉴定的，应当交由法定鉴定部门鉴定；没有法定鉴定部门的，由人民法院指定的鉴定部门鉴定。人民法院在指定鉴定机构时，往往沿用人民法院自己的鉴定机构和鉴定人名册，这就使未进入法院名册的其他鉴定机构和鉴定人在鉴定市场上失去了平等竞争的机会。这当然远远不是法院名册制度唯一的也不是最重要的后果。其最严重的后果在于即使是合法登记注册的司法鉴定机构，如果未进入法院名册，则法院实际上也不会委托或者指定其进行鉴定，甚至也不认可当事人自行委托其进行鉴定所得出的鉴定意见。由于以上原因，这些鉴定机构实际上无法接受委托开展司法鉴定业务。这样，法院的名册管理制度的本质是在司法行政机关进行登记注册后的二次筛选，从而架空了司法行政机关的统一管理制度。除了公、检、法的名册管理直接影响了司法鉴定统一管理外，其他类别的名册管理也不可忽视。

（三）司法鉴定登记管理的鉴定类别范围

由于《决定》第2条列入司法行政部门统一管理的司法鉴定业务只有法医类、物证类、声像资料类三大类鉴定（以下简称"三大

---

〔1〕 张叶蓬："当前司法鉴定工作存在的问题及对策"，载《中国司法鉴定》2008年第4期。

类"），司法行政部门对司法鉴定业务统一管理的范围过窄，已明显不能满足诉讼对司法鉴定日益增长的需求。《决定》虽然有第2条第4项的弹性规定，即"根据诉讼需要由国务院司法行政部门商最高人民法院、最高人民检察院确定的其他应当对鉴定人和鉴定机构实行登记管理的鉴定事项"，然而，自《决定》实施以来，诉讼的需要已十分明显，而司法部商两高的机制却运行得并不顺畅，协商机制并未产生实质性的结果。诉讼实践亟需解决的司法会计、资产评估、房地产评估、司法税务、建设工程质量、产品质量、环境监测等鉴定事项都没有明确纳入司法行政部门的统一管理范围。因此，不少法院堂而皇之地保留了原来的"三大类"以外的鉴定名册，在诉讼中继续使用。例如，浙江省司法厅还保留原来审批的"三大类"以外的司法鉴定机构63家，发证的164人，备案（审核登记后由于未参加培训而没发证）的1100人左右。对这些机构、人员的许可、变更以及日常管理都于法无据。而浙江省高院对"三大类"以外的鉴定机构也建立了备案名册，导致该省绝大多数法院对该省司法厅审批的鉴定机构的鉴定书不予采信。[1]卫生行政部门保留了保外就医的鉴定名册，安全部门、物价部门、劳动行政部门都有类似鉴定名册。以鉴定类别不属于鉴定登记管理范围为名而存在的多元化名册管理，使司法行政机关对司法鉴定以登记名册为主要方式的统一管理名存实亡。[2]

　　以上三个方面的问题集中揭示了一个现实：我国司法鉴定管理体制的主体实质上是多元的，而不是统一的，司法行政机关、公安机关、检察机关、国家安全机关、法院、其他政府机关等以不同的方式对不同范围的鉴定机构和鉴定人分享其管理权。这一现实是与统一司法鉴定管理体制的目标相悖的。

　　我们认为，在应然的层面上，作为统一司法鉴定体制中的管理机构，司法行政机关应当是唯一的管理机构，并在完善统一的司法

---

　　[1]　张叶蓬："当前司法鉴定工作存在的问题及对策"，载《中国司法鉴定》2008年第4期。

　　[2]　李禹、罗萍："2007年度全国法医类、物证类、声像资料类司法鉴定情况统计分析"，载《中国司法鉴定》2008年第4期。

鉴定管理体制中起到至关重要的作用，其职责至少应当涵盖以下主要方面：一是在政策制定上，司法行政机关是司法鉴定管理体制改革的策划者、法律实施的推动者，在法律实施和改革推进过程中，是包括侦查机关、鉴定机构、鉴定人等在内的各利益主体的协调人；二是专门地、排他地享有对鉴定机构、鉴定人进行登记、注册、名册公告、处罚、注销等管理权力；三是组织大型国家级鉴定机构，建立并控制关键的国家鉴定数据库；四是对鉴定标准化和质量控制体系进行宏观管理；五是在司法鉴定产品完全社会化、市场化之后，是交易秩序的维护者；六是在司法鉴定管理的高级阶段，争取拨款、扶植行业协会办理以上事宜并派员直接监督、指导。同时，其所承担的具体职能应是：审查鉴定机构、鉴定人申请材料，并对其是否胜任作出评价，编制并向社会公示胜任执业的鉴定人名册；编纂汇集鉴定人评价标准，每经过一定年份就对在册鉴定人重新进行能力评估，登记注册并公示；对未通过执业注册评估的鉴定人进行一定形式的处理；拓展纳入管理的鉴定类别范围并规范新增执业类别；通过质量管理体系对司法鉴定水准加以控制；对违法执业、违反职业道德的鉴定机构和鉴定人予以处罚等。

二、质量管理体系的统一与认证认可制度

在现阶段完善统一的司法鉴定管理体制，最主要的问题除了应当由具有排他性的唯一管理机构对鉴定机构和鉴定人进行管理之外，还应当为了保障鉴定的科学性，推进建立统一适用的质量管理体系。

《决定》在第5条从业条件中规定，"司法鉴定应当有在业务范围内进行司法鉴定所必需的依法通过计量认证或者实验室认可的检测实验室。"司法部和公安部先后颁布的《司法鉴定机构登记管理办法》《公安机关鉴定机构登记管理办法》均原封不动地抄录了此项规定。《计量法》第20条、《国家认证认可条例》第16条、国家质检总局《实验室和检查机构资质认定管理办法》等规范性法律文件均明确规定，向社会出具具有证明作用的数据和结果的检查机构、实验室，应当具备有关法律、行政法规规定的基本条件和能力，并依

法经认定后，方可从事相应活动。可见，司法鉴定机构必须经过认证认可，认证认可是鉴定行业的强制性准入条件。《认证认可条例》第 4 条规定，国家实行统一的认证认可监督管理制度。国家对认证认可工作实行在国务院认证认可监督管理部门统一管理、监督和综合协调下，各有关方面共同实施的工作机制。按照这一国家实行统一的认可制度的规定，国家只建立一套认可体系，国家认监委按照国际通行做法，建立集中统一的认可机构。以认证认可制度作为司法鉴定质量管理体系，是完善统一的管理体制的可靠保障。

通过以认证认可制度为核心的质量管理体系来确保司法鉴定的水准是国外比较成熟的实践。国外的司法鉴定机构为了实现对司法鉴定的质量控制，非常重视对鉴定活动的掌控，其主要做法之一就是通过质量管理体系实现对鉴定活动和鉴定结果的控制，确保鉴定活动的规范性和公正性。许多国家早已采取了认证认可的方式来保障较高鉴定水平和鉴定意见的可靠性。

在我国，统一负责认证认可的国家认监委已成为国际实验室认可领域举足轻重的成员，与国际实验室认可合作组织（ILAC）和亚太实验室认可合作组织（APLAC）均签署了互认协议。同时，作为国际认可论坛（IAF）、国际实验室认可合作组织的签署方，国家认监委认可结果得到其他签署方的承认，其中包括《国际认可论坛多边互认协议》（IAF MLA）互认成员 38 个和《国际实验室认可合作组织多边互认协议》（ILAC MRA）互认成员 46 个经济体、58 个认可机构。[1]国家认监委的认可活动已融入国际认可互认体系，为我国司法鉴定机构达到国际统一的认证认可行业标准提供了制度上和技术上的保障。

认证认可制度作为具有国际统一标准的资质管理制度，作为司法鉴定行业的权威性评价标准不仅具有客观性，而且为我国司法鉴定行业构建了一个国际化的交流平台，有利于我国司法鉴定行业与国外的交流和对话，也有利于将来在国际司法协助中维护判决的权

---

〔1〕 宋桂兰等：“我国司法鉴定领域认证认可相关程序要求”，载《中国司法鉴定》2008 年第 5 期。

威性。国际化的认证认可制度保障了鉴定实验室应该具备的设备先进性和技术水准，增加了鉴定意见的可靠性，将来随着判决书写作方式的改革，判决书撰写方案在判决理由包括证据采信等方面的加强，在有司法鉴定意见的涉外判决书的协助执行过程中，其合理性将更为充足，将提高基于国内鉴定意见所作判决的公信力。在我国对外经济贸易、国际司法交流日益发展的背景下，司法鉴定机构的认证认可具有增强判决和司法的国际公信力的作用。鉴于认证认可制度是法律对鉴定机构作出明文规定的要求，认证认可实际上是法律明文规定的强制性行业准入条件。在建立统一司法鉴定管理体制之初，由于条件所限未严格执行法律，后续的补救却是紧迫的。2008 年 7 月 25 日，司法部和国家认监委联合发文，决定从 2008 年10 月 1 日起在北京、江苏、浙江、山东、重庆、四川六省（市）先行开展司法鉴定机构认证认可试点，明确相关政策，作出统一部署。根据司法鉴定领域的特点，制定颁布了《司法鉴定机构认证认可评审要求》，明确规定了认证认可类型、申请条件、补充评审要求、评审程序等内容。同时，除了六个试点省市外，鼓励有条件的省（区、市）按照试点要求同步进行司法鉴定机构认证认可工作。试点通知的颁布，标志着司法鉴定机构的认证认可进入了实施阶段。

对于实施的效果，我们持谨慎的乐观态度，之所以乐观，是因为三个有利条件：首先，认证认可制度对于完善司法鉴定管理制度的意义已经受到充分的重视，不但在业界达成了共识，而且在后续的相关制度设计上将鉴定机构通过认证认可作为前提条件，这就意味着认证认可不仅仅是权威性的标识，而且成为某种形式准入的法定要件。这是有力推动认证认可实践的制度保障。"司法鉴定机构认证认可工作要与遴选国家级和省级司法鉴定机构相结合。中央政法委已经把通过认证认可作为遴选国家级或者省级司法鉴定机构的前提条件。省级司法行政机关推荐国家级司法鉴定机构或者遴选省级司法鉴定机构，要在通过国家级资质认定或者获得实验室认可、检查机构认可的司法鉴定机构中选择。……司法鉴定机构认证认可工作要与登记管理工作相结合。以后省级司法行政机关审核司法鉴定机构的执业范围，应当使其与经资质认定或者认可的能力范围相对应。……在日常监督工作中，把司法鉴定机构的质量体系建设和参加能力验证情况纳入检查和考核内容。"[1]其次，事实上，在鉴定机构中，依托卫生、教育和科研部门设立的鉴定机构及部分资质较好的民营鉴定机构占到全部鉴定机构的近90%，[2]这些主流的社会鉴定机构基本具备了认证认可准则所要求的设备、场所等硬件条件，有符合要求的高水平专业技术人员，具备通过认证认可的初步条件。最后，鉴定业务向少数水平较高、条件较好的鉴定机构集中，各省排在前十位的鉴定机构的业务量之和占所在省总量的40%~80%，如四川占56.8%、江苏占64%、山东占36%、重庆前五家占到了72%，[3]这些较大鉴定机构通过认证认可对于提高并保持地区鉴定质量的水准具有标识性意义，从而利于认证认可制度的推行。我们对实施效果的乐观亦保持谨慎，这与我国当前司法鉴定机构的不平衡发展有关。在2007年的统计数据中发现，尚有省份如西藏未有鉴定机构登记注册，也有省份的鉴定机构发展并不如人意。[4]这些往往可被归因于地区发展不平衡的问题几乎在每一种制度中都现实存在，在短期内亦无良策予以解决，却不可以忽略不计，并且它也影响着制度实施的全局性实际效果。

随着司法鉴定管理法治化水平的不断提高，统一的司法鉴定管理体制将不断完善，当前最为紧迫的管理机构统一问题和质量管理体系问题都将随之得到令人满意的解决：部门利益之争将让位于对诉讼基本规律的尊重和对当事人权利的有效保障，司法鉴定机构的认证认可不仅是行业准入条件，且成为权威性的行业评价标准，在短短数年之内，有影响的较大司法鉴定机构完全有能力通过认证认可，从而在司法鉴定市场化、社会化的服务机制和市场机制中获得发展先机，反过来，这又有利于当事人权利保障，有利于纠纷在事

---

[1]　霍宪丹："认证认可是司法鉴定科学性、可靠性的重要保障"，载《中国司法鉴定》2008年第5期。

[2]　何勇："司法鉴定认证认可调研报告"，载《证据科学》2008年第2期。

[3]　何勇："司法鉴定认证认可调研报告"，载《证据科学》2008年第2期。

[4]　李禹、罗萍："2007年度全国法医类、物证类、声像资料类司法鉴定情况统计分析"，载《中国司法鉴定》2008年第4期。

实清楚的基础上获得更有说服力的较为彻底的解决。总之，在当前以及可见的将来，完善统一的司法鉴定管理体制，不但要考虑一国法律文化传统，而且要考虑是否有助于解决当前所面临的最主要的问题，是否有助于解决当前的最主要的矛盾，并要以发展的眼光考虑是否符合司法鉴定以及其所服务的诉讼活动的基本规律，是否符合诉讼法治和人权保障的要求。

第四节　国外鉴定制度与我国司法鉴定制度改革的关系*

我国《刑事诉讼法》《民事诉讼法》《行政诉讼法》均将鉴定意见作为法定的证据种类。这一证据因其携带科技因素且具有弥补司法人员专门知识短缺的功能在案件事实认定中发挥着关键性作用。这种证明上的优势作用，在现代司法实践中得到了司法机关的认可和承认。例如，最高人民法院《关于民事诉讼证据的若干规定》第77条规定："……鉴定结论……其证明力一般大于其他书证、视听资料和证人证言。"为了保障鉴定意见作为证据的可信性、可靠性以及更富有科学性的意义，我国司法鉴定制度改革在保持大陆法系国家职权主义能动传统的基础上吸收了英美法系国家专家证人参与审判的积极因素和大陆法系国家对鉴定制度改革的一些有益经验，采用立法的方式予以展开。2005年全国人大常委会颁布了专门调整司法鉴定的法律——《决定》。我国依据此法律对司法鉴定管理制度进行了改革，并初步形成了颇具中国特色的司法鉴定制度。那么，中国特色司法鉴定管理制度在改革中受到了国外哪些司法鉴定制度或者专家证人制度的影响以及如何避免或者重复国外在此方面改革的失败教训均需要进行总结，以期使改革后的司法鉴定制度能够为其他国家提供有益的可借鉴经验以及模式蓝本。

---

　　* 本节撰稿人：郭华，中央财经大学法学院教授。本节主要内容首次发表于《中国司法》2011年第1期。

一、国外鉴定（专家证人）制度对我国司法鉴定制度及其改革的影响

我国的诉讼活动基于职权机关的客观立场和关照义务形成了以满足职权机关诉讼活动需要的鉴定机构。这种自设的鉴定机构在一定意义上属于非制度化的产物。这种体制尽管在司法实践中能够协助职权机关有效地进行诉讼活动并为其提供证据支持，但因其在制度上与我国诉讼制度的改革尤其是审判方式的变化不相适应，导致出现影响诉讼效率与司法公正的"多头鉴定""重复鉴定"和"久鉴不决"的问题。我国解决这一问题的一贯思路是在探索改革国内这一非制度体制的同时，不断从国外寻找此方面的改革资源，并借鉴国外在此方面的有益经验与尝试来改造我国现有的制度，以至于国外的司法鉴定制度或者专家证人制度改革对我国的司法鉴定制度改革产生了一定的影响。因此，在深化司法鉴定制度改革中有必要对其予以阐述。

（一）大陆法系的法国、德国、意大利鉴定制度及改革的影响

在司法制度建设过程中，诉讼理论在传统上对我国影响最深的主要是苏联。由于苏联诉讼模式具有大陆法系国家的传统因素，也使得我国的诉讼制度在保持与其诉讼模式具有复制品形象的同时，在我国计划经济体制的基础上添加了一些不同特征，形成了与法国、德国等职权主义诉讼模式不同的超职权主义的诉讼模式，其鉴定制度也是如此。

德国在鉴定制度的设计中实行了鉴定人名册制度，法国在此方面不仅如此，而且较德国更具有典型性。法国由最高法院办公厅制作全国专家名册；各上诉法院与总检察长商定后也可提出专家名册以及由行政法院政令规定的登录名册。这种司法鉴定的法院名册管理制度至少具有以下优点：一是列入专家名册的人直接由法院选取，而不隶属于其他任何机构，从而保障了鉴定的中立性，有利于提高鉴定意见作为证据的可信性。二是这种制度可以避免对鉴定工作实行下级服从上级的行政领导体制，克服了鉴定机构行政等级化的倾向，从而保障了鉴定作为证据的科学性。三是这种制度采取的审判

前确立专家作为鉴定人的合法身份，在诉讼中不因鉴定人是否是专家的质疑而影响诉讼效率，符合职权主义诉讼的效率特征。因此，这种法院编制专家名册作为诉讼双方选择鉴定人的依据曾影响到我国人民法院对鉴定人名册编制的实践。

然而，法国早期的刑事鉴定法律制度改革尤其是鉴定委托制度改革曾为大陆法系国家提供了教训。为了保护犯罪嫌疑人、被告人的防御权，法国在鉴定制度改革上曾仿效过英国专家证人的做法，采取了"对立鉴定"的制度模式，允许诉讼双方分别聘请鉴定人；同时，为了避免移植专家证人制度所带来的鉴定人倾向性问题，建立了代价昂贵的"双重鉴定制度"，允许预审法官同时指定数名专家对同一问题进行鉴定，以便强化相互制约以及对鉴定质量标准予以双重保障。但是，这些改革最终因诉讼实践的不接纳以及与职权主义司法体制存在冲突而难以运行，"双重鉴定制度"也因成本过高导致国家难以承受，致使其不得不在1958年修改《法国刑事诉讼法典》时又恢复原来职权主义的法官委托鉴定制度。改革失败的主要原因为：①这种带有强烈当事人主义的对立鉴定制度难以与法国的职权主义司法制度相适应，出现制度上的冲突与矛盾；②对立鉴定制度下当事人申请的鉴定人具有明显的倾向性，鉴定人的非中立性难以保证鉴定结论的客观公正，影响了鉴定结论作为证据的客观性；③对立鉴定制度增加了鉴定人人数，延长了鉴定程序，拖延了诉讼时间，在一定程度上影响了诉讼效率，然而，法国并未在司法鉴定制度改革上因噎废食、固守陈规或者停滞不前，在2000年6月修改有关法律时，从加强当事人权利的角度出发，规定了当事人不仅可以申请司法鉴定，而且可以一定程度地参与司法鉴定，可以要求司法鉴定人回答问题，对传统的鉴定人职权主义运作模式进行了一定程度的修正。这种修正在一定程度上纠正了早期改革矫枉过正的做法。同时，还注重当事人主义的专家证人在保障当事人合法权利方面的国际趋势，在促进鉴定人的中立性和鉴定结果的客观性的基础上易于形成对鉴定结果的可接受性，从而也有利于提高诉讼效率。法国在司法鉴定制度改革中的经验教训对我国当事人启动鉴定程序的设计产生了影响。

意大利作为具有大陆法系传统的国家，在 1988 年《意大利刑事诉讼法典》的修改中，在原有司法鉴定制度上创设了"技术顾问"制度。这一制度被誉为大陆法系国家司法鉴定制度吸收英美法系国家专家证人制度的一次有益尝试。《意大利刑事诉讼法典》第 220、221、225 条规定："当需要借助专门的技术、科学或技艺能力进行调查或者获取材料或评论时，可以进行鉴定。""法官在任命鉴定人时应当从在专门登记簿上注册或者在具备某一特定学科的专门能力的人员中进行挑选。""在决定进行鉴定后，公诉人和当事人有权任命自己的技术顾问。""在国家司法救助法规定的情况和条件下，当事人有权获得由国家公费提供的技术顾问的协助。"技术顾问可以进行以下活动：①参加聘任鉴定人的活动并向法官提出要求、评论和保留性意见；②参加鉴定工作，向鉴定人提议进行具体的调查工作，发表评论和保留性意见；③如果技术顾问是在鉴定工作完成之后任命的，他可以对鉴定报告加以研究，并要求法官允许他询问接受鉴定的人和考查被鉴定的物品和地点。

国外司法鉴定制度的改革与做法对我国的司法鉴定制度改革产生了一定的影响，同时也为我国司法鉴定制度改革吸取教训与总结经验提供了参考性样本。意大利在鉴定制度改革中建立的技术顾问制度，尤其是其参与质证可保障当事人质疑鉴定人的诉讼权利的充分、有效行使，并借此来促进和保障鉴定的质量方面的功能对我国法院在鉴定意见作为证据方面的改革影响甚巨。因为这种改革始终围绕鉴定意见作为证据服务于法院有效认定事实这一核心而展开的，且未将技术顾问对专门性问题的说明或者意见作为证据，即未移植当事人主义的专家证人制度。这种改革不仅避免了新建立的制度与原有证据制度的冲突，而且还有利于提高当事人质疑鉴定意见作为证据的有效性，并对发挥鉴定意见作为证据的功能以及保障其可信性、可靠性产生了深刻的影响。

（二）英美法系的英国、美国、澳大利亚的专家证人制度及改革的影响

在我国现代司法制度改革中，基于对职权主义诉讼模式的反思，产生了借助于异己制度来解决其存在问题的制度改革的偏爱，对英

美法系国家尊重当事人，激发其充分发挥举证积极性、能动性的英国、美国的专家证人制度进行较多的考察，近年来又对澳大利亚司法制度改革多有思考，对这些国家有关改革与发展趋势作了较为充分的研究，成果颇丰，其中不乏有益的经验，也存在一些应当吸取的教训。

英美法系的英国早期曾实行过类似大陆法系国家的法官委托鉴定人的司法鉴定制度，因与当事人主义的诉讼模式不相吻合，最终被废除而采用专家证人制度。英美法系国家因实行当事人主义的诉讼模式，尤其是陪审团制度以及法官的消极，造就了当事人委托或者聘请专家证人出庭作证的专家证人制度。专家证人制度尽管与当事人主义的诉讼模式相适应，但因其专家证人的偏向性与影响诉讼效率等问题成为其司法改革的重点。在 20 世纪 90 年代，英国沃尔夫勋爵（Lord Woolf）的司法改革以及 1999 年《英国民事诉讼法》对传统的、典型的具有强烈当事人特征的专家证人制度进行了改革，确立了专家证人对法院的优先职责，并通过"单一共同专家证人制度"来弥补专家证人制度缺陷并缓解其作为证据需要应具备的中立性、客观性与专家证人的倾向性的冲突。英国《民事诉讼规则》第 35.7 条第 1 款规定，"当双方或多方当事人希望就某一特定争议提交专家证据时，法院可以指定仅由一名专家证人就该争议提供专家证据。"《美国联邦刑事诉讼规则和证据规则》第 706 条第（a）款存在同样的规定，法院可以依职权选任专家证人。近年来，澳大利亚在专家证人制度改革方面的立场转变，特别是强调专家证人为法庭服务及其地位中立引起了我国学者的兴趣与关注。例如，在澳大利亚牧田有限公司诉斯普罗斯（Makita Australia Pty Ltd. v. Sprowles）案中，法官在判决中指出：呈递法庭的专家证言应当是地位独立的专家的陈述；专家证人应当在其专业领域内向法庭提供独立、客观、无偏见的证言；专家证言应当始终以事实为依归。中立的专家证人使得法庭的指派在当事人诉讼模式下得以正当化，这一类专家证人的任务就是要通过向法庭提供报告，从而帮助法官进行认证，而不再是仅仅维护当事人利益的"科技辩护士"。

英国和美国的民事诉讼规则有关法庭聘请专家证人的规定尽管

在实践中的适用率并不高，甚至未能改变英美法系专家意见作为维护当事人利益的证据方法，但是这些规定的存在与制定目的已经暗示着英美法系国家的专家证人制度存在一些弊端，其暗含的专家证人法庭辅助人化也透露出对专家证人制度的改革，体现了对专家证人的重新定位，其改革有向大陆法系国家的鉴定人中立性地位靠拢的趋势。英美法系国家在专家证人制度改革上的反传统做法需要我们高度重视，尤其是对美国放宽专家证人的认定标准致使法庭被大量的"垃圾科学"充斥的弊端以及专家证人偏向影响司法正义实现的现象，更需要我们在推进司法鉴定制度改革的过程中保持高度警惕。

另外，日本的侦查鉴识与司法鉴定的分离制度以及2006年俄罗斯联邦刑事诉讼制度改革建立的强制鉴定制度也对我国的司法鉴定制度改革产生过影响。其中，日本的侦查鉴识与司法鉴定的分离制度对我国司法鉴定制度的改革影响较大。我国的《决定》在法律上不仅限制了侦查机关鉴定机构的执业范围，其理论上也存在取消侦查机关的鉴定机构，由司法行政部门设立独立于诉讼当事人与职能机关的第三方鉴定机构的观点与方案，甚至有些立法建议要求将侦查机关鉴定机构作出的鉴定意见仅仅作为检查笔录而不再作为独立的证据，而独立于诉讼当事人与职能机关的第三方鉴定机构作出的鉴定意见才属于司法鉴定。同时，《俄罗斯联邦刑事诉讼法典》对强制鉴定的规定对我国《刑诉法》的修改提供了可资借鉴的经验。

二、我国司法鉴定制度改革对国外鉴定（专家证人）制度的吸收

我国司法鉴定制度改革在保持大陆法系国家的鉴定人制度下，吸取了国外有关专家证人制度和鉴定制度改革的有益尝试与经验，建立了统一的司法鉴定管理体制。这种体制不仅与职权主义的诉讼制度相一致，而且还能使司法鉴定活动不受控辩双方利害关系的影响而促使鉴定人在中立鉴定机构中客观、公正地提供鉴定意见；这种体制有利于增强鉴定意见作为证据的公正性和权威性，也有利于增强公众对裁判结果的可接受性。

（一）统一司法鉴定管理制度的建设

鉴定意见作为证据是否可信、可靠，其关键性的前提在于鉴定人是否具有较强的鉴定能力以及在制度上中立的鉴定机构能否提供给鉴定人符合高标准要求的鉴定仪器设备、实验室、鉴定环境等影响鉴定质量的环境与条件。基于此，我国在司法鉴定制度改革中实行统一的鉴定机构和鉴定人的法定准入制度，在鉴定管理制度上实行了鉴定机构和鉴定人审核或者备案登记制度。《决定》第 4 条和第 5 条对鉴定人的申请条件作出了规定，同时还要求申请从事司法鉴定业务的个人由省级人民政府司法行政部门审核。对符合条件者予以登记，编入鉴定人名册并公告，并且司法行政部门将根据鉴定人的变化情况，定期更新鉴定人名册并公告。同时，确立了司法行政机关的司法鉴定管理权，将法医类、物证类、声像资料类"三大类"司法鉴定纳入司法行政部门的统一管理范围。基于人民法院的裁判中立性要求和司法行政机关管理司法鉴定的中立需求，《决定》规定了人民法院和司法行政机关不得设立司法鉴定机构。在鉴定人中立制度中，采用回避制度，要求鉴定人像法官那样，在控辩双方之间保持中立性，并规定侦查人员、检察人员与鉴定人不得存在身份上的重合。同时，推进司法鉴定机构的中立性制度建设，对鉴定机构实行认证认可制度，从而保障鉴定实验室以及实验环境的规范化和科学化。

我国建立的一元化的统一司法鉴定管理体制不仅在世界上是独一无二的，而且对司法鉴定机关和鉴定人进行登记管理的主体也与大陆法系国家由法院编制专家名册不同。我国之所以采用由司法行政机关编制鉴定机构和鉴定人名册制度，是因为我国不存在西方国家三权分立制度下的法院，还存在不同于西方国家司法部长兼任检察总长的行政权力体系，简单移植法院编制鉴定人名册在我国现有的司法体制下还不具有完全的正当性，简单移植大陆法系国家有关鉴定方面的制度在实践中也是有害的。根据我国司法权与司法行政权分别行使的司法制度改革要求以及司法鉴定管理权的行政权性质，由在诉讼中不具有诉讼职能的司法行政机关行使司法行政权更符合我国的司法机关与司法行政机关的权力体系安排。同时，我国的诉讼制度仍属于职权主义模式，鉴于法国在此方面移植英美法系国家的专家证人制度的改革教训，也不适宜采用专家证人制度。因此，采用由司法行政机关统一管理司法鉴定的制度符合我国司法体制和国情。这种由司法行政机关统一管理司法鉴定的制度以及对司法鉴定实行登记管理不仅能够防止鉴定垃圾过多侵入诉讼活动影响司法质量的弊端，而且能够解决英美法系国家一直力图克服而始终成效甚微的专家证人偏向性难题，这对于保障鉴定的质量和提高诉讼效率均具有特别重要的意义。

（二）当事人启动鉴定权利保障制度的改革

1996 年修订后的《刑诉法》，虽然在庭审过程中引入了一些对抗制因素，但从整个诉讼过程来看仍是职权主义的，侦查机关、检察机关、法院仍拥有独立而完整的鉴定启动权。相对于职权机关来说，犯罪嫌疑人、被告人不仅没有鉴定的决定权，甚至都不享有鉴定申请权，仅能就鉴定意见（结论）提出补充鉴定或重新鉴定的请求。这些规定不仅与英美法系国家的专家证人制度有较大的区别，也不同于实行职权主义的大陆法系国家的鉴定制度。为了保障当事人的诉讼权利，法院在证据制度改革方面吸收了英美法系国家的专家证人的因素，对此作出了一些新的规定，如 2002 年最高人民法院《关于民事诉讼证据的若干规定》第 28 条规定："一方当事人自行委托有关部门作出的鉴定结论，另一方当事人有证据足以反驳并申请重新鉴定的，人民法院应予准许。"法院尽管在立法用语上存在一些问题，如此种情况下的鉴定能否称之为重新鉴定还存在疑问，但在此方面的谨慎是应当的，有利于避免因滥用鉴定启动权而造成无休止的重新鉴定，进而引发重新鉴定演变为重复鉴定。

司法鉴定制度改革中出现了在法律地位上具有完全中立性的社会鉴定机构，使当事人有了选择鉴定机构和鉴定人的制度空间。这就需要在制度设计上借鉴英美法系国家尊重当事人权利的理念，建立法官决定鉴定的当事人制约机制，如我国法院采用的当事人双方协商以及协商不成采取摇号的方式来选择鉴定机构的机制，在一定程度上保障了当事人在鉴定方面的权利。但对鉴定启动问题还应当进行改革，借鉴大陆法系国家赋予当事人在刑事诉讼中申请鉴定的权利的做法，同时吸收俄罗斯联邦刑事诉讼制度改革成果，尤其是《俄罗斯联邦刑事诉讼法典》第 196 条有关强制鉴定的规定，建立特殊情况下的强制鉴定制度。这种制度可以避免因漠视当事人在诉讼中的权利而引发的鉴定上访事件的发生。2007 年，最高人民法院、最高人民检察院、公安部、司法部《关于进一步严格依法办案确保办理死刑案件质量的意见》第 9 条规定的"对可能属于精神病人、未成年人或者怀孕的妇女的犯罪嫌疑人，应当及时进行鉴定或者调查核实"，则是对《俄罗斯联邦刑事诉讼法典》修改内容的部分吸收。

（三）专家辅助人制度的移植

在《决定》实施前，法院基于有效质证鉴定意见以及保障其采信机制合理性的考虑，在 2002 年的诉讼证据制度改革中增加了"专家辅助人制度"。最高人民法院《关于民事诉讼证据的若干规定》第 61 条、《关于行政诉讼证据若干问题的规定》第 48 条规定："当事人可以向人民法院申请由 1~2 名具有专门知识的人员出庭就案件的专门性问题进行说明。人民法院准许其申请的，有关费用由提出申请的当事人负担。审判人员和当事人可以对出庭的具有专门知识的人员进行询问。经人民法院准许，可以由当事人各自申请的具有专门知识的人员就有关案件中的问题进行对质。具有专门知识的人员可以对鉴定人进行询问。""对被诉具体行政行为涉及的专门性问题，当事人可以向法庭申请由专业人员出庭进行说明，法庭也可以通知专业人员出庭说明。必要时，法庭可以组织专业人员进行对质。"这种吸纳了专家辅助人帮助当事人质疑鉴定意见及其与鉴定人对质的做法，在一定程度上解决了当事人质证的有效性问题，也为法官对鉴定意见能否作为证据以及证明力的大小的审查判断提供了衡量与取舍的机制。这种机制改变了法官质证鉴定意见时在庭审后咨询有关专家甚至完全依赖不公开的专家意见的程序不公开的现象。

（四）侦查机关鉴定机构鉴定范围的限制制度

按照我国司法鉴定制度改革的理想目标，鉴定机构应当不依附于任何在诉讼中存在一定利害关系的职权机关或者当事人，建立具有中立性的鉴定机构。为了降低侦查机关鉴定机构因不中立可能带来的负面影响，《决定》第 7 条规定了"侦查机关根据侦查工作的需要设立的鉴定机构，不得面向社会接受委托从事司法鉴定业务"。侦查机关所属的鉴定机构专门为侦查活动提供技术支持，作为侦查机关的一部分，要求其不得面向社会接受委托从事司法鉴定业务，将其接受的委托仅限于履行国家机关职能以及维护国家利益和社会秩序上，以免影响政府机构的公正形象。同时，在制度上要求司法鉴定与侦查技术分离，作为专门行使鉴定职能的专职性机构，以摆脱侦查权、检察权对鉴定机构的控制。深化司法鉴定制度改革还需要将其带来的影响降至最低，以免当事人因鉴定机构的不中立而失去对鉴定结果的信任，从而引发利用权利重新鉴定或者滥用权利重复鉴定造成制度上不应有的多次鉴定问题。

三、结论

在我国司法鉴定制度与诉讼模式相适应且能够充分发挥其作用的同时，参考与借鉴大陆法系与英美法系一些国家在此方面的成功经验，这种改革方式是值得提倡的，尤其是其改革中没有盲目移植或者照搬国外的制度与做法，更值得发扬。因此，深化司法鉴定制度改革应当注重保障当事人的权利，借助于制度的力量保持鉴定机构的中立性，借助于程序的力量使鉴定人作为专家具有中立性，促使鉴定人提供具有较高可信性和可靠性的鉴定意见，维护鉴定意见作为证据的客观性。具有中国特色的司法鉴定制度也必将对其他国家在此方面的改革产生较为深刻的影响。

第五节 司法鉴定研究 30 年检视与评价*

司法鉴定在我国从概念翻译到法定术语走过了 30 年的历程，其理论研究也逐渐由微观的"部门工作"探讨延伸到宏观的国家法制建设的设计，其学科与学术地位也走出其他学科的附庸，成长为具有独立硕士、博士研究方向的重大理论研究领域，司法鉴定已经成

---

* 本节撰稿人：郭华，中央财经大学法学院教授。本节主要内容首次发表于《中国司法鉴定》2008 年第 5 期。

为司法制度的不可缺少的重要组成部分，标志着司法鉴定理论体系的渐趋成熟。司法鉴定理论研究的迅速发展，表明司法鉴定作为学科建设相对成熟并凸显出了法学"专业槽"性质的独立学科的学术品位。因此，有必要对司法鉴定理论研究的 30 年历程予以"历史性"扫描，通过追溯与检视"已故的历史"，为未来的理论研究提供资料铺垫以及必备的理论与知识的积淀与储备。本文对 1979 年《刑事诉讼法》颁布以来司法鉴定理论研究的历史成果进行有重点的梳理，展示不同时期的研究成果，并对其特点作简短评价。

一、1979—1996 年：司法鉴定理论的创立时期

新中国成立后我国的"司法鉴定"一词最早源于 1955—1956 年苏联专家楚贡诺夫编写的在北京政法学院（现中国政法大学）研究生班使用的"司法鑑定讲义"一词。"司法鉴定"是学习苏联司法部的经验，从俄文翻译过来的。[1]因苏联专家柯尔金《犯罪对策学》的影响，曾作为刑事侦查学的三大内容（刑事技术、侦查措施和侦查方法）之一，未能作为一个独立学科。

（一）创立时期司法鉴定理论成果的梳理

1979 年 7 月 1 日第五届全国人民代表大会第二次会议审议通过了《中华人民共和国刑事诉讼法》；1982 年 3 月 8 日第五届全国人民代表大会常务委员会第二十二次会议审议通过了《中华人民共和国民事诉讼法（试行）》。1979 年《刑诉法》第 88、109 条规定："为了查明案情，需要解决案件中某些专门性问题的时候，应当指派、聘请有专门知识的人进行鉴定。""人民法院在必要的时候，可以进行勘验、检查、搜查、扣押和鉴定。"1982 年《民诉法》第 63 条规定："人民法院需要解决专门性问题时，有关部门有义务按照人民法院的通知，指派有专业知识的人进行鉴定。鉴定人有权了解进行鉴定所需要的案件材料，询问当事人、证人。鉴定人应当提出书面鉴定结论，在鉴定书上签名或者盖章，并由鉴定人所在单位加盖公章，证明鉴定人身份。"

---

〔1〕 徐立根："对我国鉴定制度中几个问题的研究"，载《刑事技术》2005 年第 4 期。

学者们针对法律有关鉴定的规定从适用的角度对司法鉴定做出解释或者提出自己的观点。当时，因为法律没有明确规定司法鉴定的概念，有关这方面的概念或者定义，主要表现为《辞海》（1979年版）、《法学词典》（1984年增订）、《刑事侦查与司法鉴定》（1982年版）、《中国医学百科全书（法医学卷）》（1982年版）、《中国大百科全书（法学卷）》（1984年版）。这些书目中均有司法鉴定的定义或者解释，其定义多具有描述性的特点，有些将其直接等同于鉴定结论，定义的内涵与外延极其不规范，未能完全反映其本质特征。

随着诉讼法的实施，司法鉴定作为一门科学在法制建设中的作用越来越突出，在科研部门与法科学生的教学中日益得到重视。1983年国家科委批准建立司法部司法鉴定科学技术研究所和公安部法医研究所。同年10月，教育部在太原召开了全国高等法医学专业教育座谈会，研究抢救和发展我国法医学教育问题，决定在六所高等医学院校设置法医学专业，高等政法院校恢复法医学作为必修课，医学院校也开始增开法医学作为选修或者必修课。1984年公安部126所更名为公安部第二研究所（公安部刑事科学技术研究所）。1985年10月在洛阳召开了中国法医学会第一次代表大会，成立了中国法医学会。根据法医理论研究的需要，司法部司法鉴定科学技术研究所于1985年创刊发行了《法医学杂志》，成为法医学理论研究的重要阵地。

1996年1月11日，以公安部第二研究所为基础成立了公安部物证鉴定中心。公安机关在中央一级开始了刑事科学技术与物证鉴定的初步界分，在我国出现了技术侦查与侦查鉴定分离的萌芽，在实践中也使司法鉴定的改革具有了制度上的意义。

这个时期有关司法鉴定的研究主要从《刑诉法》《民诉法》有关鉴定规定的角度进行分析和解释，司法鉴定的研究仍然作为诉讼法学研究的一部分。代表性的主要文章有：1984年郑钟璇的《应用现代科学技术加强司法鉴定工作》，认为"司法鉴定包括法医学鉴定和刑事科学技术鉴定"；[1]1985年金光正的《必须加强司法鉴定工

---

〔1〕　郑钟璇："应用现代科学技术加强司法鉴定工作"，载《法学》1984年第11期。

作》，认为"司法鉴定是加强法制的重要环节"，提出了"加强司法鉴定工作的途径"；[1]1987 年黎镇中、肖允中的《改革我国司法鉴定制度刍议》，并指出"建立统一的司法鉴定体制""法院、检察院系统不再设立刑事鉴定机构""统一归司法部或国家鉴定局领导和管理"；[2]1988 年张玉镶在北京大学"五四科学讨论会"上发表的《关于侦查的法制原则》，针对"侦查人员与鉴定人员不分"问题提出了设立"直属同级人民政府专门鉴定机构"的构想；[3]1993 年中国政法大学初开荣的博士学位论文《刑事鉴定之研究》，较为全面、系统地对刑事诉讼中有关鉴定问题进行了研究。

1991 年北京市成立了全国第一个有关司法鉴定的学会——北京市物证技术学会，在 1993 年和 1995 年，有专家对司法鉴定制度以及理论进行了深刻的分析与论证，并得出"取消人民法院的鉴定机构是必然的"论断；[4]1997 年有专家提出"在中央和省（市、自治区）分别成立鉴定专家委员会"[5]的建议；同时，学者们也开始对国外有关司法鉴定的内容进行大量介绍，如 1995 年何家弘的《外国法庭科学鉴定制度初探》，对外国法庭科学鉴定制度的基本概念及相关问题作出阐述，[6]等等。

基于医学院校以及政法院校司法鉴定课程教学的需要，1988—1996 年，一批高校的相关教材先后出版，如《司法鉴定学》（中国政法大学出版社）、《司法鉴定知识大全》（科学技术出版社）、《物证技术学》（中国人民大学出版社）、《司法鉴定教程》、《司法鉴定概论》等。关于学科的名称问题，1994 年北京大学司法鉴定室邀请有关专家、学者在北京大学召开"关于建议统一使用'司法鉴定

---

〔1〕 金光正："必须加强司法鉴定工作"，载《政法论坛》1985 年第 4 期。

〔2〕 黎镇中、肖允中："改革我国司法鉴定制度刍议"，载《现代法学》1987 年第 1 期。

〔3〕 张玉镶："关于侦查的法制"，载北京大学法律学系编：《改革与法制建设——北京大学 90 年校庆法学论文集》，光明日报出版社 1989 年版。

〔4〕 刘之雄、唐金波："我国司法鉴定制度改革与立法完善之构想"，载《中国法学》1999 年第 5 期。

〔5〕 王传道："论我国司法鉴定体制的改革与完善"，载《法学论坛》1997 年第 2 期。

〔6〕 何家弘："外国法庭科学鉴定制度初探"，载《法学家》1995 年第 5 期。

学'学科名称的论证会"，主要对该学科"物证技术学""司法科技学"或"司法鉴定学"等称谓进行论证，与会者建议此学科以统一使用"司法鉴定学"的名称为宜，认为将"Forensic Science"，译成汉语"法庭科学"或"司法科学"不符合汉语语言习惯和我国司法实践现状，容易引起公检法机关之间的矛盾和误解。[1]

从此司法鉴定作为学术问题日益受到青睐，并作为高校研究生的研究内容，催生了司法鉴定专门立法的学术观点的诞生，如王小华在《试论我国司法鉴定的立法》中提出了制定单独的鉴定法。[2]

（二）创立时期司法鉴定理论研究的检视与评价

这一时期的司法鉴定理论的研究提出了具有前瞻性的观点，对现存司法鉴定制度弊端的批评相当恰当，为以后实践层面的改革提供了理论上的支持。虽然理论研究仍属于初期阶段，在某些方面尚不成熟，但为以后的研究奠定了学术基础。这一时期的研究体现出以下几个特点：

（1）司法鉴定的理论研究主要集中在对司法鉴定工作的探讨方面，重点在于具体的技术应用，但因无暇顾及理论研究，没有完全作为一项重要的司法制度进行研究，研究的学者人数相对较少，研究者也多为刑事诉讼法学的专家，理论研究成果相对匮乏，层次不高。

（2）因院校开设与司法鉴定有关的课程，研究的重点是学科体系和教材的建设，这对于司法鉴定学科的发展具有特别重要的意义。但又因司法鉴定学科体系建设不完整和研究深度不足，甚至学术界本身也存在一些争议，以至影响了后来该学科在法学教育中的地位，影响了法学学科学生的知识结构的完整性。

（3）研究人员结构发生了变化，从事制度或者鉴定涉及诉讼程序的研究人员数量增加，对鉴定制度的研究主要集中在刑事诉讼领域；同时，高校的研究成果中提出了制定司法鉴定法的观点，应当说是难能可贵的。

（4）虽然有些学者对司法鉴定制度建设提出了具有前瞻性的方

---

〔1〕　张玉镶、孙东东："北京大学司法鉴定室召开关于建议统一使用'司法鉴定学'学科名称的论证会"，载《中外法学》1994年第1期。

〔2〕　王小华："试论我国司法鉴定立法"，载《现代法学》1993年第1期。

案，但因当时计划经济体制的遮蔽和人们对公检法机关的信任，导致存在的问题被淹没，未能将司法鉴定作为司法制度的重要组成部分作为理论问题进行进一步研究，使其研究仅仅限制在"问题"、"对策"的思考上。

二、1997—2005 年：司法鉴定理论研究的发展时期

1996 年 3 月 17 日，第八届全国人大第四次会议通过《全国人民代表大会关于修改〈刑诉法〉的决定》，对鉴定问题做了一些修改，特别第 120 条规定的"对人身伤害的医学鉴定有争议需要重新鉴定或者对精神病的医学鉴定，由省级人民政府指定的医院进行"。这一规定对现有司法鉴定制度进行了变动，使"有争议的人身伤害的医学鉴定"原来可以由公检法机关设立的鉴定机构进行鉴定转为法定的"省级人民政府指定的医院"进行鉴定。于是，学者与实务部门针对《刑事诉讼法》这一规定提出了异议。

（一）司法鉴定理论发展的历史状况

自 1995 年开始，逐渐有学者撰文对我国司法鉴定制度、体制和机制等进行反思和提出相关立法建议，认为《刑事诉讼法》中增加"省级人民政府"作为诉讼法律关系的主体欠妥，对《刑事诉讼法》有关鉴定的规定提出了一些建议。有专家认为，诉讼法"把鉴定的指派、委托权只赋予公安、检察院、法院司法三机关显然与证明责任的法律要求不相适应"，"尤其当司法工作人员考虑不周，认识带有片面性，或因地方保护主义等原因而滥用职权拒不指派、委托鉴定时，则司法鉴定程序基本无法启动"；[1] 有专家对"司法鉴定机构重复设置"以及"司法鉴定机构的运行机制混乱"状况，提出建立"独立于公、检、法机关之外的司法鉴定机构"和"在各级公安机关设立相应的刑事技术鉴定机构，主要承担案件侦查过程中的有关鉴定任务"的立法思考。[2] 对于司法鉴定有关制度、体制和机制

---

〔1〕 金光正："对我国司法鉴定制度的思考"，载《人民检察》1995 年第 7 期。
〔2〕 李万忠："我国司法鉴定制度主要缺陷及其完善"，载《法学杂志》1996 年第 1期。

等方面的研究，推动了我国司法鉴定制度的改革，为司法鉴定立法营造了社会舆论环境，与实践相互呼应。

　　1997年9月，党的"十五大"提出了"推进司法改革，从制度上保证司法机关依法独立公正地行使审判权和检察权"的战略决策，对于司法鉴定制度有了较为明显的触及。1998年6月24日，国务院办公厅发布了《关于印发司法部职能配置、内设机构和人员编制规定的通知》，将"指导面向社会服务的司法鉴定工作"的职责赋予司法部。1998年12月12日，黑龙江省人大常委会通过了我国第一部地方性的司法鉴定管理法规——《黑龙江省司法鉴定管理条例》。这一时期共制定地方性司法鉴定管理法规十多部。1999年7月19日，司法部公布了《司法部关于面向社会服务的司法鉴定机构公告（第1号）》。第一批独立于公、检、法机关的"面向社会服务的司法鉴定机构"诞生了。这些司法鉴定机构有：司法部司法鉴定科学技术研究所、西南政法大学司法鉴定中心、华东政法学院司法鉴定中心、中国政法大学司法鉴定中心、中国人民大学物证技术鉴定中心、北京大学司法鉴定室、西北政法大学司法鉴定中心和北京华夏物证鉴定中心等。

　　"面向社会服务的司法鉴定机构"的出现，使人们再次对司法鉴定概念进行反思，并引发了学术上的争论。这些争论有的从英美法或者大陆法国家的现状，或者从我国司法鉴定既定的事实进行讨论。这一时期代表性的成果主要有：孙业群的《构筑我国司法鉴定新体制》，[1]吴军的《如何使司法鉴定工作面向社会服务社会》，[2]张永泉的《论民事鉴定制度》，[3]等等。同时，出现了一些专门针对我国专家证人或者鉴定制度的研究文章，如霍宪丹的《关于司法鉴定若干问题的探讨》，[4]汪建成、孙远的《刑事鉴定结论研究》[5]等。

---

〔1〕　孙业群："构筑我国司法鉴定新体制"，载《现代法学》1999年第6期。

〔2〕　吴军："如何使司法鉴定工作面向社会服务社会"，载《当代法学》1999年第11期。

〔3〕　张永泉："论民事鉴定制度"，载《法学研究》2000年第5期。

〔4〕　霍宪丹："关于司法鉴定若干问题的探讨"，载《司法研究》2001年第2期。

〔5〕　汪建成、孙远："刑事鉴定结论研究"，载《中国刑事法杂志》2001年第2期。

这些理论研究多从现有体制存在的弊端进行分析，以国外相关制度为参照，调动现有理论资源对司法鉴定制度的改革进行解释，论证其制度改革的正当性，在一定程度上弥补了现有改革理论资源的不足。实践部门也从理论上提出了一些困惑，反映了理论研究对改革后的实践未能完全提供理论支持的状况。

2000 年 8 月 14 日，司法部颁布了《司法鉴定机构登记管理办法》和《司法鉴定人登记管理办法》，这是我国较早系统性规范司法鉴定活动的部门规章。学术界对司法鉴定问题的分歧与争论，特别是地方性法规、部门规章与法律之间或者本身之间存在一些冲突，导致鉴定法律法规体系内部出现一些紧张关系，这促使规范鉴定的统一立法尽快出台。自 2000 年九届全国人大三次会议以来，每次代表大会期间都有要求制定司法鉴定法的议案。自 2001 年 5 月开始，全国人大内务司法委员会就司法鉴定的法律定位、管理体制等方面存在的一些亟待解决的问题进行了广泛调查研究，充分征求有关部门意见并多次组织讨论。创刊于 2001 年的司法鉴定专业学术理论刊物《中国司法鉴定》，一登场就刊登了一系列有关司法鉴定制度改革和鉴定技术方面的文章，成为司法鉴定界理论研究和学术交流的主力阵地，担负起了司法鉴定学科建设的引领重任。司法部对于前期研究成果以及对外考察获得的经验进行了总结，编写了《司法鉴定立法研究》〔1〕，同时专门设立了研究课题，推出了一些理论专著，如邹明理主持的《我国现行司法鉴定制度研究》、〔2〕杜志淳、霍宪丹主持的《中国司法鉴定制度研究》〔3〕等。全国人大内务司法委员会委托中国社会科学院法学所王敏远主持了《司法鉴定法》立法课题，并提出了立法蓝本。司法部也组织有关学者拟制了《司法鉴定法（草案）》。

这些理论研究成果，为司法鉴定立法提供了可资借鉴与参考的资料和经验。2004 年 9 月，中共中央转发了《中央司法体制改革领导小组关于司法体制和工作机制改革的初步意见》，该《初步意见》

---

〔1〕 司法部法规教育司编：《司法鉴定立法研究》，法律出版社 2002 年版。
〔2〕 邹明理主编：《我国现行司法鉴定制度研究》，法律出版社 2001 年版。
〔3〕 杜志淳、霍宪丹主编：《中国司法鉴定制度研究》，中国法制出版社 2002 年版。

提出"建立统一的司法鉴定管理体制"的明确要求，对立法产生了很大的推动作用。2005年2月28日，我国颁布了第一部专门规范司法鉴定管理问题的法律——《决定》。

（二）发展时期司法鉴定理论研究的检视与评价

这一时期的理论研究无论从深度还是从广度，也无论是基础理论还是制度建设的理论均有了很大的提高，具体表现在以下几个方面：

（1）理论研究相对集中于司法鉴定制度或者体制问题，研究司法鉴定制度的成果较多，特别是一些司法鉴定制度改革的对策理论，为司法鉴定立法提供了理论资源。

在司法鉴定理论研究方面，我国专家证人制度的研究尤其突出，出现大量有关国外司法鉴定（专家证人）制度的介绍或者比较性研究，为我国立法部门和实践部门了解国外有关司法鉴定的制度提供了窗口。例如，有关中外鉴定人诉讼地位的比较、两大法系鉴定证据制度的研究，特别英国专家证人制度的改革，为我国司法鉴定立法提供了前瞻性的部分论据。

（2）司法鉴定出现专门的研究刊物，为打造司法鉴定的学术品位提供了园地。如2001年创刊了《中国司法鉴定》《法律与医学杂志》[1]；有些研究刊物，如《中国司法》《证据法论坛》，开辟了司法鉴定研究的专栏；同时，其他法律类刊物不断刊登司法鉴定制度的文章。这一时期是司法鉴定理论研究的高涨时期，成果之多是其他学科难以比拟的。

（3）《决定》推进了司法鉴定制度的改革，为建立新的制度提供了法律依据，指引着有关司法鉴定理论的研究。相对上一个时期，研究人员中，相关部门的理论研究者居多，从事鉴定的鉴定人相对较少；有关司法鉴定制度的研究较强，有关技术方面的研究减弱。

（4）由于受立法的影响，司法鉴定的研究主要集中在制度建设上，有关司法鉴定基础理论的研究相对较少、较弱；对于现存制度的质疑性文章较多，建构性的理论研究成果较少。

―――――――――――

〔1〕 2008年改刊名为《证据科学》。

三、2005—2008 年：司法鉴定理论研究走向成熟

《决定》确立"统一的司法鉴定管理体制"以后，由于其性质接近于司法鉴定管理活动的行政法，涉及职权部门的权力再分配；同时，由于对学界长期争论和严重困扰司法实务工作的司法鉴定的主体、启动机制、运行程序、实施程序、采信机制、监督机制等问题没有进行规范，理论研究主要围绕统一司法鉴定管理体制的建立以及法律规定出现的分歧等问题进行激烈的争论甚至引发论战。

（一）成熟时期的司法鉴定有关文本的规定

为了落实和执行《决定》的规定，涉及司法鉴定的各职能部门根据《决定》的要求分别出台了一些规范性文件。

（1）司法鉴定主管部门的规定。司法部于 2005 年公布了《司法鉴定人登记管理办法》《司法鉴定机构登记管理办法》，2006 年 7 月中编办批复同意司法部设立司法鉴定管理局，2007 年重新颁布了《司法鉴定程序通则》以及其他有关司法鉴定的规范性文件。

（2）侦查机关的相关规定。2005 年公安部发布了《公安机关鉴定人登记管理办法》和《公安机关鉴定机构登记管理办法》；2006 年最高人民检察院公布了《人民检察院鉴定人登记管理办法》《人民检察院鉴定机构登记管理办法》和《人民检察院鉴定规则（试行）》；2007 年国家安全部发布了《国家安全机关司法鉴定机构登记管理办法（试行）》和《国家安全机关司法鉴定人登记管理办法（试行）》。

（3）人民法院的规定。2007 年最高人民法院公布了《最高人民法院技术咨询、技术审核工作管理规定》和《最高人民法院对外委托鉴定、评估、拍卖等工作管理规定》。

这些规定不仅用词不同，而且有些内容与《决定》的规定不尽相同，有些却超越了《决定》的内容，还需要修改、完善。

（二）司法鉴定学术研究的成果现状

学术界针对《决定》的规定以及与现行法律法规有关司法鉴定规定的情况，进行了理论上的论证与制度建设的研讨。

（1）学者们针对职能部门有关司法鉴定的规定文本进行探讨。理论界认为，侦查机关设立的鉴定机构应当接受司法行政部门的登记管理；侦查机关认为"内设的鉴定机构不属于《决定》规定'司法鉴定机构'和'司法鉴定人'的范畴"。其理论上的分歧，致使《决定》规定的统一司法鉴定管理体制至今尚存缺位。

（2）理论研究针对实践中对《决定》理解的差异进行解释，出现注释《决定》的倾向，特别是对《决定》进行注释性研究。理论研究主要针对实践中职能部门对《决定》的理解与执行的现状进行分析，提出一些实施的思路，基本上还是对策性研究。2005—2008年刊登与司法鉴定有关的文献共 500 余篇，其中，有关司法鉴定制度的研究 40 余篇。

（3）理论研究出现了以司法鉴定作为专题性内容的硕士、博士论文。其中，博士论文主要有《刑事鉴定质量控制法律制度研究》《鉴定结论之研究》《构建中国司法鉴定体制研究》《专家证据制度比较研究》《英美专家证人制度研究》，等等。司法鉴定的理论研究成果增多，使司法鉴定理论上的偏差逐渐被导正。

（4）研究人员出现了变化。部分省市司法鉴定人协会的成立，为鉴定人员参与理论研究提供了契机，出现了实践部门与理论研究者观点融合与交锋的景况，这为理论研究增添了许多鲜活的元素。这一时期在《中国司法鉴定》杂志中对司法鉴定提出代表性观点的有陈光中、樊崇义、徐静村、卞建林、王敏远、何家弘、陈瑞华、张玉镶、邹明理、杜志淳、沈敏、徐景和等专家教授。其理论研究主要从司法鉴定的科学性和法律性层面出发，对鉴定机构的中立性和鉴定人的独立性进行研究，提出了司法鉴定体制改革的方向性问题。

（5）司法鉴定理论研究出现了阶段性。《决定》出台后，理论研究主要是在肯定的基础上对其进行解释、说明；《决定》实施后，司法鉴定又出现了一些新的问题，理论研究着重对《决定》进行反思，甚至出现批评的文章，如王敏远、祁建建《分析与展望——评正在进行的司法鉴定管理体制改革》。2008 年中央政法委关于推进司法鉴定体制改革的政策出台后，理论研究又针对侦查机关内设鉴定机关"备案登记"以及"遴选国家级司法鉴定机构"问题展开研究。这一时期的研究基本上是围绕政策、法律作一些解释和适用性论证。从对司法鉴定制度的研究来看，其成果趋于成熟。

（6）司法鉴定学科得到了发展。司法鉴定研究的实践开拓、理论创新以及法律法规的推进，使司法鉴定作为一门学科得到了发展。特别是该学科作为重点学科项目基地的建立以及司法鉴定博士点的设立，彰显了其应有的学术地位与深邃的独立学术品格。

（7）有关国外司法鉴定制度的研究增多，特别是有关部门与学术研究机构的对外交流，形成了一系列的有关英国司法鉴定、美国专家证人、芬兰司法鉴定、荷兰司法鉴定以及法国、德国鉴定技术的专题交流。为进一步推进我国司法鉴定制度的改革与完善提供了理论借鉴。

这一时期的理论研究，无论从数量上还是从质量上都具有较大的提高，研究涉猎的广度较大，为司法鉴定的理论研究提供了丰富的资源。研究的重点，大都涉及侦查机关内设鉴定机构问题，但仍然存在不足。主要表现在重复性研究较多，介绍性与评价的内容较为丰满，理论基础与基础理论仍然薄弱。

四、余论

对我国司法鉴定理论研究的三十年回顾，因材料来源的限制或者本人研究的偏见，可能有些具有代表性或者典型性的学术观点、学术论文或专著未能予以展示或者因本文的篇幅有限其观点没有铺展，甚为遗憾。但通过三十年的历史回顾与检视，基本上能够反映出司法鉴定有关理论研究的脉络和成果，并从中得出以下尝试性的推断：

1. 司法鉴定理论研究

多数局限于对现有法律规定的解释，意图从法律现有的资源来探讨理论问题，基本上属于对策性研究。但理论研究缺乏应有的"厚度"，需要进一步促进理论研究的丰满度，为学科的发展奠定坚实的理论根基。

2. 司法鉴定理论的研究未能摆脱诉讼法的附属

理论研究对司法鉴定体制改革以及完备提出了许多有意义的建言，并为推动司法制度改革提出了明晰化的思路，但未能完全具有独立的学术品格和应有的学术地位，基础理论研究缺少深度，"形而上"的理论成果不多，还需要理论研究上的自我超越。

3. 司法鉴定的理论研究尚未形成体系化

司法鉴定完整的应然性学科体系尚未完全形成，司法鉴定理论仍处于走向成熟的时期。同时，其理论研究没有从司法鉴定促进诉讼制度改变的层面提出有见解的观点，特别是其发展对于其他制度建设的作用还需要进一步研究，需要理论对其在司法制度中的特殊功能予以研究，为推进司法鉴定立法夯实理论基础。

图书在版编目（ＣＩＰ）数据

司法鉴定与诉讼公正：本土经验与国际视野/徐卉等著. —北京：中国政法大学出版社，2017.12

ISBN 978-7-5620-8003-9

Ⅰ.①司…　Ⅱ.①徐…　Ⅲ.①司法鉴定—研究 ②诉讼—研究　Ⅳ.①D918.9②D915.04

中国版本图书馆CIP数据核字(2017)第317576号

出　版　者	中国政法大学出版社
地　　　址	北京市海淀区西土城路 25 号
邮寄地址	北京 100088 信箱 8034 分箱　邮编 100088
网　　　址	http://www.cuplpress.com（网络实名：中国政法大学出版社）
电　　　话	010-58908289（编辑部）58908334（邮购部）
承　　　印	固安华明印业有限公司
开　　　本	720mm×960mm　1/16
印　　　张	16.5
字　　　数	280 千字
版　　　次	2017 年 12 月第 1 版
印　　　次	2017 年 12 月第 1 次印刷
定　　　价	66.00 元